Inga Markovits

Diener zweier Herren

Für Daniel, Stefanie, Benjamin,
Julia und Rebecca

Inga Markovits

Diener zweier Herren

DDR-Juristen zwischen Recht und Macht

Ch. Links Verlag, Berlin

Auch als e book erhältlich

Die Deutsche Nationalbibliothek verzeichnet diese Publikation in der Deutschen Nationalbibliografie; detaillierte bibliografische Angaben sind im Internet über www.dnb.de abrufbar.

2. Auflage, November 2020

Prinzenstraße 85 D, 10969 Berlin, Tel.: (030) 44 02 32-0
www.christoph-links-verlag.de; mail@christoph-links-verlag.de
Umschlaggestaltung und Satz: Nadja Caspar, Ch. Links Verlag
Druck und Bindung: cpi books GmbH, Leck
Gedruckt auf säurefreiem, alterungsbeständigem Papier

ISBN 978-3-96289-085-8

INHALT

Dank

Dieses Buch beruht weitgehend auf Archivforschung. Archivforschung ist zeitraubend und arbeitsintensiv, vor allem, wenn die Archive in Berlin angesiedelt sind und die Benutzerin in Texas wohnt und arbeitet. Ich brauchte mehr Zeit, als ich mir eingestehen mag, und viele Flüge über den Atlantik, um das Material für dieses Buch zu sammeln. Auf beiden Seiten des Ozeans fand ich Hilfe und Unterstützung, für die ich mich bedanken möchte.

Die University of Texas Law School gab mir die Flexibilität, meine Lehrverpflichtungen meinen Reiseplänen anzupassen. Jon Pratter von der U. T. Law Library versorgte mich schnell und erfindungsreich mit allen Veröffentlichungen, die ich brauchte. Ein anregendes Semester als Fellow der American Academy in Berlin-Wannsee half bei der Ausarbeitung der Grundlinien des Buches.

Ich habe mit vielen Menschen über mein Projekt gesprochen und bin ihnen allen dankbar dafür, mir zugehört und sich auf meine Fragen eingelassen zu haben. Mein Mann (und Kollege an der University of Texas) Dick Markovits passte seinen Terminkalender, so gut es ging, meinen Archivausflügen an und ließ sich, wenn ich aus den Akten wieder in die Gegenwart zurückkehrte, geduldig über meine Entdeckungen berichten. Michael Stolleis half mit Rat und Zuspruch; Hubert Rottleuthner half mit nützlichen Informationen. Zwei ostdeutsche Kolleginnen – Tatjana Ansbach und Rosemarie Will – haben meine Arbeit immer wieder mit Einwänden, Fragen, Anregungen und Ergänzungen vorangebracht. Das Echo meiner Zuhörer hat mir dabei geholfen, aus der Masse meiner Daten ein Manuskript zu machen. Die Irrtümer und Fehler in diesem Buch sind alle meine eigenen.

Vorbemerkungen

Ein Wort zum meinem politischen Vokabular. Dies ist ein Buch einer Auslandsdeutschen über innerdeutsche Rechtsgeschichte. Das kann gelegentlich zu sprachlichen Dissonanzen zwischen mir und meinen ost- und westdeutschen Lesern führen.

Schon zu Beginn der Teilung Deutschlands begannen die beiden feindlichen Brüder damit, durch den Gebrauch bestimmter Worte und Wortschöpfungen die Gegenseite zu irritieren und zu delegitimieren. Die Formel »sogenannte DDR« in den Adenauer-Jahren bestritt die eigene Staatlichkeit der DDR. Wer die DDR »Mitteldeutschland« nannte, leugnete die Endgültigkeit der Oder-Neiße-Grenze. Westdeutsche schrieben Ost-Berlin mit einem Bindestrich, um geltend zu machen, dass es nicht mehr sei als ein Teil der Großstadt Berlin. Ostdeutsche schrieben Ostberlin und meinten damit manchmal auch »Hauptstadt der DDR«.

Auch nach der Wiedervereinigung lebte die ost-westdeutsche Zweisprachigkeit weiter; nunmehr belastet durch die Selbstgefälligkeit der Sieger, die schon immer Recht gehabt haben wollen, und die Verletzlichkeit der Verlierer, die die Authentizität ihres eigenen Lebens verteidigen. »BRD« zum Beispiel, die Abkürzung, die die SED gebrauchte, wenn sie von der Bundesrepublik sprach, ist jetzt in Ostdeutschland tabu, weil es peinlich ist, wie ein Parteifunktionär zu klingen. »Unrechtsstaat«, das Wort, mit dem westdeutsche Sprecher 40 Jahre DDR-Geschichte in einen totalitären Topf werfen, behauptet mehr, als es beweisen kann, und dient nicht der Verständigung, sondern stärkt nur das Selbstgefühl des Sprechers. Das Wort »Wende« ist ebenfalls ein umstrittener Begriff. Westdeutsche haben kein Problem damit. Aber ostdeutsche Sprecher missbilligen die Farblosigkeit des Wortes, das nicht erkennen lässt, wer die Wende in Gang brachte, und ersetzen es gerne mit dem Begriff »friedliche Revolution«. Aber auch »friedliche Revolution« ist ein Kürzel, das der Ehrenrettung des ostdeutschen Sprechers dienen soll, aber für das es eigentlich einer gründlichen Analyse bedarf, um herauszufinden, was an ihm berechtigt ist. Es gibt sicherlich noch viele andere politisch brisante Vokabeln dieser Art.

Ich habe beschlossen, in diesem Buch ost- und westdeutsche Sprachsensibilitäten zu ignorieren. Zwar werde ich mich in einem längeren Abschnitt mit dem Problem des »Unrechtsstaats« beschäftigen, weil es zu meinem Thema »Recht und Macht« gehört. Sonst werde ich mir keine Mühe geben, meinen Text ost- oder westdeutschen sprachlichen Vorlieben anzugleichen. Ich habe zwei Pässe, einen deutschen und einen amerikanischen, und nehme mir in meiner Eigenschaft als Amerikanerin das Recht, die Worte zu gebrauchen, die klar und eindeutig beschreiben, was ich meine. »Wende« zum Beispiel bedeutetet »Richtungsänderung«. Dass 1989/90 eine wichtige Richtungsänderung in Ostdeutschland stattfand, kann nicht bezweifelt werden. Das genügt mir.

Zu meiner Fußnoten-Praxis in diesem Buch. Normalerweise verlangt ein Buch, das auch den Anspruch auf Wissenschaftlichkeit erhebt, genaue Belege für alle in ihm benutzten Tatsachen und Zitate. Aber mein Buch stützt sich so wenig auf die Veröffentlichungen anderer Wissenschaftler und so sehr auf meine Entdeckungen nicht mehr zu zählender Spuren, die meine Protagonisten in den Akten hinterließen, dass die Angabe genauer Fundstellen für jede meiner Begegnungen mit ihnen mein Buch überlasten und einem Leser nicht viel helfen würde. Der größte Teil meines Materials stammt aus vier Archiven: dem Archiv der Humboldt-Universität, dem Bundesarchiv (und der ihm angegliederten Stiftung Archiv der Parteien und Massenorganisationen der DDR), dem Landesarchiv Berlin und dem Archiv der Behörde des Bundesbeauftragten für die Stasi-Unterlagen. Weil ich in meiner Arbeit nicht nach den kanonischen Ereignissen der DDR-Geschichte suchte, sondern nach individuellen Verhaltensweisen einzelner Personen, wären meine Daten, selbst bei

Angabe einer Fundstelle, in oft nicht-paginierten Akten schwer zu überprüfen.

Daher beschränken sich meine Fußnoten in diesem Buch auf bereits veröffentlichte Quellen. Meine Daten aus den Akten sind dann in Anführungszeichen gesetzt, wenn sie – dem Aktenbericht zufolge – wörtlich so von jemandem gesagt oder geschrieben wurden. Alle Beschreibungen von Verhältnissen und Ereignissen und alle Zahlen beruhen auf den Berichten von Dabeigewesenen. Die Signaturen der von mir benutzten Quellen habe ich für mich selbst und für die Beantwortung etwaiger Nachfragen notiert. Im Übrigen muss ich mich auf das Vertrauen meiner Leser in die Glaubwürdigkeit meiner Forschungen verlassen.

VORWORT

Die Frage nach der Rolle von Recht und Juristen bei dem Verfall einer Demokratie scheint besonders angemessen in einem Land, das in knapp 90 Jahren den Aufstieg und Untergang von zwei (sehr verschiedenen) Diktaturen erlebte. Wie verhielten sich deutsche Juristen gegenüber der einen und der anderen machtbesessenen Partei? Kooperierten sie oder versuchten sie, Unrecht zu begrenzen? Es ist einfacher für historische Sieger, dieser Frage nachzugehen, als für Besiegte. 1947 wurde sie, zum ersten Mal mit besonderem Blick auf die beteiligten Juristen, von einem amerikanischen Militärrichter in einem Nachfolgeverfahren zum Nürnberger Prozess gestellt, in dem 16 hohe Ministerialbeamte und Richter des Dritten Reichs wegen »Verbrechen gegen die Menschlichkeit« angeklagt wurden, die sie durch Terrorurteile in den von Deutschland im Krieg besetzten Gebieten begangen hatten. Es gab vier Freisprüche und 14, zum Teil lebenslange, Freiheitsstrafen.

Aber schon bald nach der Gründung der Bundesrepublik 1949 wurden alle Verurteilten vorzeitig aus der Haft entlassen. Indem sie den Nürnberger Angeklagten ihre Straftaten vergaben, vergaben viele Überlebende der Hitler-Jahre auch sich selbst. 1951 wurde durch die Wiedereingliederung des Berufsbeamtentums fast der gesamte Staatsapparat des Dritten Reichs in den der Bundesrepublik übernommen.[1] Der neue Staat brauchte vor allem Juristen: Richter, Verwaltungsleute, Juraprofessoren.

Kein Nazi-Richter wurde in der BRD je wegen eines Rechtsprechungsakts verurteilt.[2] Für Selbstbeschuldigungen gab es jetzt keine Zeit und Energie. Die beste Bewältigung einer verbrecherischen Vergangenheit schien in den Nachkriegsjahren das Vergessen.

Es brauchte fast 20 Jahre, bis eine neue Generation begann, zu fragen, warum Juristen so willig gewesen waren, sich dem Nazi-Regime zu unterwerfen. In den 1960er Jahren erschienen eine Reihe von Untersuchungen und Dokumentationen zur Justiz im Dritten Reich. 1968 erklärte Bernd Rüthers in seiner Habilitationsschrift *Die unbegrenzte Auslegung* die Anpassungsfähigkeit von Richtern und Wissenschaftlern an ein Unrechtsregime mit ihrer Fähigkeit, einen servilen Gesetzespositivismus mit der Einblendung übergesetzlicher Werte wie »Volksgemeinschaft« oder »Führerwille« zu verbinden.

Aber in den 1970er Jahren trat wieder wissenschaftliche Stille ein. Fast kein Jurist schrieb über die Justiz im Dritten Reich. Erst in den 1980er Jahren kam es zu einer wahren Flut von Veröffentlichungen, die die Unmenschlichkeit und den Rassenwahn des Nazi-Rechts bloßlegten. Das bekannteste Buch unter ihnen war Ingo Müllers *Furchtbare Juristen,*[3] das detaillierte Schilderungen von Unrechtsentscheidungen aller Art enthält und in viele Sprachen übersetzt wurde. Es gab Bücher über die schlimmsten Gerichte des Dritten Reichs (Volksgerichtshof und Sondergerichte), über Nazi-Rechtswissenschaftler und ihre Theorien, über den Justizalltag in den Hitler-Jahren und eine Reihe empirischer Untersuchungen zur Rechtsprechung einzelner Gerichte (in Hamburg, Celle, Oldenburg oder Köln). Niemand konnte seit diesen Enthüllungen von Nazi-Rechtsmissbräuchen mehr die Mitschuld von Juristen an den Verbrechen des Dritten Reichs bestreiten. »Juristen sind zu allem fähig«, hieß es in einem *Spiegel*-Interview mit dem Richter des Bundesverfassungsgerichts Martin Hirsch im Mai 1981.

Als im November 1989 die zweite deutsche Diktatur zusammenbrach, gab es in der Bundesrepublik ein Muster dafür, wie Recht und Justiz der untergegangenen DDR einzuschätzen waren. Die BRD als geschichtliche Siegerin konnte alle Fragen stellen und würde mit der Verdammung des untergegangenen Unrechtssystems nicht so lange warten wie letztes Mal. Es gab viele strukturelle Ähnlichkeiten zwischen Nationalsozialismus und Sozialismus: ein Einparteienstaat, keine freien Wahlen, keine Gewaltenteilung, keine Redefreiheit, die Unterordnung des Individuums unter die »Volksgemeinschaft« oder das »Kollektiv«. Bernd Rüthers präsentierte 1992 seine These von der besonderen »Ideologieanfälligkeit« von Juristen, die eher als Angehörige anderer Berufe bereit seien, sich einem totalitären System in die Arme zu werfen.[4] Wie ihre Vorgänger im Dritten Reich hatten auch DDR-Juristen die Politik ihrer Auftraggeber bereitwillig ausgeführt und durch ihre wissenschaftliche Arbeit unterstützt. Ihre Nähe zu einem Staat, der offensichtlich kein Rechtsstaat gewesen war, erweckte Zweifel an ihrer Fähigkeit, nach 1989 umzulernen.

So war es folgerichtig, dass nach der Wende keiner ostdeutschen Berufsgruppe so viel Abweisung und so viele politische Verdächtigungen widerfuhren wie den Juristen. Alle DDR-Richter und -Staatsanwälte mussten sich erneut um ihre Arbeitsstellen bewerben und ihre Eignung für das Amt in einer demokratischen Justiz nachweisen. Die meisten Juraprofessoren wurden »abgewickelt«. Alle DDR-Rechtsanwälte wurden automatisch auf mögliche Verbindungen zum Ministerium für Staatssicherheit (MfS) überprüft. Das plakative Bild vom »Unrechtsstaat«, das zumindest für Westdeutsche jahrzehntelang ausreichte, um das andere Deutschland angemessen zu beschreiben, ist auch 30 Jahre nach dem Fall der Mauer nur teilweise verblasst. Ein Versuch der rot-grünen Bundesregierung, durch Einsetzung einer Expertenkommission die deutsche »Erinnerungspolitik« in Sachen DDR in eine nuanciertere und nachdenklichere Richtung zu lenken, scheiterte 2005 am Widerstand westdeutscher Konservativer und ostdeutscher Opferverbände.[5] Noch 2014 kam es in Thüringen zur Bildung einer Koalition von Linken, Grünen und SPD nur unter der Bedingung, dass alle beteiligten Parteien das Wort »Unrechtsstaat« als nützliche politische Vokabel akzeptierten.

So weit der heutige Erkenntnisstand zur Vergleichbarkeit der Rolle von Juristen im Nationalsozialismus und im Sozialismus. Mir erscheint die bisherige Sicht der Dinge plakativ und selbstgerecht. DDR und Drittes Reich waren sich nicht ähnlich genug, um unter einen analytischen Hut gebracht zu werden. Die Argumentation von Wissenschaftlern wie Bernd Rüthers (der es »leichtfertig« nennt, die Vergleichbarkeit des Unrechts im Dritten Reich und im Sozialismus zu bestreiten), beruht nicht auf Archivstudien, sondern ist am Schreibtisch entwickelt worden. Sie schließt von der Theorie auf den Alltag und vom Extremen auf das Normale. Als Law-&-Society-Historikerin verspreche ich mir mehr davon, in umgekehrter Richtung vorzugehen.

So kam ich auf den Gedanken, die Rolle von Recht und Juristen in einer Diktatur nicht durch abstrakte Systemvergleiche zu ergründen, sondern durch die genaue Beobachtung einer konkreten Gruppe von Juristen in der gemäßigten und langlebigen Diktatur der DDR, die in ihren Konfrontationen mit der Partei täglich entscheiden mussten, welchem Herrn sie dienen wollten: dem Recht oder der Macht. Wir kennen die Rechtsbrüche des Dritten Reichs vor allem aus Gerichtsurteilen und aus den Veröffentlichungen ihrer Rechtswissenschaftler. Über die DDR stehen uns heute weit mehr alltägliche und persönliche Informationen zur Verfügung, aus denen wir erfahren können, wessen Geistes Kind ihre Juristen waren. »Sie sind eine Kriegsgewinnlerin«, sagte einmal ein ostdeutscher Kollege zu mir, und er hatte recht: Der Kollaps der DDR brachte mir durch die Öffnung ihrer Archive ungeahnte Forschungschancen.

Die Gruppe, die ich mir als Labor für diese Studie ausgesucht habe, ist die Juristische Fakultät der Humboldt-Universität zu Berlin (HUB). Den Grund für meine Wahl und die Methode, mit der ich herausfinden möchte, wie sehr sich die HUB-Juristen der Sozialistischen Einheitspartei Deutschlands (SED) anpassten, beschreibe ich im nächsten Abschnitt.

Das Projekt

Als es die DDR noch gab, wussten wir im Westen nicht viel darüber, was auf der anderen Seite der Mauer täglich vor sich ging. Die SED ließ sich nicht gern in die Karten schauen, und ohne Pressefreiheit, zugängliche Statistiken, verlässliche Selbstdarstellungen und dergleichen waren wir auf Spekulationen angewiesen, was drüben los war. Jetzt, wo es die DDR nicht mehr gibt, aber alle ihre Archive offen stehen, ist sie zu einem Schlaraffenland für Historiker, Soziologen, Journalisten und andere Leute geworden, die erkunden wollen, wie es dort »eigentlich gewesen ist«. Dieselbe SED, die sich vom Westen nicht in die Karten sehen ließ, schuf ein internes Informationssystem, in dem alle Amtsinhaber in der DDR auf allen Ebenen der Macht der jeweiligen über ihnen stehenden Autorität so oft berichten mussten, was in ihrem Arbeitsbereich geschah, und ihrerseits so oft von höheren Instanzen inspiziert wurden, dass die Summe all dieser Untersuchungen, Sitzungsprotokolle, Reporte, Kritiken, Fragebögen, Korrespondenzen und Meldungen fast so etwas wie ein Tagebuch des Partei- und Regierungsalltags in der DDR abgibt. In vielen Texten beschreiben die Beteiligten ihre Arbeit mit eigenen Worten, und man hat fast das Gefühl, bei der Berichterstattung mit am Tisch zu sitzen. Alle diese Quellen waren nie dafür bestimmt, von mir und meinen Lesern eingesehen zu werden. Jetzt erlauben sie jedem mit genug Zeit und Neugier für Archivbesuche, genauere Fragen an ein untergegangenes Gesellschaftssystem zu stellen, als es sich je selbst stellte, und wahrscheinlich auch als wir in einem Land mit Amtsgeheimnissen und Datenschutz an unsere eigene Gesellschaft stellen könnten.

Zwar sind noch immer die meisten Untersuchungen, die sich heute mit der plötzlich offengelegten DDR-Geschichte beschäftigen, von unseren Erinnerungen an den Kalten Krieg und dem Wunsch geprägt, mit der Verurteilung der DDR schon immer Recht gehabt zu haben. 90 Prozent der Anträge ans Bundesarchiv, DDR-Akten einzusehen, beziehen sich auf Unterlagen der SED-Spitze (Politbüro und Zentralkomitee), wo Archivbesucher die schlimmsten Machtmissbräuche des Systems vermuten. Aber ich wollte wissen, was sich in Bodennähe der Gesellschaft zutrug. Daher die Wahl meines »Labors« für diese Studie. Eine juristische Fakultät ist ein besonders geeignetes Sample für meine Zwecke: klein und überschaubar (aber mit wechselnden Mitgliedern, deren Kommen und Gehen die Veränderungen über 40 Jahre reflektieren); eine Gruppe, die viele schriftliche Spuren hinterlassen hat, die für den SED-Staat wichtig genug war, um von der Partei intensiv angeleitet und überwacht zu werden, und artikuliert genug, um auf diese Überwachung zu reagieren; gleichzeitig ein Kollektiv mit engen menschlichen Beziehungen, die auch die persönliche Bedeutung des Sozialismus im Arbeitsleben der Akteure reflektieren.

Von den juristischen Fakultäten in der DDR war die der HUB als Hauptstadtfakultät die sichtbarste. Vielleicht auch die wichtigste: Sie bildete als einzige Fakultät des Landes die Richter und Rechtsanwälte in der DDR und einen Teil der Staatsanwälte aus. HUB-Juristen waren entscheidend an der Gesetzgebungsarbeit des Ministeriums der Justiz beteiligt. Sie berieten das DDR-Außenministerium. Sie unterstützten die DDR-Regierung und die SED in vielen Angelegenheiten, die mit Recht zu tun hatten. Die SED war ihre wichtigste Auftraggeberin.

Trotzdem misstraute die Partei nicht nur den HUB-Juristen, sondern allen Juristen im Land. Glaubenssysteme, die eine nicht anzweifelbare Wahrheit verfechten, haben oft Probleme mit Juristen. »Juristen, böse Christen«, sagte Martin Luther: weil sie zu skeptisch sind, zu streitsüchtig, zu gern ihrem »einerseits« sofort ein »andererseits« folgen lassen, zu sehr an Geld interessiert, und weil sie (Luthers spezieller Vorwurf) »Werke« höher schätzen als »Glauben«.[6] Ähnliche Eigenschaften mussten Juristen in der DDR auch der Partei verdächtig machen. Die SED verlangte von ihren Untertanen Gehorsam, Linientreue, Anpassung an das Kollektiv und Glauben an die Versprechungen des Sozialismus. Das Handwerk der Juristen erfordert Skepsis, Beweise, eine eindeutige Sprache, die Verhandelbarkeit von Positionen und Kompromissbereitschaft. Kein Wunder, dass Heinrich Toeplitz, ab 1960 Präsident des Obersten Gerichts der DDR, ostdeutsche Rechtsanwälte »das schwächste Glied« in der Befehlsstruktur der DDR nannte. Es gab an der Spitze der Partei so gut wie keine Juristen, nur sehr wenige Juristen in der ostdeutschen Verwaltung und nur die nötigsten Juristen in der Justiz. 1984/85 bildeten DDR-Universitäten pro 10 000 Einwohner nur zwei Juristen aus (kaum mehr als Kunststudenten); im Vergleich zu 15 Juristen in der Bundesrepublik und 22 in so debattierfreudigen Ländern wie Italien und Frankreich.

Wie reagierten die Angehörigen meines HUB-Labors auf das Misstrauen der Partei? Wie navigierten sie die Widersprüche zwischen einem Beruf, der von Zweifeln lebt, und der Partei, die darauf bestand, immer Recht zu haben? Waren sie eher bereit, Willkür von oben fraglos durchzusetzen, oder sie durch das Bestehen auf formalen Regeln abzumildern? Erwiesen sie sich in den 40 Jahren DDR-Geschichte womöglich (wie Luther und das Misstrauen der SED gegenüber ihren eigenen Juristen nahelegen) zwar nicht als »böse«, aber als unzuverlässige Sozialisten? Oder waren sie willige Diener des »Unrechtsstaats«?

Mir stand für die Beantwortung dieser Fragen ein sagenhafter Quellenreichtum zur Verfügung. Aber weil es mir nicht um kanonische Ereignisse und bekannte Persönlichkeiten geht, sondern um etwas, das man »historische Nebensächlichkeiten« nennen muss, sind diese Quellen weniger leicht erschließbar, als wenn ich, sagen wir, über die DDR-Außenpolitik schreiben wollte. Die Kataloge oder die digitalen Suchmaschinen von Archiven helfen mir nicht weiter. Ich konnte für dieses Buch nicht, wie Rechtswissenschaftler es sonst tun, eine These aufstellen, sie durch das Studium der einschlägigen Literatur und Rechtsprechung untermauern, meine eigenen Vorschläge für die Lösung eines Rechtsproblems entwickeln und, wie auf einem geraden Weg von A nach B, auf meine Schlussfolgerungen zustreben. Stattdessen ähnelte meine Arbeit einer Suche nach Ostereiern oder Pilzen. Ich wusste nicht, was ich finden würde: eine Moralpredigt des Dekans an seine Truppe? Einen politischen Streit zwischen Kollegen? Ein Parteiverfahren gegen einen Studenten? Ich konnte auch nicht voraussagen, wo meine Fundstücke versteckt sein würden. Um den Zwiespalt meiner Protagonisten zwischen den Anforderungen ihres Berufs und den Parteibeschlüssen der SED überhaupt zu sehen und zu interpretieren, brauchte ich aufschlussreiche Kleinigkeiten: organisatorische Veränderungen, Wortwechsel, Einwendungen, Zwischenfälle. Die Möglichkeiten schienen unbegrenzt. Ich musste mich, wie beim Pilzesuchen, auf meine Nase, meinen Instinkt und meine Vorkenntnisse des Terrains der DDR-Rechtsgeschichte verlassen. Bei meiner Arbeit konnte ich nicht auf die Hilfe eines Assistenten zurückgreifen, weil ihm nicht aufgefallen wäre, was mir auffiel. Ich wusste ja selbst nicht immer, wonach ich suchte. Aber ich wusste immer, ob ich es gefunden hatte oder nicht.

Die meisten Aufsätze und Bücher meiner Protagonisten waren nicht sehr hilfreich, weil in der juristischen Literatur der DDR zensiert und auch gelogen wurde. Auch die noch lebenden ehemaligen Mitglieder der Juristischen Fakultät der HUB konnte ich nur mit Vorsicht befragen, weil 30 Jahre nach dem Fall der Mauer ihre Erinnerungen durch die vielen Veränderungen in ihrem Leben wie durch Prismen so oft gebrochen sind, dass sie sich nicht mehr zuverlässig beschreiben lassen. Ich suchte nach den Reaktionen der HUB-Juristen auf ihre Alltagskonfrontationen mit der Macht und nach den Strategien, mit denen sie sich an die Macht anpassten, ihr auswichen, sich ihr vielleicht widersetzten, um so mit sich selbst im Reinen zu bleiben. Im Laufe der DDR-Geschichte gab es viele Ereignisse an der Humboldt-Universität, auf die meine Protagonisten reagieren mussten: drei Hochschulreformen; das Kommen und Gehen an ihrer Fakultät; Änderungen der Lehrpläne und der Reaktionen ihrer Studenten; politische Krisen wie den 17. Juni 1953, das Tauwetter nach Stalins Tod, den Mauerbau, der »Prager Frühling«; die Biermann-Ausbürgerung 1976 und fakultätsinterne Skandale aller Art. Diese Ereignisse benutzte ich als Lackmus-Tests, mit deren Hilfe ich die zwiespältige Position von Juristen in der Zwickmühle zwischen Recht und Macht untersuchen konnte.

So hatte sich am Ende meiner Archivarbeit auf meinem Schreibtisch ein Riesenhaufen von Puzzleteilen angesammelt, die ich nun zu einem sinnvollen Bild zusammensetzen sollte. Wie setzt man ein gigantisches Puzzle zusammen? Man starrt die Teile an und hofft, Gemeinsamkeiten zu entdecken. Man sortiert sie nach Farbe, Material, Alter und Provenienz, um zu sehen, was zusammenpasst. Man hält die Teile aneinander – mal so, mal so –, um wie ein Archäologe aus ein paar Scherben zu erraten, wie die Wölbung eines Ölkrugs verlaufen sein mag. Aber bei gründlicher Betrachtung erwiesen sich meine Fundstücke als so widersprüchlich, dass es unmöglich schien, aus ihnen ein in sich geschlossenes Bild zusammenzusetzen. Ich hätte jede Behauptung in diesem Buch sofort durch Gegenbeispiele qualifizieren müssen – so war es, aber so war es auch wieder nicht. »Was meint sie denn nun eigentlich?«, hätten irritierte Leser gefragt. Das Problem liegt nicht darin, dass ich mit fragwürdigem Material arbeitete. Im Gegenteil: Meine Archivfundstücke sind authentischer als abstrakte Schreibtischspekulationen über das Geschehene. Geschichte ist immer dreidimensional. Zu geradlinige Storylines lassen oft wichtige Abweichungen aus.

Daher mein Entschluss, das Material nicht zu *einem* Bild, sondern – in *Rashomon*-Manier – zu *drei* Bildern zusammenzusetzen.

Ich will um die Geschichte der Juristischen Fakultät der Humboldt-Universität wie um eine Litfaßsäule herumgehen und die Erfahrungen meiner Protagonisten in den 40 Jahren der DDR aus drei verschiedenen Perspektiven beschreiben. Jede Geschichte beginnt mit demselben banalen Anfangssatz, jede folgt demselben Kalender der DDR-Geschichte, und jede endet mit ihrem Untergang. Aber ich benutze unterschiedliche Details für meine drei Geschichten, die ich nach der jeweiligen Perspektive ausgewählt habe, aus der sie die Erfahrungen der Fakultät beleuchten.

Die erste Geschichte ist die Geschichte der willigen und fraglosen Unterwerfung der HUB-Juristen unter die SED. »Natürlich. So war es«, werden die meisten Leser bei der Lektüre denken. Die zweite Geschichte verfolgt den mürrischen juristischen Eigensinn meiner Protagonisten und ihre Techniken, Parteibeschlüsse durch Weghören, Missverständnisse und dergleichen zu unterwandern und ihren eigenen Interessen zu folgen. Sie wird manche Leser verunsichern: »War es wirklich so?« Die dritte Geschichte beschreibt (jedenfalls was meine Juristen anbetrifft) den Verschleiß ihres politischen Glaubens und soll uns an der gängigen These von der »Ideologieanfälligkeit« von Juristen zweifeln lassen. Eine Vorwarnung: Manchmal benutze ich dasselbe Ereignis als Material für zwei Geschichten. »Davon hat sie doch schon einmal erzählt«, mag eine aufmerksame Leserin dann denken. Das stimmt. Aber ich will dasselbe Ereignis für meine Zwecke zweimal nutzen, um zu zeigen, dass man – je nach Perspektive – denselben Sachverhalt unterschiedlich sehen kann. Ich möchte meine Leser nicht nur informieren, sondern auch Zweifel in ihnen wecken: Ist das, was wir über Geschichte zu wissen glauben, die Widerspiegelung einer Realität oder das Produkt unserer eigenen Vorurteile?

Am Ende dieses Buches werde ich aus den drei Geschichten Schlussfolgerungen für die Rolle der HUB-Juristen in der SED-Diktatur ziehen und, darüber hinaus, über den Einfluss von Recht und Juristen einer so viel brutaleren Diktatur wie der des Dritten Reichs spekulieren.

DIE ERSTE GESCHICHTE
Anpassung und willige Unterwerfung unter die Parteibeschlüsse

Es war dem Druck und der Unterstützung der sowjetischen Besatzungsmacht geschuldet, dass die alte Berliner Friedrich-Wilhelms-Universität schon am 20. Januar 1946 (ein Dreivierteljahr nach dem Zusammenbruch und knapp drei Monate vor der Neugründung der Technischen Universität im englischen Sektor der Stadt) ihren Vorlesungsbetrieb wieder aufnehmen konnte. Allerdings wurde der Name »Friedrich Wilhelm« jetzt nicht mehr gebraucht. Die Universität Berlin wurde neu eröffnet. Zur Humboldt-Universität wurde sie erst 1948, nach dem Ausmarsch regimekritischer Studenten und der Gründung der neuen Freien Universität (FU) unter den Baumkronen Dahlems.

Berlin-Mitte lag in Trümmern. Mehr als die Hälfte des Universitätsgebäudes Unter den Linden war zerstört. Aber Universitäten waren wichtig, wenn die Besatzer den Nationalsozialismus aus den Köpfen der Besiegten vertreiben und eine neue Generation von Sozialisten heranziehen wollten. Die Berliner Universität war wegen des Viermächtestatus der Stadt besonders eng mit der Besatzungsmacht verknüpft: Sie unterstand unmittelbar der Deutschen Zentralverwaltung für Volksbildung und damit der Sowjetischen Militäradministration in Deutschland (SMAD). Am 8. Januar 1946 wurde die Zentralverwaltung durch den SMAD-Befehl Nr. 4 angewiesen, den Unterricht an der Berliner Universität in acht Fächern (darunter Jura und, ja, auch Theologie) wieder aufzunehmen. Die Vorlesungen begannen zwölf Tage später. Der Festakt zur Eröffnung fand am 29. Januar im Admiralspalast an der Friedrichstraße statt; auch die Staatsoper, sonst Ausweichquartier für die Universität, war zu zerstört. General Professor Pjotr Wassiljewitsch Solotuchin überbrachte die Glückwünsche der Sowjetunion.[7]

Wie beginnt man auf den Trümmern eines verbrecherischen Staates mit dem Aufbau einer besseren Gesellschaft? Die Russen hatten, angesichts Lenins Frage »Wer - wen?«, schon früh für einen Statthalter gesorgt, der die Umformung ihres Teils von Deutschland in ihrem Sinne organisieren und kontrollieren sollte. Noch vor der Kapitulation, Ende April 1945, war die »Gruppe Ulbricht« aus dem Moskauer Exil nach Deutschland geflogen worden, um mit der Arbeit anzufangen. Wie Wolfgang Leonhard, einer der mitreisenden Genossen, Jahre später berichtete, fiel in diesem Zusammenhang auch der viel zitierte Satz von Walter Ulbricht: »Es muß demokratisch aussehen, aber wir müssen alles in der Hand haben.«[8] »Wir« stand für die Kommunistische Partei, die das Land regieren würde. Sie konsolidierte sich sehr schnell. Am 2. Juni 1945 forderte der SMAD-Befehl Nr. 2 zur Bildung »antifaschistisch-demokratischer Parteien« auf; schon am Tag danach wurde als erste Partei die KPD gegründet. SPD, CDU und die Liberal-Demokratische Partei Deutschlands folgten bald. Knapp vier Monate später, am 20. September 1945, als die Berliner Universität noch gar nicht offiziell aus den Ruinen auferstanden war, fand sich die erste Betriebsgruppe der KPD in der Charité zusammen. Im Dezember 1946 gab es eine zentrale Betriebsgruppe der (nunmehr) Sozialistischen Einheitspartei Deutschlands (SED) an der Universität, der nicht nur Studenten, sondern auch Schüler angehörten.

Aber es sollte noch einige Jahre dauern, bis die Partei die Berliner Universität wirklich in der Hand hatte. In dem zerstörten, hungrigen und demoralisierten Land gab es dringlichere Probleme als die Wissenschaft. Vor allem musste die KPD, mit Hilfe der Russen, ihre eigene Position sichern und ausbauen:

durch die Schaffung des »antifaschistisch-demokratischen Blocks« schon im Sommer 1945 (der die anderen neu gegründeten Parteien unter der Regie der KPD zusammenbrachte und damit als Konkurrenz ausschaltete); durch den »Vereinigungsparteitag« im April 1946 (auf dem sich die KPD, noch mit der Zustimmung vieler Sozialdemokraten, die SPD einverleibte und so zur SED wurde); und durch die Besetzung möglichst vieler Schaltstellen der Macht in ihrer Zone mit SED-Funktionären. Was auf den unteren Ebenen der Gesellschaft geschah, war noch nicht so wichtig. Im Juni 1947 zum Beispiel beklagen sich die Genossen an der Universität, dass sich die Berliner Kreisleitung bis jetzt »nicht um die Studenten gekümmert« habe. Noch ein Jahr später moniert das Zentralsekretariat der SED, »daß keine systematische Anleitung der Hochschulbetriebsgruppen durch die Kreis- und Landesleitung der Partei erfolgt«.

Bei allem, was in der Sowjetischen Besatzungszone (SBZ) geschah, hatten die Russen ohnehin das Sagen. Für die ostdeutschen Universitäten verfolgten sie vor allem zwei Ziele: die gründliche Entnazifizierung des Universitätsbetriebs und aller an ihm Beteiligten und die Brechung des bürgerlichen Bildungsprivilegs. Das zweite Ziel war leichter durchzusetzen als das erste: Es ging um die Zukunft, ein noch unbeschriebenes Blatt. Im Januar 1947 richtete die Deutsche Zentralverwaltung für Volksbildung im sowjetischen Auftrag Vorstudienanstalten ein, in denen junge Leute mit mindestens Volksschulabschluss in zwei oder drei Semestern auf ein Hochschulstudium vorbereitet wurden. Im Oktober 1949 wurde die Berliner Vorstudienanstalt als Arbeiter-und-Bauern-Fakultät in die Humboldt-Universität eingegliedert. Sicherlich hat es bürgerliche Zweifler an dieser antielitären Zulassungspolitik gegeben, aber ich bin ihnen in den Akten nicht begegnet. Parteimanipulationen mit dem Begriff Arbeiter- oder Bauernkind scheinen gelegentlich durch. Im Dezember 1947 kritisierte das Zentralsekretariat der SED die »sektiererische Einstellung vieler Genossen zur Intelligenz« und zu wenige Zulassungen aus Kreisen der »fortschrittlichen Intelligenz«. Aber dass in einer besseren Zukunft auch junge Leute studieren sollten, die früher von einem Studium nicht einmal träumen und es noch weniger bezahlen konnten, schien nach dem Zusammenbruch von 1945 vielen Menschen einzuleuchten. Im Studienjahr 1946/47 waren rund 12 Prozent der 358 Jurastudenten an der Berliner Universität Arbeiter- oder Bauernkinder; ein Jahr später waren es bei nunmehr 495 Studenten schon 21 Prozent. Auch die Entnazifizierung ließ sich bei jungen Leuten besser durchsetzen als bei den alten. Man brauchte nur die Zulassungsbedingungen zu entnazifizieren. Angehörige der NSDAP und ihrer Unterorganisationen waren vom Studium ausgeschlossen. Bei HJ- und BDM-Mitgliedern konnten Ausnahmen für Bewerber gemacht werden, die keine Ämter bekleidet hatten. Wenn einmal ein Studienanfänger durch die Maschen schlüpfte, war es nicht schlimm.

Das war bei den Universitätslehrern anders. Besonders was Juraprofessoren anbelangte, war die Lage kritisch. Weil sie im Dritten Reich Hitler williger gedient hatten als die Kollegen an manch anderen Fakultäten, war es schwierig, politisch unbelastete Juraprofessoren aufzutreiben. Schon im Juli 1945 hatte man sich an der Friedrich-Wilhelms-Universität Gedanken darüber gemacht, wie nach der Katastrophe des Zusammenbruchs ein mehr oder weniger normaler Unterricht wieder aufzubauen sei. Wer von den Berliner Professoren lebte noch in Berlin? Wusste man, wo? Wer stand zur Verfügung? Das Rektorat beauftragte die verschiedenen Fakultäten, Maximal- und Minimallisten der Vorlesungen aufzustellen, die sie mit den noch vorhandenen Lehrern besetzen könnten. Die Juristische Fakultät hatte unter anderem Justus Hedemann für Familienrecht und Carl Schmitt für Völkerrecht und Verwaltungsrecht anzubieten.

Im Dezember 1945 befahlen die Sowjets Rektor Johannes Stroux, präzise Listen aller Professoren und ihrer politischen Verbindungen vorzulegen. Die Forderung machte den Plänen der Jurafakultät ein jähes Ende. Fast jeder Professor war in der NSDAP gewesen. Wer nicht in der NSDAP war, war im Rechtswahrerbund. Wer nicht im Rechtswahrerbund war, war in der SA. Nur zwei Juristen blieben übrig, deren Vergangenheit politisch unbefleckt genug war, dass man ihnen die Erziehung künftiger Richter und Rechtsanwälte in der SBZ anvertrauen konnte: Eduard Kohlrausch, ein bekannter Strafrechtler, der 1933 wegen Zusammenstößen mit SA-Rabauken an der Universität vom Amt als Rektor der Friedrich-Wilhelms-Universität zurückgetreten war, und Hans Peters, Verwaltungsrechtler, Katholik, im Krieg Offizier beim Luftwaffenführungsstab in Berlin und Mitglied des Kreisauer Kreises. Hermann Dersch, Arbeits- und Sozialversicherungsrechtler, der unter den Nazis seine Berliner Professur wegen seiner jüdischen Großmutter verloren hatte, kam als dritter Ehemaliger dazu.

Nun sollte die auferstandene Restfakultät rund 350 Jurastudenten unterrichten. Eduard Kohlrausch wurde ihr Dekan. »Mit uns drei Männern«, so Kohlrausch, war »ein auch nur halbwegs ordnungsgemäßer Lehrbetrieb völlig ausgeschlossen.«[9] Im Sommer 1946 gab es zwar schon ein Zimmer für die Juristen (das sie mit den Theologen teilen mussten), auch einen (unzuverlässigen) Telefonanschluss. Aber die Rekrutierung neuer Professoren war das Hauptproblem. Traditionelle Berufungskriterien mussten jetzt flexibel werden. Es ging auch ohne Habilitation. Gelegentlich gelang es, anerkannte akademische Größen herbeizulocken, wie den Rechtshistoriker Heinrich Mitteis, der für kurze Zeit aus Rostock kam. Arthur Kanger, eigentlich Pharmakologe, kam als Kriminalist an die Berliner Fakultät. Eine Reihe der neuen Juraprofessoren kamen aus Karrieren, für deren Abbruch der Nationalsozialismus verantwortlich war: zum Beispiel Günter Brandt, der 1933 als »Mischling ersten Grades« sein Amt als Richter am Landgericht Berlin verloren und sich im Krieg als Repetitor durchgeschlagen hatte; oder Wilhelm Wengler, Völkerrechtler, der im Dritten Reich nur knapp der politischen

Verfolgung entgangen war. Für die meisten Vorlesungen mussten noch jahrelang Lehrbeauftragte angeheuert werden, die aus allen Ecken der Rechtswissenschaft (und nicht nur der Rechtswissenschaft) kamen: Harald Poelchau zum Beispiel, der im Dritten Reich Gefängnispfarrer in Moabit gewesen war und jetzt »Kriminologie und Gefängniskunde« unterrichtete; Rechtsanwalt Götz Berger (der später als Verteidiger von Robert Havemann in Schwierigkeiten mit dem System geriet); der brandenburgische Ministerpräsident Karl Steinhoff (1952 als Innenminister von Ulbricht ausgebootet) oder die Leiterin der Personalabteilung der Deutschen Justizverwaltung, Hilde Benjamin. Walter Neye, ehemaliger Rechtsanwalt und Repetitor mit etwas undurchsichtigem politischen Lebenslauf, wurde 1947 als Lehrbeauftragter angeheuert, aber zum Professor befördert, als ein Ruf nach Rostock ihn den Berlinern wegzulocken drohte.[10]

Musste der Unterricht der neuen Zeit angepasst werden? Im Sommer 1946 gelang es Dekan Kohlrausch noch, mit der SMAD einen Vorlesungsplan für seine Jurastudenten auszuhandeln, der vom Sozialismus völlig unberührt war. In den ersten Jahren schien es den Sowjets nicht vor allem um Ideologie, sondern darum zu gehen, einen funktionierenden Universitätsbetrieb aufzubauen. 1947 wurde mit der *Neuen Justiz (NJ)* die erste juristische Zeitschrift in der SBZ ins Leben gerufen, auf deren Seiten die Teilung Deutschlands noch nicht festgeschrieben schien. In den ersten zwei Jahren waren in der »Bücherschau« der *NJ* fast ausschließlich westdeutsche Neuerscheinungen zu finden (auch weil es in der SBZ kaum neue Bücher gab), und viele Artikel kamen von Autoren, die bald in den Westen übersiedeln würden.

Auch Dekan Kohlrauschs Zeit an der Berliner Universität war nur kurz bemessen. Er scheiterte nicht an politischen Hindernissen, die ihm in den Weg gelegt wurden, sondern an seiner eigenen Vergangenheit. Am 18. Februar 1947 erschien in der West-Berliner Zeitung *Telegraf* ein Artikel mit der Überschrift »Fehl am Platze« über einen Kohlrausch-Aufsatz aus dem

Jahre 1938, der einen Beschluss des Reichsgerichts zu Hitlers unsäglichem Gesetz zum Schutze des deutschen Blutes und der deutschen Ehre von 1935 kritisierte. Das »Blutschutzgesetz« verbot Ehen zwischen Juden und Nichtjuden und stellte Geschlechtsbeziehungen zwischen ihnen unter Strafe. Der Große Strafsenat des Reichsgerichts hatte diese Bestimmungen auch extraterritorial auf ein Paar angewandt, das in die Schweiz gefahren war, um dem Verbot zu entgehen. Kohlrausch hielt diese Entscheidung für falsch: nicht nur, weil das Reichsgericht die Ausweitung des Anwendungsbereiches des Gesetzes nicht begründet habe, sondern auch, weil denkbare juristische Begründungen (die der Autor eine nach der anderen durchgeht und widerlegt) in Widerspruch zu seinem Wortlaut stünden. War dies nicht ein Aufsatz, der ein widerwärtiges Nazi-Gesetz durch clevere Argumente zu unterlaufen versuchte? Nein, so einfach lagen die Dinge nicht. Kohlrauschs Besprechung klingt danach, als hielte er eine Änderung des Gesetzestextes de lege ferenda für durchaus wünschenswert, um ausländische Umgehungen zu verhindern; er schlägt eine metajuristische Interpretation der »Rassenschande« als »Landesverrat« vor (man weiß nicht, wie ernsthaft), mit der die sonst im Strafrecht unzulässige Analogie zu unterwandern sei, und er schreibt seinen Aufsatz in einer Sprache, die ein unmenschliches und widerwärtiges Gesetz so nüchtern und anteilnahmslos behandelt, als ob es um die Begrenzung der Anzahl von Stockwerken im Baurecht gehe.

Die Sprache ist eigentlich das Schlimmste. Ich suche nach einem Foto von Kohlrausch im Internet, um Aufschluss über den Mann zu finden, der diesen Aufsatz schrieb: ein schmallippiges, diszipliniertes, aristokratisches Gesicht. Es hilft mir nicht weiter. Kohlrauschs Berliner Zeitgenossen sind verunsichert und empört. Dekan Kohlrausch wird für das Wintersemester 1947/48 beurlaubt; Hans Peters übernimmt das Dekanat; ein Untersuchungsausschuss, dem auch drei westdeutsche Professoren angehören, soll der Affäre auf den Grund gehen. Aus aller Welt kommen Unterstützungsschreiben für den Beschuldigten: von jüdischen Kollegen, denen Kohlrausch im Dritten Reich geholfen hatte; von Gustav Radbruch aus Heidelberg; von der Mutter des im KZ ermordeten Rechtsanwalts Hans Litten, für den sich Kohlrausch beim Präsidenten des Volksgerichtshofs Roland Freisler einsetzte. Dekan Peters muss »jeden Tag zwei Stunden darauf verwenden, die Angelegenheit in Ordnung zu bringen«. Aber eine »eindeutige Erklärung«, vom Untersuchungsausschuss vorgeschlagen, will Kohlrausch nicht unterschreiben. Er ist bereit, seinen »Blutschutz«-Aufsatz zu bedauern, aber nicht, sich für ihn zu entschuldigen. So bleibt die Untersuchungsarbeit stecken, und Eduard Kohlrausch stirbt im Zorn am 22. Januar 1948, bevor es zu einer Entscheidung kommt.

Sein Nachfolger Hans Peters ist Verwaltungsrechtler: ein tatkräftiger, praktischer und unerschrockener Mann. Seine Studenten mögen ihn; er ist anschaulich und zugänglich. Peters scheint ein guter Alltagsmanager für seine Fakultät zu sein: Er beantragt die Erhöhung des Stromkontingents; sorgt für die gerechte Verteilung eines CARE-Pakets unter den Kollegen; versucht, die Bibliothek mit Bücherkäufen aus den Nachlässen von Berliner Rechtsanwälten aufzubessern. Zwar wird die Atmosphäre an der Universität zunehmend politischer, aber noch reichen die Parteibeschlüsse nicht bis in alle Ecken des Wissenschaftsbetriebs hinein. Im Sommer 1947 diskutiert die Juristische Fakultät darüber, ob »angesichts der grundlegenden Änderungen die Aufstellung eines völlig neuen Lehrplans« nötig sei. Man kommt zu dem Beschluss, dass radikale Neuerungen »im kommenden Semester noch nicht durchführbar« sind.

Hans Peters selbst, Vertreter der CDU im Berliner Abgeordnetenhaus und ein toleranter Mann, ist auch entspannt im Umgang mit Vertretern anderer politischer Überzeugungen. Für eine Weile ist sein Assistent Peter Alfons Steiniger (SED), Staats- und Völkerrechtler, der als Halbjude und tschechoslowakischer Staatsbürger das Dritte Reich auf abenteuerliche Weise überlebte und sich 1947 an der Berliner Universität mit einer Arbeit über »Das Blocksystem« habilitiert. Peters schreibt über ihn im September an Heinrich Mitteis: Die Arbeit sei »niveaumäßig gut«, aber sie »weicht in ihrer Grundauffassung sehr stark von Ihnen und mir ab. Es wird uns wahrscheinlich nichts anderes übrigbleiben, als ihn zum Professor zu berufen.« Bei den Juristen gibt es 13 unbesetzte Professuren, und Steiniger erhält schon im November 1947 einen vollen Lehrauftrag. Dekan Peters geht es um den guten Ruf und das Wohlergehen seiner Fakultät. Er verteidigt sie, wo er kann, gegen die »völlig ungerechtfertigten Anfeindungen aus Süd- und Westdeutschland«. Die Studenten, die im Frühjahr 1948 im Protest gegen den SED-Einfluss an der Berliner Universität zur Gründung einer »Freien Universität« in West-Berlin aufrufen, sieht er als Defätisten: »Wie eine Kampfuniversität, die den unergiebigen Auftrag hat, eine andere in derselben Stadt zu zerstören, politisch wirklich frei sein kann, ist das Geheimnis der Verteidiger dieses Gedankens.«[11]

So bemüht sich der Dekan, wie sein Vorgänger Kohlrausch, vor allem um die Rekrutierung neuer Juraprofessoren. Seine in alle Welt verschickten Einladungen stoßen fast immer auf Absagen. Leo Rosenberg und Rudolf Smend haben kein Interesse. Der Strafrechtler Richard Lange sagt aus »zwingenden Gründen des Gewissens und der wissenschaftlichen Überzeugung« ab. Robert Goldschmidt »verhandelt mit der sogenannten Freien Universität«. Werner Löffler »sieht keine weitere Entwicklung seiner akademischen Laufbahn« in Berlin. Kandidaten, die sich zu einem Gastsemester in Berlin überreden lassen, kommen für ein paar Monate, sehen sich um und fahren wieder nach Hause. Erich Genzmer stellt allerlei Bedingungen für sein Kommen (u. a. als »eine Art von Rückversicherung« eine Rechtsberaterstellung bei den Amerikanern zu erhalten) und bleibt dann doch in Hamburg. Ludwig Raiser bemängelt die Bibliotheksbedingungen in Berlin und kehrt nach Göttingen zurück.

Auch unter Hans Peters' Regie ist die Fakultät immer noch

sehr auf wechselnde Lehrbeauftragte angewiesen. Und die Deutsche Justizverwaltung (DJV) ist mit den Berliner Professoren unzufrieden: »Nur ganz wenige lehren in unserem Sinne.« Auf einer Liste stellt die Deutsche Justizverwaltung den Berlinern schlechte Noten aus. Alfons Steiniger, der Genosse ist, erhält als Einziger uneingeschränktes Lob. Hermann Dersch »hat bisher alles getan, was wir von ihm erwarteten, ist aber weich und haltlos und auch Einflüssen aus anderer Richtung zugänglich«. Walter Neye ist »liberal, aber lenkbar«. Hans Peters wird als »Staats- und Verwaltungsrechtler, CDU« beschrieben – für Sozialisten ist damit das Nötigste gesagt.

Die Schwierigkeiten in Peters' Arbeitsalltag häufen sich. Er lehnt es 1948 ab, sich an Ulbrichts Deutschem Volkskongress zu beteiligen und wird auf einer Konferenz in Werder von Walter Ulbricht angegriffen: »An der Universität Berlin vertritt der Staatswissenschaftler Professor Peters die traditionelle Klassentheorie der Bourgeoisie.«[12] Peters' Interzonenpass wird nicht verlängert. Die politische Situation unter den Studenten in Berlin verschärft sich. Anfang 1947 gab es an den meisten Universitäten in der SBZ noch gewählte Studentenräte, in denen die SED »in den wenigsten Fällen« die Mehrheit hatte. In Berlin waren nur vier der 28 Studentenvertreter in der Partei. Die zahlenmäßige Unterlegenheit der Sozialisten führte zu einer Art Grabenkrieg zwischen den Angehörigen der bürgerlichen Parteien unter den Studenten und den Vertretern der Freien Deutschen Jugend (FDJ). Die Bürgerlichen agieren bürgerlich: Sie arbeiten – so ein SED-Bericht – »nicht so stark mit politischen Argumenten, sondern betonen die formalistischen Dinge, wie Geschäftsordnungsdebatten und Statuten«. Die FDJ-Strategien werden ohne formale Skrupel von der SED angeleitet. »Unsere Genossen müssen als Einzelpersönlichkeiten auftreten«, rät ein Vertreter des SED-Zentralsekretariats im Juni 1947; »Funktionärsarbeit innerhalb des (Studenten-)Rates selbst darf nicht sichtbar werden.« Allmählich wird die Auseinandersetzung offener. Mit dem Ausmarsch der

FU-Anhänger nach Dahlem im Frühjahr 1948 verändert sich das Kräfteverhältnis an der HUB zugunsten der FDJ-Studenten. Auf einer Fakultätssitzung am 22. Juni 1948 gibt Dekan Peters »ein Bild über die Amtsniederlegung des Studentenrates und über die sonstige politische Lage der Universität«, das kein heiteres Bild gewesen sein wird. Schon zwei Tage vorher war die westdeutsche Währungsreform in Kraft getreten. Die ostdeutsche Währungsreform folgt am 24. Juni und am selben Tag beginnt die Berliner Blockade.

Alle diese Ereignisse lasten schwer auf der Humboldt-Universität. Im Oktober 1948 schreibt Dekan Peters an einen Kollegen in Greifswald: »Die Dinge hier liegen rechtlich kompliziert, aber praktisch sehr einfach. Man kann ohne Belastung mit angeblich wohl erworbenen Rechten die Lösung finden, die man anstrebt.« Der Schreiber wirkt wie jemand, der im Dunkeln ein Liedchen pfeift, um sich selbst Mut zu machen. Die Blockade verschärft den Kalten Krieg. Die Konkurrenz in Dahlem macht es den isolierten Ost-Berliner Juristen schwer, »der sogenannten ›Freien‹ Westuniversität hier etwas Vollwertiges gegenüberzustellen«. Die Erstreckung der westdeutschen Währung auf West-Berlin schon einen Tag nach Beginn der Blockade bedeutet, dass die Juraprofessoren und Dozenten der HUB, die in West-Berlin wohnen (sogar Alfons Steiniger gehört dazu), von ihrem Ost-Berliner Gehalt ihren Lebensunterhalt nicht mehr bezahlen können.

So verlässt ein bürgerlicher Professor nach dem anderen die HUB. Heinrich Mitteis geht schon im März 1948 nach München. Wilhelm Wengler wechselt im Frühjahr 1949 zur FU über. Hans Peters kündigt zum 30. September 1949, um einen Ruf nach Köln anzunehmen. Günter Brandt verlässt die HUB im Januar 1950 – nach einer »streng vertraulichen« Fakultätssitzung, in der es um Brandts Verhältnis zu der FDJ zu gehen schien – und geht noch während des Studienjahres an die Freie Universität. Dietrich Lang, ein dringend benötigter Strafrechtler, der erst zum Ende von Peters' Dekanat im Oktober 1949 an die HUB kommt, verlässt sie ein Jahr später, weil Steiniger für Langs Beförderung zum Ordinarius dessen Unterschrift unter eine Loyalitätserklärung für die Ziele der Nationalen Front verlangte. Zwar kommt die Beförderung auch ohne Langs Unterschrift zustande, aber Lang erkennt die Zeichen an der Wand und nimmt einen Ruf nach Bamberg an. Am längsten von den Bürgerlichen bleibt Hermann Dersch, der nach Peters' Weggang Dekan der Juristischen Fakultät wird und eine Weile sogar als Rektor der HUB fungiert. Er geht im März 1951, um einen Lehrauftrag in Köln zu übernehmen. Steiniger, der sich nicht zu den Bürgerlichen zählt, zieht von seiner West-Berliner Wohnung in Lichterfelde ins ostdeutsche Teltow südlich von Berlin um.

Schon unter Hans Peters war eine zweite Garde von Lehrern an die Juristische Fakultät gekommen, die sie jetzt den allmählichen Auszug der ersten Garde überstehen ließ. Es waren die Rückkehrer: bürgerlich ausgebildete Juristen, die als Juden, Kommunisten oder beides vor Hitler geflohen oder untergetaucht waren und jetzt in den Teil Deutschlands zurückkehrten, der ihnen der bessere zu sein schien. Für die Fakultät war Hans Nathan der Wichtigste unter ihnen: ursprünglich Rechtsanwalt, in der englischen Emigration als Busfahrer in Manchester zum Kommunisten geworden, nach seiner Rückkehr nach Deutschland zunächst Abteilungsleiter in der Deutschen Justizverwaltung und ab 1952 Professor für Zivil- und Zivilprozessrecht an der HUB. Arthur Baumgarten war der Berühmteste: im Dritten Reich Rechtsphilosoph in Basel; schon unter Dekan Peters mit besonders guten Bedingungen nach Berlin gelockt und sein Leben lang geehrtes Aushängeschild der Fakultät. Lola Zahn, eine junge Juristin und Volkswirtin, die schon als Schülerin in Hamburg Kommunistin war und über Frankreich nach Amerika floh, kam 1949 an die HUB, wo sie sich habilitierte und bis 1957 Zivilrecht und Politische Ökonomie unterrichtete. Auch Alfons Steiniger und Hilde Benjamin gehörten in diese Gruppe: in der Weimarer Republik in einem bürgerlichen Rechtssystem von bürgerlichen Professoren ausgebildet, aber aus politischer Überzeugung zur sozialistischen Seite übergetreten.

Die alte bürgerliche Garde und die Rückkehrer bildeten zusammen die dritte Gruppe von Juristen aus, die der Fakultät bis zum Ende der DDR ihr Gesicht gaben: die Jungen, die erst nach dem Krieg unter der Ägide der Partei an die Universitäten kamen und keine bürgerlichen Rechtsvorstellungen überwinden mussten, um sich als Sozialisten zu definieren. Die Partei brauchte sie und ihre noch von keinen Zweifeln getrübte Hoffnung auf den Sozialismus, wenn an den juristischen Fakultäten tatsächlich eine neue Rechtswissenschaft entstehen sollte. Noch gab es keine sozialistischen Lehrbücher in der DDR; es gab kaum sozialistisches Gesetzesmaterial und nur wenige Gerichtsentscheidungen, auf die ein der Partei genehmes Jurastudium sich stützen konnte. Nun sollten die Jungen helfen, die ersten Studienmaterialien für die neue Gesellschaft zu entwickeln.

Eine Reihe der Vielversprechendsten unter ihnen wurden ausgewählt, um unter der Anleitung erfahrener Genossen in intensiver Kollektivarbeit neue juristische Lehrprogramme auszuarbeiten. Die erfolgreichste Gruppe – 16 junge Doktoranden, jetzt nach sowjetischem Vorbild Aspiranten genannt, die ihre Dissertationen noch nicht abgeschlossen hatten – kam 1951 in der Deutschen Verwaltungsakademie »Walter Ulbricht« in Forst Zinna zusammen, um in einem sechsmonatigen Internatskurs Vorlesungsprogramme für vier Rechtsgebiete zu entwerfen: Staats- und Rechtstheorie, Zivilrecht, Strafrecht und Verwaltungsrecht. Der Jüngste von ihnen war 23 Jahre alt. Sie arbeiteten mit dem Elan der Jugend. Jede der vier Untergruppen produzierte pro Woche etwa 80 Schreibmaschinenseiten mit Ideen, die sie an den Wochenenden mit ihren Beratern (darunter Hilde Benjamin, Hans Nathan und Alfons Steiniger) diskutierten und wenn nötig umschrieben. Dann ging es am nächsten Montag weiter. Das Ziel war die Ausarbeitung von juristischen Lehrplänen, die nicht mehr auf dem hergebrachten bürgerlichen Begriffsdenken aufbauen würden, sondern ein neues, marxistisch-leninistisches Nachdenken über Recht ermöglichen sollten.

Der Forst-Zinna-Lehrgang blieb nicht der einzige Versuch, neue juristische Studienmaterialien sozusagen im Eigenbau durch im Sozialismus erzogene Nachwuchswissenschaftler herzustellen. 1953 wurde Uwe-Jens Heuer, 26 Jahre alt und Doktorand (später Professor) an der HUB, beauftragt, gemeinsam mit einigen anderen eine marxistische Vorlesung »Staats- und Rechtsgeschichte« zu entwerfen, und 1954 arbeitete ein Lehrgang von »zehn jüngeren Kollegen« Lehrpläne für neue Zivil- und Strafprozessrechtsvorlesungen aus. Ich habe ein Produkt der Forst-Zinna-Gruppe gesehen: das von Hermann Klenner, Rudolf Arzinger und Karl-Heinz Schöneburg entworfene Vorlesungsprogramm »Theorie und Geschichte des Staates und des Rechts«. Es ist ein eindrucksvolles Dokument; intelligent, belesen und politisch rabiat; mit einer Leseliste, die von den marxistischen Klassikern über Stalin, Wyschinski und Walter Ulbricht bis zu Brechts *Hundert Gedichten* und Theodore Dreisers *Amerikanischer Tragödie* reicht. Es muss eine interessante Vorlesung gewesen sein. Ich weiß nicht, wie typisch sie für die Forst-Zinna-Produkte war. Rechtstheorie ist ein Gebiet, auf dem es sich leicht ideologisch ausschweifen lässt, ohne über ärgerliche Alltagsrealitäten zu stolpern. Die drei anderen Manuskripte, die sich mit dem bis 1968 in der DDR geltenden Strafgesetzbuch (StGB) von 1871 oder mit dem erst 1975 durch das neue Zivilgesetzbuch (ZGB) ersetzten Bürgerlichen Gesetzbuch (BGB) von 1900 auseinandersetzten, mögen ideologisch weniger radikal gewesen sein.

Fünf Lehrgangsteilnehmer kamen als Lehrer an die HUB: Hermann Klenner, Bernhard Graefrath, Hans Kleine und Rudolf Schneider gleich im Anschluss an ihre Arbeit in Forst Zinna; John Lekschas, ein Strafrechtler, nach einem Umweg über die Universität Halle. Alle 16 Lehrgangsteilnehmer brachten es später an DDR-Universitäten zu Rang und Namen. Rudolf Schneider verlor seine Professur 1961, als ein westdeutscher Hinweis seine SS-Mitgliedschaft ans Licht brachte, die er beim Studienbeginn in Berlin verschwiegen hatte.

Die neuen Vorlesungsskripte kamen zur rechten Zeit. Der Abschluss des Forst-Zinna-Lehrgangs fiel zusammen mit der II. Hochschulreform in der DDR von 1951: einem politisch-pädagogischen Aktionsprogramm, das die »antifaschistisch-demokratische« (in anderen Worten: die noch immer bürgerliche) Universität der unmittelbaren Nachkriegsreform durch eine sozialistische Universität ersetzen sollte. Dazu war es nötig, den Marxismus-Leninismus (ML) zur Grundlage jedes Studiums zu machen. Die Einführung des ML in den juristischen Studienplan kam schrittweise; 1948 zunächst als Wahlfach, zusammen mit Vorlesungen über den Zweijahresplan »in sämtlichen Lehrplänen« der Universitäten. 1950 begann Hilde Benjamin ihren Lehrauftrag an der HUB, wo ihre Vorlesung über »soziale Probleme der Gegenwart« sehr bald durch eine Vorlesung über »Historischen und Dialektischen Materialismus« abgelöst wurde. Schon 1950 debattierte die Juristische Fakultät einen »Erlass«, nach dem bei der Referendarprüfung die Leistungen in den »Gesellschaftswissenschaften« besonders zu berücksichtigen seien. Der Beschluss des Zentralkomitees (ZK) der SED vom Januar 1951, der die II. Hochschulreform einleitete, sagte unverschleiert, worum es ging: um den »unversöhnlichen Kampf gegen alle reaktionären Ideologien, gegen bürgerlichen Objektivismus, Kosmopolitismus und Sozialdemokratismus an den Universitäten und Hochschulen«.[13]

Die Hochschulreform von 1951 machte den ML von einem Nebenfach zum Hauptfach aller Disziplinen. Für alle Studenten diente das erste Studienjahr nicht der Eingewöhnung in ihr jeweiliges Fachgebiet, sondern der Aneignung der Grundprinzipien und Denkweisen des Marxismus-Leninismus. Bevor er berufliche Kenntnisse und Fähigkeiten erwarb, sollte ein Student von dem Glauben überzeugt werden, der garantieren würde, dass er diese Fähigkeiten im Interesse der Partei und der Gesellschaft ausüben würde. Nur Theologen (schon von einem anderen Glauben mit Beschlag belegt?) waren vom obligatorischen gesellschaftswissenschaftlichen Grundstudium ausgenommen. Die Reform sah noch andere Neuerungen vor: ein zehnmonatiges Studienjahr (das die Konzentration aufs Lernen und vielleicht die Sommer-Arbeitseinsätze der Studenten fördern sollte); die Einführung von kontinuierlichen Studiengruppen (später Seminargruppen), in denen Studenten im Kollektiv »mehr und besser lernen« würden, und obligatorischen Sprach- und Sportunterricht.

Für die Dozenten der Juristischen Fakultät kann es nicht leicht gewesen sein, die Aufmerksamkeit ihrer bereits ein Jahr lang mit Ideologie gefütterten Studenten auf die farblose Analyse juristischer Begriffe zu lenken. Aber in den frühen 1950er Jahren beschäftigte sich auch die Fakultät selbst zunehmend mit politischen und ideologischen Problemen. 1952 beginnen die Fakultätssitzungen oft mit einem Referat über ein klassisches Thema des Dialektischen Materialismus. 1953 werden die Einleitungsvorträge politisch konkreter: Jetzt erstattet ein jeweils vorher designierter Kollege Bericht »über die letzten Beschlüsse der SED und der Regierung«. Man spürt, dass die Kontrolle von oben zunimmt. Zwar scheint die Vorprüfung von Dissertationsthemen, die 1950 vom Rektor vorgenommen wird, ein Jahr später wieder von der Juristischen Fakultät selbst ausgeübt zu werden. Aber die Humboldt-Juristen werden vorsichtiger in dem, was sie passieren lassen. Jedenfalls ist es wahrscheinlich, dass bei der Ablehnung von drei Dissertationen, »die vom Standpunkt unserer heutigen Rechtsauffassung keinen wissenschaftlichen Wert besitzen«, auch Vorsicht im Spiel war.

In den Partei-Organisationen der Fakultät – bei der Grundorganisation (GO) und auf den Sitzungen der Parteileitung (PL) – ist die politische Sprache unverblümter. Hier ist die »Hauptaufgabe die konsequente Durchführung der vom ZK gestellten Aufgaben«. Dazu gehört die scharfe Abgrenzung von bürgerlichen Werten. 1953 kritisiert Johannes Gerats auf einer PL-Sitzung, dass zu viele Studenten in ihren bürgerlichen Kommilitonen »nicht mehr den Klassengegner, sondern nur noch den Menschen« sähen. Der Aufnahmeantrag eines Kandidaten in die Partei wird nur unter der Bedingung angenommen, dass er das »Verantwortungsbewußtsein« aufbringt, seine häufigen Streitgespräche mit einem befreundeten CDU-Kommilitonen abzubrechen. Er tut es: Er habe eingesehen, dass man »mit einem Menschen aus der imperialistischen Klasse nicht diskutieren dürfe«.

Was schreiben HUB-Rechtswissenschaftler in einem so politisch aufgeheizten Klima? Sie schreiben Texte, die sie als Kenner des Marxismus-Leninismus und als treue Gefolgsleute der Partei ausweisen sollen. Hermann Klenner promoviert nach seiner Rückkehr aus Forst Zinna über »Die Bedeutung der Gesetzlichkeit als einer Methode der Führung des Klassenkampfes«. Johannes Gerats, ebenfalls Forst-Zinna-Absolvent, schreibt über Stalins »Linguistik-Briefe« von 1951 und »Die Lehren Stalins und die Festigkeit der Gesetzlichkeit in der DDR«. Alfons Steiniger schreibt Ehrerbietiges zu Lenins und Stalins Geburtstagen. Hans Nathan veröffentlicht 1953, nach seiner Übersiedlung vom Ministerium der Justiz an die HUB, einen Aufsatz über »Die ökonomische Bedeutung des Patentrechts nach der Lehre von Karl Marx«. Nathans Wechsel an die Universität war auch so etwas wie eine Flucht. Er war im Justizministerium wegen seiner Kriegsjahre als Westemigrant in England in Verdacht geraten; hatte sich deswegen vor der Zentralen Parteikontrollkommission verantworten müssen und konnte (vor allem wohl mit Hilfe Hilde Benjamins) 1952 an die HUB entweichen.[14]

Eine Diktatur will nicht nur wissen, worüber Leute schreiben, sondern auch, worüber sie nicht schreiben. Worüber schrieben meine HUB-Protagonisten in den frühen 1950er Jahren nicht? Sie schrieben nicht über die berüchtigten Waldheimer Prozesse, in denen im Juni 1950 auf Druck der Sowjetunion wirkliche oder mutmaßliche Nazi-Kriegsverbrecher in Schnellverfahren von oft nur wenigen Minuten zu sehr harten Strafen verurteilt wurden (ich finde nur eine magere Seite in der *Neuen Justiz*, von einer Mitarbeiterin des Justizministeriums geschrieben, auf der die Prozesse überhaupt erwähnt werden).[15] Humboldt-Juristen schrieben nicht über die Verfassung der DDR von 1949, die immerhin das Grundgesetz des neuen Staates sein sollte, aber von Anfang an nicht als ein Dokument zum Schutz der Bürger verstanden wurde. Sie schrieben erst recht nichts über Artikel 6 der DDR-Verfassung, den einzigen Artikel, der in der DDR-Rechtsprechung der frühen Jahre wirklich eine Rolle spielt. Artikel 6 proklamiert die Gleichberechtigung aller Bürger und fügte dann, in seinem 2. Satz, ein als »Boykotthetze gegen demokratische Einrichtungen« höchst ungenau beschriebenes Verhalten ein, das als »Verbrechen im Sinne des Strafgesetzbuches« dem Obersten Gericht als Auffangformel für die harte Bestrafung politischer Widerstandshandlungen aller Art dient.

Auch marxistische Juristen muss die Umfunktionierung einer Grundrechtsbestimmung in ein Instrument zur Unterdrückung der Verfassungsadressaten befremdet haben. Viele dieser Strafurteile (gegen Rowdys, Verbreiter von Westpublikationen, Zeugen Jehovas, angebliche und gelegentlich tatsächliche Saboteure etc.) wurden in der *Neuen Justiz* veröffentlicht. Das Gleiche galt für die vielen drakonischen Urteile nach dem Volkseigentumsschutzgesetz von 1952, das etwa den Diebstahl von ein paar Briketts mit mehreren Jahren Gefängnis bestrafte und über das die HUB-Juristen ebenfalls nichts schrieben. Sie mussten wissen, was in den Gerichtssälen ihres Landes geschah und dass das neue Recht der DDR seine Bürger eher bedrohte als beschützte. Aber sie interessierten sich nicht dafür.

Ideologie war interessanter, zukunftsträchtiger, akademischer, intellektuell anspruchsvoller und politisch wichtiger als die Strafrechtspraxis, mit der die Partei die ostdeutsche Bevölkerung umzumodeln versuchte. Die Verurteilungen nach Artikel 6 der Verfassung und nach dem Volkseigentumsschutzgesetz wurden nach ein paar Jahren auch von der Partei als extrem erkannt und 1957 durch die immer noch sehr repressiven Staatsschutzbestimmungen des neuen Strafrechtsergänzungsgesetzes abgelöst. Aber DDR-Juraprofessoren hatten an dieser »Reform« keinen Anteil. Vor allem die Berliner Staatsrechtler und Rechtstheoretiker zogen es vor, im Elfenbeinturm der HUB zu arbeiten und über die ideologischen Verästelungen der Parteidoktrin nachzudenken.

Intern wurde die Fakultät durch die vielen Kontrollinstanzen der SED bei der Stange gehalten. Regelmäßige Berichterstattungen vor der erweiterten Fakultät hielten alle Kollegen über »die letzten Beschlüsse der SED und der Regierung« auf dem Laufenden. Von den Studenten wurde strikte Disziplin gefordert. Im Januar 1953 arbeitete die Fakultät mit Unterstützung der FDJ eine »Studentenordnung« aus, die Verhaltensregeln für Jurastudenten aufstellte - Pünktlichkeit, gutes Deutsch, aufrechte Haltung, Aufstehen bei längeren Antworten etc. - und einen Katalog von sechs abgestuften Disziplinarstrafen enthielt (von der Zurechtweisung durch den Assistenten bis zur Kritik durch die gesamte Fakultät). »Wir müssen alles in der Hand behalten«, hatte Ulbricht gesagt.

Und dann, am 5. März 1953, starb Stalin. »Das Herz des größten Menschen unserer Epoche hat aufgehört, zu schlagen«, stand im *Neuen Deutschland.* Einige Mitglieder der Juristischen Fakultät werden bei der Nachricht aufgeatmet haben. Viele waren es vermutlich nicht. Wer 1953 Juraprofessor in der DDR war, hatte das Land bewusst nicht verlassen und hätte in der Bundesrepublik auch kaum noch eine Dozentur erhalten. Er hatte sich auf die Seite der Partei geschlagen. So gab es unter den Juristen viel echte Trauer um den großen »Vater und Lehrer«.[16] Erich Buchholz, 1953 »Aspirant« an der HUB und später ein wichtiger Mann an der Fakultät, war »außerordentlich« betroffen.[17] Gregor Schirmer, damals noch Student in Leipzig, aber schon vier Jahre später GO-Sekretär der Juristischen Fakultät in Berlin, »konnte seine Tränen nicht zurückhalten«.[18] Hermann Klenner, der Stalin für den Sieg über Hitler dankbar war, war »erschüttert«.[19] Der Rat der Juristischen Fakultät der HUB beschloss, »das Andenken Stalins im Karl-Marx-Jahr 1953 durch eine systematische, ideologische, wechselseitige Überprüfung der einzelnen Vorlesungen zu ehren« - Selbstkontrolle als Beweis für Loyalität.

Auch der Volksaufstand (oder, in SED-Terminologie, der »faschistische Putsch«) vom 17. Juni 1953, nur drei Monate nach Stalins Tod, scheint das Vertrauen der ostdeutschen Juristen in die Partei nicht erschüttert zu haben. Chaos und latente Gewalt sind angsteinflößend; Juristen lieben Ordnung und Disziplin, und die offizielle Beschreibung der »Putschisten« als westdeutsche Kriegstreiber und irregeleitete Arbeiter erlaubte den HUB-Juristen, an ihrem Weltbild festzuhalten. »Das war Landfriedensbruch, Sachbeschädigung und Brandstiftung«, schrieb Erich Buchholz noch mehr als 50 Jahre später.[20] In einem Bericht zu den Ereignissen am 17. Juni an den Rektor der HUB bescheinigte Dekan Steiniger seinen Juristen »schwankungsfreies Verhalten nahezu aller Studierenden und der Fakultät gegenüber der faschistischen Provokation«.

Der eigentliche Schock für die loyalen Diener der Partei kam erst im Februar 1956, als auf dem XX. Parteitag der KPdSU die Verbrechen Stalins enthüllt wurden. Nikita Chruschtschows »Geheimrede« wurde nicht in der DDR veröffentlicht. Aber Übersetzungen aus Westdeutschland machten bald die Runde. Wie reagierte man auf derart demoralisierende Nachrichten? Man wich ihnen aus. Die Parteileitung der HUB beschreibt in einem Bericht über die Lage im Wintersemester 1956/57 die »Diskussionsmüdigkeit« an der Universität. In den Publikationen der Juristen würden »grundsätzliche Fragen nicht geklärt«. Im März 1956, nur einen Monat nach dem XX. Parteitag der KPdSU, sollte die 3. Parteikonferenz der SED die Aufmerksamkeit der Intellektuellen von den Folgen des Personenkultes ablenken und auf die Errungenschaften der DDR-Kulturpolitik und den Ehrgeiz des

2. Fünfjahrplans der DDR konzentrieren. Aber ein »Kurzbericht« des Staatssekretariats für Hochschulwesen vom Mai 1956 zeugt vom Misslingen dieser Strategie. An DDR-Universitäten werde »aus Parteidisziplin« über die Probleme des Personenkults zwar nicht mehr diskutiert. Aber die Antworten auf ihre Fragen seien den Wissenschaftlern »noch längst nicht klar und, wie ein Berliner Genosse sagte, zur Zeit ›nur begraben‹«.

Trotzdem war man nicht nur ratlos und deprimiert an der HUB. Mit dem Sturz des Diktators vom Sockel der Unfehlbarkeit schien die dunkle Wolke abzuziehen, unter der man bisher gearbeitet hatte. Das Leben an der Juristischen Fakultät wurde entspannter, normaler sozusagen; mehr auf die tägliche Arbeit von Rechtswissenschaftlern ausgerichtet, die praktische Probleme lösen und für ihre Studenten verständlich machen, ohne sich ständig der Zustimmung der Partei zu versichern. 1955 und 1956 erschienen die ersten zwei Lehrbücher zum Zivilrecht der DDR; in Kollektivarbeit entstandene Texte, an denen auch Hans Kleine (Forst-Zinna-Absolvent) von der HUB beteiligt war. Zwar sollte es noch zwei Jahrzehnte dauern, bis das Bürgerliche Gesetzbuch und die alte Zivilprozessordnung durch DDR-Gesetzbücher abgelöst wurden. Aber eigene Lehrbücher erlaubten es, die alten Gesetzestexte zumindest im Lichte neuer gesellschaftlicher Verhältnisse zu lesen.

Das politische Tauwetter ermutigte zu Reformversuchen. Im Mai 1956 unterbreitet die Studienplankommission beim Staatssekretariat für Hochschulwesen einen unter der Leitung von Hans Nathan ausgearbeiteten neuen Vorlesungsplan für Juristen, der »die Starrheit und den Schematismus« der bisherigen Ausbildung vermeiden soll. Er sieht unter anderem eine Kürzung der Vorlesungsstunden vor, mehr Ökonomie im Grundlagenstudium, eine konkretere Verbindung des ML-Unterrichts mit Fachvorlesungen und die Einführung von fakultativen Lehrangeboten. An der Juristischen Fakultät denkt man über die Abschaffung der Seminargruppen im ersten Studienjahr nach (um die »Schulatmosphäre« aufzulockern) und bemüht sich wiederholt um die Erhöhung des Westmark-Volumens für Bücherkäufe in Westdeutschland und West-Berlin. Am 22. Oktober 1956 beschließt der wissenschaftliche Rat der Fakultät, die vorhandene westdeutsche Literatur den Studenten im Lesesaal allgemein zugänglich zu machen und sie in Vorlesungen und Seminaren zum Lesen dieser Quellen zu ermuntern. Der GO-Parteisekretär der Fakultät braucht starke Worte, als er die HUB-Parteileitung von dieser Entscheidung seiner Kollegen informiert: Sie wollen »den Giftschrank für alle öffnen«. Es muss alarmierend geklungen haben. Am Tag darauf kommen die ersten Nachrichten von Studentendemonstrationen in Budapest und knapp zwei Wochen später, am 4. November 1956, vom Einmarsch der sowjetischen Armee in Ungarn. Es folgt eine Kette von Ereignissen, die die Partei befürchten lassen müssen, ihr werde mit dem Tauwetter auch die Kontrolle über ihre Universitäten aus der Hand gleiten.

An der Humboldt-Universität wachsen die Unruhe und der Zorn unter den Studenten. Sie sind böse über das Schweigen und die Desinformationen der SED, die über vieles gar nicht und selbst über die Rede Gomułkas (eines Verbündeten!) vor dem Zentralkomitee der polnischen kommunistischen Partei nur mit Verspätung und in Bruchstücken berichtet. Proteste tauchen am Schwarzen Brett und Flugblätter in Studentenwohnheimen auf (»Schluß mit allen Vorbehalten, Verschleierungen und Lügen in Presse und Rundfunk unserer DDR!«). Es gibt Vorlesungsstreiks, an denen viele Studenten teilnehmen. Am stärksten ist der Ärger bei den Veterinärmedizinern und Medizinern, bei denen es unter Studenten und Lehrern die wenigsten Genossen gibt. In Studentenversammlungen werden Forderungen gestellt: Abschaffung des obligatorischen Russischunterrichts; Ersetzung des obligatorischen gesellschaftswissenschaftlichen Unterrichts durch fakultative Vorlesungen über »Philosophien aller humanistischer Weltanschauungen«. Am 6. November gibt es Unruhen an den Einlasskontrollen bei den Veterinärmedizinern, die protestierende Studenten nicht hereinlassen wollen; es kommt zu Sprechchören der Ausgeschlossenen (»Pfui! Pfui!«) und als die Universitätsverwaltung regimebrave Wirtschaftswissenschaftsstudenten zur Unterstützung des Pförtners herbeiordert, auch zu Schlägereien.

Die »Novemberereignisse« an der HUB beschäftigen die Partei noch viele Monate. Andere Unruhestifter folgen. Sie werden mit zunehmend härteren Methoden zum Schweigen gebracht. Der Philosoph Wolfgang Harich, der einen demokratischen Weg zum Sozialismus sucht, und die Dozenten Herbert Crüger und Heinrich Saar, die Marxismus-Leninismus als Philosophie und nicht als eine Ansammlung von Parteibeschlüssen verstehen wollen, werden 1957/58 wegen »staatsfeindlicher Gruppenbildung« zu langen Freiheitsstrafen verurteilt. Von den Juristen kommt niemand ins Gefängnis.

Die Hauptursache für die Entgleisungen - so eine »Analyse über die politische Lage an der Humboldt-Universität« vom 11. Januar 1957 - sei die Schwäche der einzelnen Parteiorganisationen an der HUB gewesen, die sich als »nicht genügend gefestigt im Kampf bei den polnischen und ungarischen Ereignissen« erwiesen hätten. Die Universität erhält eine neue Parteistruktur: Anstatt wie bisher drei Parteileitungen unterstellt zu sein (der Kreisleitung Berlin-Mitte, der Bezirksleitung und dem ZK), bekommt die HUB im Dezember 1956 eine eigene Kreisleitung, die direkt dem Zentralkomitee berichtspflichtig ist, und wird so noch fester in die SED-Hierarchie eingebunden. Die bisher zusammengefassten Grundorganisationen der Lehrer und der Studenten an den Fakultäten werden getrennt (damit widerspenstige Professoren und Studenten nicht mehr, wie bei den Veterinärmedizinern, gemeinsame Sache machen können); besonders große Grundorganisationen (wie die der Juristen) werden in kleinere GOs unterteilt. Die Änderungen sollen die straffe Durchsetzung des demokratischen Zentralismus und damit eine bessere Kontrolle »von oben« ermöglichen.

Die Juristische Fakultät der HUB muss diese Veränderungen mit Unruhe beobachtet haben. Unter den Aufrührern im November hatte es zwar keine Juristen gegeben. Zusammen mit den Wirtschaftswissenschaftlern und der Arbeiter-und-Bauern-Fakultät galten die Juristen bei der SED als Fakultäten »mit durchschnittlich höherem Bewußtsein« als andere; ihnen wurde wiederholt bescheinigt, sich bei Unruhen als »gute Genossen« erwiesen zu haben. Der Rektor, der im November 1956 Angehörige der Kampfgruppen zur Unterstützung der belagerten HUB-Pförtner schickte, war Walter Neye, ein Jurist, und auch die Jurastudenten bewiesen ihre Loyalität durch eine »schärfste Protestresolution« gegen ihre Kommilitonen in der Veterinärmedizin und durch die Sammlung von 4500 Mark »für Ägypten und Ungarn«. Immerhin waren das tägliche Arbeitsmaterial der Juristen – Gesetze, Gerichtsentscheidungen, die Struktur und die Funktionen staatlicher Organe – und ihre nüchternen Methoden, damit umzugehen, staatsnäher als die Themen aller anderen Fakultäten, und meine Protagonisten verstanden sich nicht als Rebellen. Aber in ihrem Bemühen, die DDR gegen das Tauwetter abzuschotten, das in Jugoslawien, Polen und Ungarn viel Chaos angerichtet hatte, verlor die Partei zunehmend auch die Geduld mit den Juristen. In einem zweiseitigen Bericht über die Juristische Fakultät der HUB vom März 1957 (anscheinend für die ZK-Abteilung Wissenschaft bestimmt) heißt es, dass es bei den Berliner Juristen »Unklarheiten«, »ernsthafte Schwankungen«, »Zweifel an unserer Ideologie« und »Objektivismus« gebe, die die GO der Juristischen Fakultät selbst »nicht aufgegriffen« habe. Als die Universitätsparteileitung den Genossen ins Gewissen redete, hätten mehrere Professoren versucht, »prinzipiellen Diskussionen auszuweichen«.

Die ideologischen Schwächen der Lehrer mussten sich auch auf die Studenten auswirken. Auf einer Ratssitzung im Mai 1957 gab die Fakultätsleitung zu, dass »das ungenügende politische Bewußtsein der Studenten« auf die »fehlende politische Hilfe des

Lehrkörpers« zurückzuführen sei. Besonders bei den Examensleistungen in Staats- und Rechtstheorie müsse »geradezu von einer Überheblichkeit der Studenten gegenüber den Grundfragen gesprochen werden«. In einer »Information« an das Politbüro spricht die ZK-Abteilung Wissenschaft im März 1958 von einer »gänzlich ungenügenden Auseinandersetzung mit den opportunistischen und revisionistischen Auffassungen auf dem Gebiet der Staats- und Rechtswissenschaft«.

Gerade die Begabten unter den Rechtswissenschaftlern waren der Partei suspekt. Das galt auch für die juristischen Fakultäten anderer Hochschulen in der DDR. An der HUB waren es die Stars oder angehenden Stars der Fakultät (wie Hermann Klenner, Bernhard Graefrath und Uwe-Jens Heuer), die selbst über das Verhältnis zwischen Recht und Marxismus-Leninismus nachdenken wollten – genau das, was die Partei verhindern wollte. Im Dezember 1956 hatte das ZK den Druck eines Klenner-Aufsatzes verhindert, der vorsichtig darauf aufmerksam machte, dass sozialistische Gesetzgebung, um wirksam zu werden, auch veröffentlicht werden müsse.[21] 1957 hatte Klenner in einer Festschrift zum 40. Jahrestag der Oktoberrevolution in einem Aufsatz »Zur ideologischen Natur des Rechts« das Recht »als eine Art Probierstein für die Verwirklichungsmöglichkeit des menschlichen Denkens« bezeichnet,[22] eine Definition, die Mühen vorausgegangener Juristengenerationen zu ehren und die rechtschaffende Macht der Partei zu leugnen schien. Der Aufsatz diente der SED als Anlass für einer Kampagne gegen Klenner und seine Gleichgesinnten an der HUB und gegen den »Revisionismus« unter anderen ostdeutschen Juristen. Ihr Ziel: die DDR-Rechtswissenschaft wieder in den Dienst der SED zurückzuzwingen.

Am 26. Februar 1958 veröffentlichte Annemarie Helmbrecht, Aspirantin an der Juristischen Fakultät der HUB, einen Aufsatz im *Neuen Deutschland* – »Professor Klenner und der Revisionismus« –, der Klenner neben vielen anderen Sünden des Dogmatismus, der Spontanität, der mangelnden Dialektik und der Beleidigung der Sowjetunion beschuldigte.[23] Helmbrecht konnte den Artikel nicht selbst geschrieben haben. Sie war Oberassistentin am Institut für Zivilrecht, 56 Jahre alt, hatte unter Hitler als Kommunistin im Gefängnis und KZ gelitten und war an die HUB gekommen, um zu promovieren; eine menschlich ungelenke und politisch übereifrige Frau, die den meisten Kollegen auf die Nerven zu gehen schien. Nicht nur der *ND*-Artikel, auch ein anderes, längeres Papier zum gleichen Thema erschien unter Helmbrechts Namen im Märzheft 1958 von *Staat und Recht*. Weil es bei den Attacken gegen Klenner nicht um eine wissenschaftliche Auseinandersetzung, sondern um politische Einschüchterung ging, mag es der Partei gleich gewesen sein, wen sie für die Arbeit fand. Wahrscheinlich war Helmbrecht von den Berliner Kollegen am leichtesten dazu zu bewegen, ihren Namen für die Artikel herzugeben.

Die Humboldt-Fakultät hatte schon neun Tage vor dem Erscheinen des *ND*-Artikels Klenners »Oktober«-Aufsatz in einer sieben Stunden dauernden Sitzung diskutiert und war zu einer Entschließung gelangt, die den Kollegen gleichzeitig beschuldigte und in Schutz nahm: »Der Rat ist der Meinung, daß der Artikel objektiv feindlicher Natur ist: er ist idealistisch, unhistorisch und verläßt den Klassenstandpunkt. Diese Feststellung besagt nicht, daß Prof. Dr. Klenner bewußt diese objektiv-feindliche Wirkung hervorrufen wollte.« Die halbe Ehrenrettung kam zu spät. Auch eine Veranstaltung für alle Angehörigen der Fakultät am 4. März 1958 (»Teilnahme für Studenten des 1.–4. Studienjahres ist obligatorisch«), auf der der Wissenschaftliche Rat sich deutlicher über Klenner empörte und von ihm abrückte, reichte zur Beschwichtigung der SED nicht aus. Es war ja nicht nur Klenner, dem ihr Zorn galt. Er galt allen Rechtswissenschaftlern in der DDR, die die Ereignisse von 1956 ermutigt hatten, sich eigene politische Meinungen zu bilden. Schon am 11. Februar hatte das Sekretariat des Zentralkomitees den Großangriff beschlossen, alle nennenswerten Juristen in der DDR an einem Ort zusammenzubringen, um ihnen die Hoffnung auf Entstalinisierung aus dem Kopf zu treiben: die Babelsberger Konferenz vom 2. und 3. April 1958.

Über die Babelsberger Konferenz ist vor und nach der Wende viel geredet und geschrieben worden: von Westdeutschen, weil das Treffen so perfekt ihren Vorstellungen von einem stalinistischen Schauprozess entsprach; von Ostdeutschen, weil sie das Trauma des Ereignisses niemals wirklich abschütteln konnten. Eine Richterin des Obersten Gerichts der DDR erzählte mir nach der Wende, dass sie, damals junge Assistenzrichterin in der Provinz, gewusst habe, dass in Babelsberg »etwas Schlimmes passiert war«. Karl Mollnau, 1958 Assistent von Hermann Klenner, nannte die Konferenz viele Jahre später »den Beginn der Niedergangsjurisprudenz« in der DDR.[24] Ralph Jessen schreibt in seiner Studie über die akademische Eliten in der DDR von der »endgültigen Gleichschaltung der Justiz« in Babelsberg und suggeriert mit seiner Wortwahl die Vergleichbarkeit der DDR-Justizpolitik mit der Justizpolitik des Dritten Reichs.[25]

Das Ereignis wurde als »Staats- und rechtswissenschaftliche Konferenz« der SED bezeichnet, mit einem Referat von Walter Ulbricht über »Die Staatsordnung des Marxismus-Leninismus und ihre Anwendung in Deutschland«, anschließender Diskussion und einem umrahmenden Kulturprogramm von Arbeiterchören und Agitprop-Gruppen. Von den rund 550 persönlichen Einladungen waren 238 an ostdeutsche Rechtswissenschaftler gegangen, davon etwa 25 an Juraprofessoren und Dozenten der HUB. Die Parteifunktionäre, Gewerkschaftsleute, Vertreter der Ministerien, Armeeangehörigen, Stasi-Leute und Journalisten, die den Saal füllten, sollten der Versammlung politisches Gewicht verleihen und zeigen: Revisionismus geht uns alle an. Aber die eigentlichen Adressaten waren die ostdeutschen Rechtswissenschaftler, denen die Furcht des Herrn eingetrieben werden sollte. Hermann Klenner, Uwe-Jens Heuer und Bernhard Graefrath waren die Einladungen vor dem Ereignis wieder abgenommen worden, damit sie Ulbricht nicht durch ihre Anwesenheit beleidigen konnten.

Der Tagungsort entsprach der sorgfältigen Choreografie des Spektakels: die Deutsche Akademie für Staats- und Rechtswissenschaft »Walter Ulbricht« (DASR) in Potsdam-Babelsberg, die Kaderschmiede der SED, ein Gebäude von brutaler Eleganz (von 1939 bis 1943 für das Deutsche Rote Kreuz gebaut), das in dem 1980 gedrehten Film *Mephisto* als Kulisse für eine Cocktailparty Hermann Görings diente. Ulbrichts Rede war von seinem intellektuellen Mentor, Mitstreiter und bösen Geist Karl Polak konzipiert und weitgehend geschrieben worden. Polak war Rechtstheoretiker und Professor in Leipzig, ein brillanter Mann, Jude, der 1933 bei Erik Wolf mit »Studien zu einer existentiellen Rechtslehre« promoviert hatte, wie Ulbricht vor Hitler in die Sowjetunion geflohen war und dort unter dem Einfluss Wyschinskis in der Zeit der schlimmsten Schauprozesse die bürgerliche Gewaltenteilung zu verachten und die kommunistische Partei zu verehren gelernt hatte. Polak hatte direkten Zugang zu Ulbricht und nutzte ihn.[26] Er war ein Mann der Extreme: ein Rechthaber ohne Schattierungen, ein Gegner von Zugeständnissen und Kompromissen. Zu seinen Lieblingsformulierungen gehörte: »Es gibt hier nur ein Entweder-oder.«[27] Ein Stalinist, wie er im Buche steht. Und ein Professor, dem die Macht zu Kopfe gestiegen war. Ulbricht und Polak passten zueinander wie Hand und Handschuh: ein Diktator, der in einem (wenn auch kleinen) Land eine radikal neue Welt aufbauen wollte, und ein Theoretiker, der ihm dazu die Argumente lieferte.

Es gab in Babelsberg viele Anschuldigungen gegen die Tauwetter-Rechtswissenschaft in der DDR, die sich unter verschiedenen Namen – Revisionismus, Formalismus, Positivismus, Intellektualismus, Fachwissenschaftlertum, kleinbürgerlicher Individualismus, Geistreicheleien, etc. – alle auf dieselbe Geisteshaltung bezogen, für die Hermann Klenner das abschreckende

Musterbeispiel abgab: Die Reformbefürworter hatten sich »klüger gedünkt als die Partei«. Ulbrichts Rede drehte sich um drei Fragen: Konnten die DDR-Rechtswissenschaftler bei ihrer Arbeit auf den Erkenntnissen vorausgegangener bürgerlicher Rechtswissenschaftler aufbauen? Nein, denn das hieße, den Klassencharakter des DDR-Rechtssystems zu ignorieren. Waren Staat und Recht getrennte Größen, die unterschiedlichen Regeln folgten; das heißt, gab es so etwas wie eine »Spezifik des Rechts«, über die sich auch überzeugte Genossen unter den Juristen Gedanken machen durften? Nein, denn die Gegenüberstellung von Staat und Recht leugnete die Tatsache, dass Recht als wichtiges Machtinstrument des Staates den politischen Zielen dieses Staates zu dienen hatte und, wie Gedanke und Gehirn, mit dem Staat eine Einheit bildete. Sollten die Genossen Rechtswissenschaftler über Ziele und Methoden spekulieren, die der sozialistische Staat mit seinem Recht verfolgte? Nein, denn das war allein Sache der Partei. »Das Kriterium für die Wissenschaftlichkeit unserer Staats- und Rechtslehre ist ihr Nutzen für die Praxis des sozialistischen Aufbaus«, sagte Walter Ulbricht.[28]

Die Juraprofessoren, die in Babelsberg zu Ulbrichts Füßen versammelt waren, wussten, warum sie eingeladen worden waren. Fast alle werden Angst gehabt haben vor dem, was auf sie zukam. Und Ulbricht schürte diese Angst. In der Diskussion, die seinem Vortrag folgte, behauptete er in einem Zwischenruf, dass Hermann Klenner schon ein Jahr zuvor mit der Nagy-Regierung in Ungarn sympathisiert habe: »Das muß man doch gemerkt haben! Wie kommt es, daß man das nicht gemerkt hat?« Im April 1958 war Imre Nagy schon im Gefängnis, aber noch nicht als Konterrevolutionär in Ungarn hingerichtet worden; das geschah zwei Monate später. Außerdem wurde Ulbrichts Vorwurf einer Verbindung Klenner–Nagy später fallen gelassen. Aber die bloße Erwähnung des Namens »Nagy« kam früh in der Debatte - absichtlich, denke ich - und wird nicht verfehlt haben, Ulbrichts Babelsberger Zuhörer zusätzlich zu verängstigen.

Auf jeden Fall erschrickt man noch nach 60 Jahren beim Lesen des Babelsberger Konferenzprotokolls über die Eilfertigkeit, mit der die ostdeutsche Juristenelite ihrer Erniedrigung durch Ulbricht beipflichtete und sie durch Applaus und Zwischenrufe noch unterstützte. »Die Zwischenrufe waren ganz schlimm«, sagte einer der Dabeigewesenen nach der Wende beschämt[29] – sie waren so schlimm, weil sie deutlich die Bereitschaft vieler Anwesenden zeigten, sich selbst auf Kosten anderer nach Möglichkeit in Sicherheit zu bringen. In der Diskussion klagt ein Sprecher nach dem anderen über seine eigenen Verfehlungen (»Ich bin ein Mensch, der eine kleinbürgerliche Erziehung genossen hat«, versucht sich Alfons Steiniger zu entschuldigen), denunziert Kollegen oder Freunde (»Dem Genossen Klenner hat die Führung der Partei durch Genossen Walter Ulbricht nicht gepaßt«, sagt Gregor Schirmer, Parteisekretär von Klenners eigener Fakultät) und verspricht Besserung. Wir haben »die Staats- und Rechtstheorie nicht in erster Linie als einen politischen Auftrag aufgefaßt«, sagt Professor Schöneburg von der DASR. »Heute, Genossinnen und Genossen, ist mir klar, wir sind als Theoretiker in erster Linie Funktionäre der Partei«, sagt Professor Hochbaum aus Jena. Ein junger FDJ-Funktionär von der DASR sagt es am deutlichsten: Jetzt werden wir »es besser verstehen, die Frage zu beantworten: was nützt der Partei und was schadet ihr?«

Die Babelsberger Definition einer sozialistischen Rechtswissenschaft wurde nie von der SED widerrufen. Karl Polak, der 1963 im Alter von 57 Jahren starb, wurde auch nach der Ablösung Walter Ulbrichts durch Erich Honecker 1971 nicht von seinem theoretischen Podest gestoßen. Der »Grundriß« *Staats- und Rechtsgeschichte der DDR* von 1983 lobt immer noch den Beitrag, den Babelsberg zur Konzentration auf die »Grundfragen der politischen, ökonomischen und ideologischen Entwicklung in der DDR« geleistet habe. 1985, als Karl Polak 80 Jahre alt geworden wäre, fand ein Kolloquium zu seinen Ehren an der inzwischen umbenannten Akademie für Staats- und Rechtswissenschaft der DDR (ASR) statt; ein Gedenkartikel in *Staat und Recht* preist die »beeindruckende Aktualität« seines Werkes. Noch 1987 war »Babelsberg« das Passwort, mit dem ein von der Partei gescholtener Wissenschaftler sich wieder um die Gunst der SED bewerben konnte. 1988 durfte ein Artikel, in dem Karl-Heinz Schöneburg vorsichtig Kritik an Polak wagte, nach Einspruch der Parteileitung nicht in *Staat und Recht* erscheinen; er wurde erst nach der Wende in der *Neuen Justiz* gedruckt. So blieb die Babelsberger Konferenz im kollektiven Bewusstsein der DDR-Rechtswissenschaftler festgeschrieben und überlebte wie eine Malariainfektion, als Krankheitskeim, der auch den scheinbar gesunden Körper nicht verlässt und der sich jederzeit mit alter Virulenz wieder melden kann. Auch in den pragmatischeren Honecker-Jahren gab es viele Gelegenheiten, bei denen die Babelsberger Infektion neu aufflammte.

Ein Post-Babelsberg-Papier der ZK-Abteilung Wissenschaft, das undatiert in den Akten liegt, beschreibt als »wichtigstes Ergebnis« der Konferenz, dass »der dialektische Materialismus nicht länger als Spezialfach neben der Fachwissenschaft gelehrt werden kann, sondern als grundlegende Lehre alle Gebiete der Wissenschaft der DDR durchdringen muß«. Das ist ein komplizierter und vielschichtiger Auftrag, der schwer in die Praxis umzusetzen ist. Die Humboldt-Juristen interpretieren ihn als Aufforderung, alles zu tun, um den Zorn der Partei zu beschwichtigen. Nach Babelsberg verschwindet das Wort »Gewaltenteilung« aus dem ostdeutschen juristischen Vokabular. Verwaltungsrecht wird als Lehrfach an der HUB und anderen Universitäten der DDR gestrichen und taucht erst 19 Jahre später wieder in den Vorlesungsverzeichnissen auf. In Berlin werden die Büsten von Savigny und Dernburg aus der juristischen Bibliothek in den Keller gebracht. Die Babelsberger Renegaten Klenner, Graefrath und Heuer müssen sich in Parteiverfahren verantworten, in denen Klenner und Graefrath zur Disziplinierung und Selbstbesinnung für zwei Jahre in die Provinz geschickt werden: Klenner als Bürgermeister des Dorfs Letschin im Oderbruch; Graefrath als Bürgermeister der Kreisstadt Zossen. Uwe-Jens Heuer, der bei seiner Vernehmung durch die Kommission nicht ganz so widerborstig aufgetreten war, wird von der HUB an das Vertragsgericht in Karl-Marx-Stadt versetzt (wo für sein Interesse am Wirtschaftsrecht mehr Raum ist). Die Parteiorganisation der Juristischen Fakultät steht »einmütig und geschlossen« hinter den Verfahren gegen die Kollegen. Alle drei Verurteilten erhalten Hausverbot an der HUB. Als im August 1960 (am Ende von Klenners Verbannung) zwei Genossen der Berliner Fakultät ihn in Letschin besuchen, um sich über seinen »jetzigen Entwicklungsstand« zu informieren, bringen sie »keine gute Beurteilung« mit nach Hause: Obwohl in Letschin beliebt, gehe Bürgermeister Klenner »nicht immer prinzipiell von der Linie der Partei aus«. Graefrath und Heuer dürfen nach Verbüßung ihrer Strafe an die HUB zurückkehren. Bei Hermann Klenner ist die Aktenlage unklar. Will er überhaupt zurück? Will die Fakultät ihn wiederhaben? Jedenfalls schickt die ZK-Abteilung Wissenschaft ihn an die Hochschule für Ökonomie: Die GO Rechtswissenschaft der HUB sei »nicht in der Lage, Dr. Klenner zu erziehen«.

Aber meine Protagonisten tun ihr Bestes, um ihr Haus ideologisch aufzuräumen. 1958 werden vier Jurastudenten wegen »politischer Hetzreden« oder deren Verteidigung exmatrikuliert; einige geplante staatsrechtliche Publikationen werden nach Rücksprache mit dem ZK als »mangelhaft« von der Veröffentlichung zurückgezogen. Im Mai 1958 verpflichtet sich die Fakultät, in allen Vorlesungen auf die Rolle Westberlins »als NATO-Stützpunkt« hinzuweisen; das Institut für Kriminalistik bereitet eine Ausstellung über die »Agentenorganisationen Westberlins« vor. Der wissenschaftliche Rat beschließt, juristische Prüfungen in Zukunft nicht mehr auf »die Kenntnis einzelner isolierter Fakten und Normen« auszurichten, sondern »vor allem auf gute Kenntnisse im ML, Verständnis der Politik von Partei und Regierung, und die Anwendung dieser Kenntnisse in der Praxis« in den Mittelpunkt zu stellen. Und die Fakultät bemüht sich um einen weniger akademischen und elitären Arbeitsstil. Um ihre Aufgeschlossenheit für die Erfordernisse der Praxis zu beweisen, nimmt sie 1959 Kooperationen mit einer Reihe volkseigener Betriebe auf, an denen HUB-Juristen (hauptsächlich wohl Studenten) bei der Bildung von Konfliktkommissionen und Schöffenkollektiven helfen und gelegentlich »auch körperliche Einsätze« leisten. Im Februar 1960 entwickelt die Fakultät ein Programm der »Leistungsvergleiche« zwischen ihren eigenen Instituten: Wie viele Veröffentlichungen? Wie viele Gemeinschaftsprojekte, an denen Lehrer und Studenten zusammen beteiligt sind? Wie viele Mitarbeiter der Fakultät qualifizieren sich »in politischer und fachlicher Hinsicht«?

Gemessen an Ulbrichts Vision von Babelsberg sind die Bemühungen an der HUB nicht gut genug. Zwar behauptet ein Papier der ZK-Abteilung Wissenschaft, dass nach dem V. Parteitag der SED im Juli 1958 das wissenschaftliche Leben an ostdeutschen juristischen Fakultäten »reicher und vielfältiger« geworden sei, und lobt besonders die Arbeit der HUB-Juristen. Aber im Juni 1959 kommt die Abteilung Staats- und Rechtsfragen (»Da saßen die wahren Betonköpfe«, sagte Karl Mollnau nach der Wende) zum umgekehrten Ergebnis: An den DDR-Universitäten sei bislang »keine grundlegende Auswertung der Babelsberger Konferenz erfolgt«. Es ist eigentlich kein Wunder. Wie soll man radikale politische Veränderungen an einer Universität bewirken, deren Angehörige nur eine S-Bahn-Fahrkarte nach West-Berlin brauchen, um zu einer freien Universität und in einen Wissenschaftsbetrieb zu gelangen, in dem man sagen und schreiben kann, was man will? In Ostberlin laufen der Humboldt-Universität ihre Professoren und Studenten weg. In den ersten fünf Monaten (Januar bis Mai) 1957 fliehen 98 Angehörige der Universität, im Frühling 1958 sind es 203; im Frühling 1959 fliehen 141, und von Januar bis November 1961 (also teilweise auch nach dem Mauerbau) setzen sich 623 HUB-Leute in den Westen ab: 106 Wissenschaftler, 320 Studenten und 197 Angestellte.

Zwar waren unter den Flüchtlingen, so viel ich sehen kann, keine Juraprofessoren. Die »Bürgerlichen« an der Juristischen Fakultät hatten die HUB schon vor Jahren verlassen. Und Juraprofessoren, die in der DDR geblieben waren, liefen nicht mehr weg. Ich bin in den Akten nur einem einzigen HUB-Lehrer begegnet, der es doch versuchte: Dr. Armin Göllner, Dozent für Gerichtsverfassungsrecht, der 1985 wegen Vorbereitung einer Republikflucht zu fast vier Jahren Gefängnis verurteilt wurde, eine sehr viel härtere Strafe als üblich. Vielleicht fand das Gericht den Fluchtversuch eines sozialistischen Juraprofessors verräterischer als die Flucht eines Durchschnittsbürgers. Göllner wurden alle akademischen Titel entzogen; erst mit der Rehabilitierung nach der Wende erhielt er sie zurück.

Aber im ersten Quartal 1961 kamen von den 80 republikflüchtigen Studenten der HUB immerhin 22 Studenten aus der Staats- und Rechtswissenschaft, und ihr plötzliches Fehlen muss für meine Protagonisten bedrückend gewesen sein. Die Fluchtwelle zeigte den zu Hause Gebliebenen, dass vieles in ihrer Universität nicht in Ordnung war und sie selbst sich die intellektuelle Freiheit und finanzielle Großzügigkeit in ihrem Arbeitsleben wünschten, die sie (nicht immer zu Recht) an West-Universitäten für selbstverständlich hielten.

Im Oktober 1960 informiert der Staatssekretär für Hoch- und Fachschulwesen die ZK-Abteilung Wissenschaft über »Erscheinungen starker Unzufriedenheit unter den Wissenschaftlern der Universitäten und Hochschulen« in der DDR. Eine Aussprache an der HUB über »die Stimmung unter der Intelligenz« ergibt, dass »eine ernsthafte Kapitulationsstimmung unter dem wissenschaftlichen Nachwuchs der Juristischen Fakultät besteht« und dass eine Reihe von Genossen sich nach einer Arbeit in der Praxis umsehen. Dabei herrscht immer noch ein schlimmer Lehrermangel unter den Juristen. Dekan Nathan beklagt sich über die

Ablenkung seiner Fakultät durch ihre ständige Beanspruchung mit Veranstaltungen und Gesetzgebungsarbeiten und spricht von »Raubbau an der eigenen Gesundheit«.

Die rechtswissenschaftliche Arbeit leidet: In den Jahren 1958 bis 1960 gibt es an keiner Universität der DDR eine juristische Habilitation. In einer Information »zur Lage der Intelligenz« vom Dezember 1960 listet das Politbüro eine lange Reihe von Beschwerden von Akademikern auf, die »zum großen Teil berechtigt« seien: »die Schwierigkeiten des täglichen Lebens, die geistige und kulturelle Entwicklung und die mangelnde Arbeit des Staatsapparates«. Dazu kommen Klagen über »Planung und Bürokratie«, »Mangel an Papier und Druckkapazität«, »Wohnungsprobleme«, »administrative Methoden und sektiererische Haltung der Partei- und Staatsorgane gegen die Intelligenz«. Ostdeutsche Akademiker sorgen sich nicht nur um »Butterfragen«, wie es in einem Bericht der ZK-Abteilung Wissenschaft vom Herbst 1958 abschätzig heißt. An der HUB sei das Hauptthema in Gesprächen mit Kollegen der Reiseverkehr. Für Leute, die auf Anregungen von außen hoffen, sind die Beschränkungen besonders drückend. Reiseanträge müssen in fünffacher Ausfertigung den langen Weg vom Institutsdirektor über die übergeordneten Ebenen bis zum Zentralen Amt für Forschung und Technik gehen, wo die Reisedokumente persönlich abgeholt werden müssen. Im Mai 1961 schreibt die HUB-Kreisleitung an die Abteilung Wissenschaft: »Wir müssen endlich heraus aus dem Zustand, wo nur Versorgungsfragen diskutiert werden. Wir müssen klarmachen, daß die Lage in der DDR nicht gekennzeichnet ist durch Schwierigkeiten und ›Misere‹, sondern durch einen stürmischen Aufschwung.« Aber das glitzernde Leben am Kurfürstendamm ließ den Alltag Unter den Linden besonders grau und armselig erscheinen. So lange die Grenze zum Westen offen, oder offen genug war, um sich das Leben drüben als eine denkbare Alternative vorstellen zu können, waren die Versprechungen des Sozialismus kaum verlockend. Das mag für den staatsverbundenen

Arbeitsalltag von Juristen vielleicht weniger gegolten haben als für die Arbeit von Kollegen in den Geisteswissenschaften. Aber die Babelsberger Konferenz verlangte die Umkrempelung ihres Alltags und die bedingungslose Unterwerfung unter die Partei, und ich sehe nicht, wo meine Protagonisten angesichts der Nähe West-Berlins den Elan für radikale Veränderungen hernehmen sollten.

Dann kommt der 13. August 1961. Es brauchte eine Weile, bis die Grenze dicht war: In der Zeit vom 13. August bis zum 1. September 1961 flohen 93 Angehörige der HUB nach West-Berlin. Die meisten von ihnen waren Mediziner. Die Humboldt-Juristen erwiesen sich, wie die Partei erwartet hatte, als zuverlässige Gehilfen bei den »Sofortmaßnahmen für die politische Agitation«, die die Parteileitung in ihrer Paniksitzung am 13. August beschloss. Juristen halfen mit, »Argumente auszuarbeiten«, um die »Maßnahme« der Partei zu »erläutern«; sie wanderten durch die HUB-Gebäude, um aufgeregte Universitätsangehörige zu beschwichtigen; und schweiften abends zum selben Zweck noch einmal in die Studentenwohnheime aus, um dort die Gemüter zu beruhigen. Der »Abschlußbericht« des Staatssekretariats für Hoch- und Fachschulwesen vom 17. Oktober 1961 »über die Tätigkeit der Juristischen Fakultät der HUB« bescheinigt ihr, dass sie in den Tagen nach dem 13. August ihre Aufgaben gut erfüllt habe. »Es machte Spaß, in diesen Tagen Parteisekretär zu sein«, hatte der GO-Sekretär der Juristen zu dem Inspektor gesagt.

Der Senat der HUB gibt erst am 13. September (also mit einem Monat Verspätung) eine »Grundsatzerklärung« ab, dass die Universität »voll und ganz hinter den Maßnahmen der Regierung der Deutschen Demokratischen Republik vom 13. August steht«. Die meisten Fakultäten der HUB scheinen von den Ereignissen stärker betroffen zu sein als die Juristen. Die Mauer verändert die geografische Orientierung ihrer Universität. Sie liegt nun nicht mehr in einer (noch immer zerbombten und entzweiten) Weltstadt, sondern in der Hauptstadt einer Volksdemokratie. Eine neu gebildete HUB-»Senatskommission für Unabhängigmachung« (von Westeinflüssen und Westgeldern) soll das akademische Leben den veränderten Umständen anpassen. Wissenschaftler werden zu einer »rationelleren Ausnutzung« und zur zentralen Bestellung von Westliteratur ermahnt. Es soll eine intensivere Zusammenarbeit mit Universitäten im sozialistischen Lager und vor allem mit sowjetischen Wissenschaftlern geben. Die »Ideologie: Weltniveau gleicht Westniveau« müsse überwunden werden. Wie sollte ein Chemiker oder Germanist mit den Beschränkungen zurechtkommen?

Für die Juristen war nach dem 13. August die Frage von Westliteratur und Westbeziehungen weniger bedeutsam. Zwar basierte das DDR-Rechtssystem immer noch weitgehend auf den alten bürgerlichen Gesetzbüchern (BGB, ZPO, StGB, StPO), aber die Partei definierte das Recht der DDR als kämpferisches Gegenrecht zum kapitalistischen Recht der Bundesrepublik. Die bürgerlichen Gesetzestexte waren nur *faute de mieux* in ihrem bloßen Wortlaut und ohne ihre rechtsphilosophischen Implikationen übernommen worden. Sie sollten mit sozialistischem Inhalt gefüllt und so bald wie möglich gegen eigene DDR-Gesetze ausgetauscht werden. Das Recht des BGB würde zwar noch 14 Jahre in der DDR gelehrt und angewendet, bis 1975 das Zivilgesetzbuch der DDR (ZGB) an seine Stelle treten konnte. Bis dahin existierte das BGB, wie eine Zirkusdame ohne Unterleib, nur noch als positives Recht ohne Geschichte und konnte ohne systematische Skrupel den neuen politischen Bedingungen angepasst werden.

Ostdeutschen Juristen war also schon vor dem Mauerbau der Zugang zu wissenschaftlichen Diskussionen versperrt gewesen, die in Westdeutschland die alten bürgerlichen Gesetzesschinken durch ständige Kritik, Neuinterpretation und Veränderungen mit Leben erfüllen. Ein Wissenschaftler, der daran interessiert gewesen wäre, westdeutsche Entwicklungen zu verfolgen, hätte seine neuen Einsichten in seinen Schriften nicht erwähnen und zitieren dürfen. Warum sich die Mühe machen? Schon vor der Babelsberger Konferenz ging es HUB-Juristen, die über Westrecht schrieben, vor allem darum, es schlechtzumachen. Sie schrieben über »Die Verhinderung der Gleichberechtigung in der westdeutschen Familienrechtsprechung« oder über die westdeutschen »Enteignungsgesetze im Interesse der NATO-Strategie«. Die Mauer lehrte die Bürger der DDR, sich mit der Allmacht der Partei und mit der Enge des Sozialismus abzufinden. Sie lehrte meine Protagonisten an der HUB, dass es zu Ulbrichts Forderung, dass DDR-Recht und Rechtswissenschaftler in erster Linie der Partei zu dienen hatten, keine Alternative gab. Für die Juristen war der Mauerbau auch ein Schlussstrich unter die Forderungen der Babelsberger Konferenz. Keine Diskussionen mehr: So ist es und so bleibt es.

Und so blieb es auch. Schon bald nach dem Mauerbau wurden Veränderungen im juristischen Lehrbetrieb eingeführt, die deutlich machten, dass Recht im Sozialismus nicht etwa als Lingua franca dem Ausgleich widersprüchlicher Interessen in der Gesellschaft dienen würde, sondern dass es ein Machtinstrument des Staates zur Durchsetzung der jeweiligen Parteibeschlüsse der Stunde war. Für den bürgerlichen »Einheitsjuristen« gab es jetzt keinen Bedarf mehr. Am 10. Oktober 1963 beschloss der Ministerrat der DDR die Unterteilung der juristischen Ausbildung nach fünf Semestern Grundstudium in die Zweige Wirtschaftsrecht und Justizrecht, die an verschiedenen Universitäten unterrichtet werden sollten. Die Humboldt-Universität würde das Justizrecht übernehmen. Die Ausbildung von Staatsanwälten wurde der Universität Jena zugeschoben. Schon im Juli 1963 hatte die HUB bereits 82 Jurastudenten der Deutschen Akademie für Staats- und Rechtswissenschaft (DASR) in Babelsberg übernommen, die in Zukunft nur noch Staatsfunktionäre ausbilden würde. Damit war die HUB die einzige Universität in der DDR, an der zukünftige Richter und Rechtsanwälte studieren konnten. Die Hochschulreform von 1968 veränderte auch die interne

Struktur der Universität. Die bisherigen Wissenschaftlichen Räte, in denen die Professoren vertreten waren, wurden durch Sektionen ersetzt, die nicht mehr von einem Dekan mehr oder weniger demokratisch geleitet, sondern von einem Sektionsdirektor nach dem Prinzip der Einzelleitung gemanagt werden sollten. »Die Kollegiumsberatung in ihrer bisherigen Form wird aufgehoben«, heißt es in einem Papier der HUB-Kreisleitung im April 1968.

Das Prinzip der Einzelleitung galt für die gesamte Universität: vom Rektor der HUB bis zu den Institutsdirektoren und Seminarleitern. Die direkte Kommandolinie von oben nach unten sollte die Durchsetzung von Befehlen erleichtern und die »Abrechenbarkeit« aller Entscheidungen garantieren. Es würde immer eine Person mit Amt und Namen geben, die für einen Fehler verantwortlich gemacht werden konnte. Die III. Hochschulreform brachte noch andere Neuerungen: eine Verkürzung des juristischen Studiums von fünf auf vier Jahre (von denen die beiden ersten Jahre mit Fächern wie Marxismus-Leninismus, Politische Ökonomie und der Geschichte der Arbeiterbewegung belegt waren) und die Gründung einer ML-Sektion, die diese »gesellschaftswissenschaftlichen Grundlagenfächer« für alle Disziplinen unterrichten sollte. Aber die Einführung der Einzelleitung, die einen halbwegs kooperativen Wissenschaftsbetrieb durch die Unterordnung unter ein autoritäres Kommandosystem ersetzte, entsprach am deutlichsten der Babelsberger Ideologie.

Nach der Wende fragte ich einen ehemaligen HUB-Professor, was sich damals mit dem Austausch der Fakultäten durch Sektionen für ihn und seine Kollegen verändert habe. »Nichts«, sagte er. Wenn ich an meine eigene Fakultät in Texas denke, scheint mir es erstaunlich, dass es keinen Unterschied machen soll, ob Wissenschaftsverwaltung in demokratischer oder diktatorischer Weise stattfindet. Aber dann fällt mir ein: 1968 hatte die Partei die HUB seit Langem gut im Griff. Schon vor der Reform war nicht der Dekan, sondern der Parteisekretär einer Fakultät der Mann mit der Verbindung zur Kreisleitung der Universität und damit zu den ZK-Abteilungen Wissenschaft und Staats- und Rechtsfragen, von denen die Juristen abhängig waren. Spätestens seit Babelsberg wussten alle Rechtswissenschaftler an der HUB, woher der Wind wehte. Das galt - vor 1968 - ebenso für den Dekan wie - nach 1968 - für den Sektionsdirektor. Beide waren vor allem Erfüllungsgehilfen der Partei. Kein Unterschied.

Das änderte sich auch nicht, als 1971 Walter Ulbricht ausgebootet wurde und Erich Honecker das Steuer übernahm. Zwar wurde das wissenschaftliche Klima für meine Protagonisten entspannter und pragmatischer als unter Ulbricht. In den Honecker-Jahren kam es weniger auf die richtige Ideologie als auf das richtige Verhalten an. Aber unter beiden, Ulbricht wie Honecker, bestimmte die Partei, was »richtig« war, und sorgte durch ein Netz von Parteigruppen und Funktionären in der Universität dafür, dass Parteibeschlüsse beachtet und befolgt wurden.

Bei den Juristen waren so gut wie alle Lehrer und die meisten Studenten in der SED; die Studenten außerdem noch in der FDJ. Die Grundorganisation (GO) der HUB-Juristen umfasste den Lehrkörper und die vier Studienjahre der Studenten, die jeweils ihre eigene Abteilungsparteiorganisation (APO) hatten (sodass es fünf APOs bei den Juristen gab). Kleinere Einrichtungen (wie die Institute) und die Seminargruppen der Studenten mit jeweils rund 20 Leuten hatten ihre eigenen Parteigruppen mit jeweils eigenen Sekretären, die monatlich vom GO-Sekretär »auf Basis der Parteibeschlüsse« angeleitet wurden. In den 1970er und 1980er Jahren tagte die Kreisleitung (KL) der Universität in der Regel einmal in der Woche (in Krisenzeiten öfter), die GOL der Juristen und ihre fünf APOs alle 14 Tage. Und einmal im Monat hatten alle Genossen (und damit praktisch alle Mitglieder der Sektion Rechtswissenschaft) eine Mitgliederversammlung (MV). Es standen noch andere Unternehmungen in den Terminkalendern der Genossen. 1978 kamen die Mitglieder des Lehrkörpers jeden dritten Montag im Monat »zur Einschätzung der

Kampfkraft« zusammen (ich weiß nicht, wie lange die Praxis anhielt). Zweimal im Monat, ebenfalls an Montagabenden, gab es entweder eine Parteigruppenversammlung oder das sogenannte Parteilehrjahr, bei dem man in Grüppchen über von oben festgesetzte politische Themen sprach und anschließend, wie mir berichtet wurde, in der Regel zum Trinken ging. »Um sich den Kopf zu klären«, wie mir jemand sagte, obwohl Bier dafür eigentlich nicht das richtige Mittel ist. Ein Montagabend im Monat war frei. Alle Gruppen unterstanden der Kontrolle der SED-Kreisleitung der HUB und damit, wenn man weiter nach oben blickt, dem ZK und am Ende seinem Ersten Sekretär. Beide, Ulbricht wie Honecker, griffen bei Bedarf persönlich in Entscheidungen der HUB-Juristen ein.

In diesem Spinnennetz von Parteiorganisationen fand also der Arbeitsalltag der HUB-Juristen statt. Was waren ihre Aufgaben? Vor allem »Erziehung und Ausbildung«, wobei »Erziehung« den Studenten sozialistisches Bewusstsein und Verhalten beibringen und »Ausbildung« ihnen juristische Fachkenntnisse vermitteln sollte. Die beiden Worte wurden fast immer zusammen gebraucht und ihre Reihenfolge reflektierte ihr Gewicht: Erziehung (das heißt: Ideologie) war wichtiger als das juristische Handwerk. Ähnliches galt für »Staats- und Rechtswissenschaft«, auch ein sozialistischer Zwillingsbegriff, der dem »Staat« die erste Stelle zuwies und die »Rechtswissenschaft« als nur durch den Staat legitimiert verstand.

Auch Mitarbeit an der Gesetzgebung des Staates war eine wichtige Aufgabe der Rechtswissenschaftler in der DDR, vor allem in den 1950er und 1960er Jahren, bis 1975 mit dem Zivilgesetzbuch alle wichtigen ostdeutschen Gesetze erlassen wurden. Die HUB-Juristen beklagten sich über die vielen Pflichten in den Gesetzgebungsausschüssen des Ministeriums der Justiz, die sie nicht zu ihrer eigenen Arbeit kommen ließen. Aber auch die juristischen Lehrbücher, von ostdeutschen Rechtswissenschaftlern mehrerer Universitäten kollektiv geschrieben, waren nicht wirklich »eigene« Arbeit. Es gab immer nur ein Lehrbuch für jedes Rechtsgebiet, um die Studenten nicht durch Meinungsvielfalt zu verwirren. Die Herstellung eines Lehrbuchs wurde als »Z-Projekt« (Zentrales Forschungsprojekt) von der Partei beschlossen und in Auftrag gegeben; die Projekte mussten von den (von der Partei ausgewählten) Autoren zum Anfang und zum Ende der Arbeit begründet und verteidigt werden; wenn sich im Laufe ihrer Arbeit die »Linie« der Partei veränderte, mussten Texte umgeschrieben werden; und Juraprofessoren durften die von ihnen selbst ausgearbeiteten Teile eines Lehrbuchs vor dessen Veröffentlichung nur mit Genehmigung des Justizministeriums in ihren Vorlesungen benutzen.

Wenn die Schreibarbeit zu langsam voranging, wurde sie an der HUB »von der Parteileitung unter Kontrolle genommen«. Dasselbe galt für die großen kollektiven Forschungsprojekte der DDR-Rechtswissenschaft, die in den Honecker-Jahren von der Partei beschlossen und von Wissenschaftlern mehrerer Universitäten bearbeitet wurden und oft sehr lange brauchten. Die Z-Projekte »Sozialistische Lebensweise« (1979) und »Persönliches Eigentum« (1981) brauchten Anstöße von oben. Das Z-Projekt »Rechtsbewußtsein«, 1974 durch Politbürobeschluss ins Leben gerufen, wurde eigentlich nie fertig.

Auch die Aufsätze, die meine Protagonisten für wissenschaftliche Zeitschriften schrieben, waren durch politische Fallstricke gefährdet. Es gab nur zwei auf juristische Themen spezialisierte Zeitschriften in der DDR: die *Neue Justiz,* in der auch Praktiker veröffentlichten, und die 1952 im Stalinismus geborene Hauszeitschrift der Babelsberger DASR *Staat und Recht,* in der es vorwiegend um Rechtstheorie ging. In beiden Zeitschriften arbeiteten Redaktionen und Autoren unter den misstrauischen Augen der Partei. Schon bei der Themenwahl war Vorsicht geboten, weil eine riskante Veröffentlichung noch in letzter Minute von der Partei verhindert werden konnte oder – schlimmer – weil sich nach der Veröffentlichung herausstellen konnte, dass der Verfasser versehentlich von der »Linie« abgewichen war. Am sichersten war es, einen Aufsatz in vom Wege abgelegenen Publikationen, etwa in einer Universitätszeitschrift, zu platzieren, wo nicht jedes Wort auf die Goldwaage gelegt wurde. Ganz ungefährdet waren nicht einmal die Auftragsarbeiten, die meine Protagonisten für staatliche Stellen übernahmen. Professor Luthers Schrift zur Bekämpfung der Jugendkriminalität, 1963 fürs DDR-Innenministerium geschrieben und für 2,40 DM durch die örtlichen Volkspolizei-Kreisämter vertrieben, scheint nicht auf Schwierigkeiten gestoßen zu sein. Aber HUB-Familienrechtlerin Anita Grandke wurde noch 1985 ins ZK beordert, weil sie in einer Broschüre zur Familienunterstützung das Wort »Mütterförderung« durch »Elternförderung« ersetzen wollte, was für ihre Auftraggeber zu modern und westlich war. »Und haben Sie die Worte ausgetauscht?«, fragte ich, als Frau Grandke mir die Geschichte nach der Wende erzählte. »Natürlich!«, sagte sie. »Sonst wäre die Schrift doch nicht gedruckt worden.« Sie hatte gelernt, mit der Macht zu leben.

Außer dem Lehren und Schreiben hatten die Mitarbeiter der Sektion Rechtswissenschaft noch viele andere Parteiaufgaben auszuführen. Sie mussten neue politische Programme unterstützen, wie etwa die Einführung der Wehrerziehung für Studenten, die 1958 auf Anweisung des (damals noch) Staatssekretariats für Hoch- und Fachschulwesen erfolgte (als erste Kursteilnehmer wurden Studenten »braver« Fakultäten wie Wirtschaftswissenschaftler und Juristen ausgewählt) und die in allen Vorlesungen der Sektion juristisch erörtert und legitimiert werden musste. 1971 eröffnete Professor John Lekschas ein Lager für Zivilverteidigung; 1977 plante die Sektion einen Schießwettbewerb unter den Studenten. Die Propagierung des Wehrdienstes an der Universität kann nicht leicht gewesen sein, sonst wäre kaum noch fünf Jahre vor der Wende ein »Zentrum für die militärpolitische Weiterbildung der Hoch- und Fachschullehrer des Berliner Bereichs« gebildet worden.

Und neben gesellschaftlich wichtigen Aktionen gab es viel politischen Kleinkram zu erledigen: Glückwünsche zum Geburtstag des sowjetischen Staats- und Parteichefs Breschnew oder Protesttelegramme gegen das KPD-Urteil des Bundesverfassungsgerichts von 1956; Spalierbildung zur Beerdigung des ersten und einzigen Präsidenten der DDR Wilhelm Pieck 1961 oder 1982 am Flughafen Schönefeld zum Empfang des Präsidenten von Grenada (die Juristen schickten 100 Studenten des ersten Studienjahres); Mitwirkung am Fackelzug zum 25. Jahrestag der DDR 1974 (auch den Professoren wurde »die Notwendigkeit einer ernsthaften und strikten Erfüllung der diesbezüglichen Beschlüsse der Sektionsparteileitung und des APO-Lehrkörpers« eingeschärft) und vor allem die Anwesenheit bei den vielen Parteiversammlungen, die sorgfältig registriert wurde und bei denen man nur entschuldigt fehlen durfte. Alles sehr zeitraubend. Ich muss daran denken, was mir die Direktorin eines ehemaligen DDR-Bezirksgerichts nach der Wende sagte: »Wir wurden auch durch Arbeit gegängelt.«

Das wichtigste Mittel der Partei zur Überwachung meiner Protagonisten war ein »Informationsmechanismus« (ein Terminus, der in den Akten selbst gebraucht wird), der die Autoritäten aller Ebenen in der Universität durch Berichte über das, was vor Ort geschah, miteinander verband. Ohne die Papierberge, die dieser Mechanismus hinterließ, hätte ich dieses Buch nicht schreiben können. Das Berichtsverfahren arbeitete in zwei Richtungen: von oben nach unten und von unten nach oben.

Die Informationen, die von oben nach unten gingen, waren normativer Art: Sie erinnerten die Diener der Partei an ihre Pflichten. Für das Politbüro und das ZK war wichtig, dass alle Parteibeschlüsse von ihren Adressaten zur Kenntnis genommen und ausgeführt wurden. In der Regel wurden Anweisungen entweder direkt an HU-Autoritäten übermittelt (jemand von der Abteilung Wissenschaft korrespondierte direkt mit dem GO-Sekretär der Sektion Rechtswissenschaft) oder über die Parteihierarchie der HUB nach unten weitergereicht. Auch Parteitreffen und Mitgliederversammlungen aller Art gehörten in dieses System. Ein Beispiel: 1975 trifft sich der Sektionsdirektor der Juristen jeden Montag mit seinem Stellvertreter und dem 1. Sekretär der Sektionsparteileitung, um »festzulegen, welche Informationen sofort an die Bereiche gehen müssen«.

Manche Parteibeschlüsse und Ereignisse waren zu komplex oder bedurften der Interpretation, um von den Adressaten richtig verstanden zu werden. Der X. Parteitag der SED vom 11. bis zum 16. April 1981 zum Beispiel, der wirtschaftlichen Optimismus unter der DDR-Bevölkerung verbreiten sollte (»Das schaffen wir!« stand auf den Plakaten), musste für den Universitätsgebrauch besonders aufbereitet werden. So erließ die Parteileitung der HUB-Juristen am 13. April 1981 einen »Beschluß zur Organisierung der Auswertung des X. Parteitags« mit einem Terminkalender, der festlegte, was die Juristen zur Propagierung des Ereignisses unternehmen sollten. Die »Materialien« des Parteitags waren eine Woche lang zentraler Vorlesungsstoff für die Studenten: »Alle Genossen des Lehrkörpers nutzen die Gelegenheit des Unterrichts, um die Konsequenzen der Beschlüsse der Partei zu erläutern.« Die Mitgliederversammlungen der Professoren und Studenten drehten sich um Parteitagsthemen. Nach dem Parteitag folgte Ende Mai eine gemeinsame Auswertung mit Rechtstheoretikern der Akademie der Wissenschaften. Darauf basierend, entwarfen die Juristen im Juni 1981 ihr »Kampfprogramm«. Für die Reaktionen auf eine Rede Honeckers vor den 1. Sekretären der SED-Kreisleitungen im Februar 1985 liegen ähnlich detaillierte Anweisungen der HUB-Kreisleitung in den Akten.

Die Informationen, die von unten nach oben gingen, waren faktischer Art (oder sollten es sein): Sie informierten die Partei darüber, was vor Ort tatsächlich los war. Jeder HUB-Angehörige mit irgendeinem Amt sollte über alles, was mit diesem Amt zu tun hatte, informiert werden: der Sektionsdirektor über die Sektion, Bereichsleiter über Mitarbeiter, GO-Sekretäre über ihre GO,

Lehrer über Studenten, FDJ-Funktionäre über ihre Kommilitonen. Im Juli 1974 fasste die Sektionsparteileitung der Juristen einen »Beschluß zur Verbesserung der Informationstätigkeit«, der alle SPL-Mitglieder verpflichtete, »über die Stimmungen, Meinungen und Diskussionen zu politisch bedeutsamen Ereignissen sofort an den 1. bzw. 2. Sekretär der SPL ohne besondere Aufforderung zu berichten«, und im Dezember 1977 erließ die HUB eine »Ordnung zur Erstattung von Meldungen über besondere Vorkommnisse«, über die die Juristen »aktenkundig belehrt« wurden. Niemand sollte sich mit der Entschuldigung herausreden können, er habe von der allgemeinen Berichtspflicht nichts gewusst.

Es gab regelmäßige Berichtspflichten: Ähnlich wie DDR-Kreisgerichte ihre »Wochenmeldungen« an das Ministerium der Justiz und ans Oberste Gericht schickten, unterrichteten die »Monatsberichte« der GO Rechtswissenschaft die Kreisleitung der HUB über das, was an der Sektion geschah. Die KL der HUB benutzte diese Berichte ihrerseits, um das ZK über Ereignisse an der Universität auf dem Laufenden zu halten. Es gab »Auftragsberichte«, wenn meine Protagonisten außer der Reihe über bestimmte Vorgänge Aufschluss geben sollten (etwa über die politische Lage in den Studentenwohnheimen). Und es gab »Kontrolleinsätze«, vor allem in den Ulbricht-Jahren, in denen Vertreter der Macht Unter die Linden kamen, um sich an Ort und Stelle davon zu überzeugen, ob auch alles seine Ordnung hatte. 1958 konstatierte ein »Einsatz« der ZK-Abteilung Wissenschaft »Unklarheiten« bei der Behandlung der Probleme des V. Parteitages bei den Juristen; 1962 untersuchte eine Arbeitsgruppe des Instituts für Gesellschaftswissenschaften beim ZK, ob unter den Juristen »Klarheit über die Grundlinie der Partei« bestehe; und 1968 schickte das Ministerium der Justiz eine Kommission, die die Infiltration von HUB-Studenten durch Revisionismus und Konvergenztheorie untersuchen sollte.

Dem Ulbricht-Regime scheint es bei der Datensammlung vor allem um ideologische Disziplin gegangen zu sein. Die 1950er und 1960er Jahre in der DDR waren von so vielen großen Krisen geplagt, die nur teilweise vor Ort beeinflusst werden konnten (der 17. Juni 1953, der XX. Parteitag der KPdSU, der Aufstand in Ungarn und die Unruhen in Polen, der Prager Frühling), dass die Partei versuchte, das Land jedenfalls intern durch Loyalität und Disziplin zusammenzuhalten und ihre Rettung in der strikten Durchsetzung der Parteibeschlüsse sah. Die Monatsberichte der HUB-Kreisleitung und der Juristischen Fakultät hatten oft allgemeine Überschriften (»Die ideologische Lage im Monat ...«), die Schwachstellen melden sollten, und die Pannen, die Partei und Juristen von Zeit zu Zeit in Aufregung versetzten, bezogen sich fast immer auf ideologische Fehltritte eines Fakultätsmitglieds.

Wenn die Berichtspraxis der Honecker-Zeit als Indiz gelten kann, ging es der SED in diesen Jahren weniger um die reine Lehre als um die Furcht, dass die Subjekte der Berichterstattung ihr Vertrauen in den Sozialismus verlieren könnten. Die Partei wollte jetzt wissen, wie weit man an der Universität noch auf ihrer Seite stand. 1975 musste GO-Sekretär Detlef Joseph über »Fragen und Meinungen« an der Sektion Rechtswissenschaft Bericht erstatten; 1976 über die Reaktion der Jurastudenten auf die Ausweisung von Wolf Biermann. 1985 berichtete die HU-Kreisleitung über die Einschätzung der jüngsten Rede Erich Honeckers, 1986 über »die politische Lage, die Stimmungen und Meinungen der Werktätigen zu aktuellen innen- und außenpolitischen Fragen« und – im selben Jahr – über die Einstellung der HUB-Belegschaft zu Michail Gorbatschow. In den Skandalen, die in dieser Zeit die Aufmerksamkeit der SED auf die Juristen lenkten, ging es weniger um ideologische Loyalität als um das Ansehen der DDR und um die Eingrenzung von Blamagen.

Aber in allen Fällen ging es um die Macht: die Macht eines Autokraten, der keinen Widerspruch zu seinen Plänen für den Aufbau einer neuen Gesellschaft duldete; die Macht eines anderen Autokraten, der nur einfach keinen Widerspruch vertrug; und um die Macht der SED ganz allgemein. Auch das vollkommenste Berichtssystem kann nicht verhindern, dass gelegentlich Eigensinn und Widerspruch der Betroffenen zutage treten. Besonders an einer Universität, an der mit Worten und Begriffen gearbeitet wird, scheint es fast unvermeidlich, dass diese Worte und Begriffe gelegentlich anders verstanden und benutzt werden, als der Auftraggeber eines Buches oder Aufsatzes beabsichtigt hatte. So ist die Geschichte der Juristischen Fakultät (und auch anderer Fakultäten) der Humboldt-Universität mit kleinen und größeren Fehltritten ihrer Angehörigen gespickt, die Ärger und Maßregelungen der Partei, Entschuldigungen der Sündenböcke und Aufregung unter allen Beteiligten hervorriefen und die nach einer Weile, wenn alles sich beruhigt hatte, wieder abklangen. Hier sind zwei Illustrationen aus dem Arbeitsalltag der HUB-Juristen:

Ein typisches Beispiel aus den Ulbricht-Jahren: Am 1. Januar 1967 wird an der Akademie der Wissenschaften eine »Arbeitsstelle« für Rechtswissenschaft gebildet – mit bescheidener Ausstattung (ein Leiter, zwei wissenschaftliche Mitarbeiter, eine Sekretärin), aber mit dem Prestige und Potenzial der AdW. Der Leiter wird Hermann Klenner: Ex-HUB-Professor, negativer Held der Babelsberger Konferenz, seit 1960 aus der Verbannung im Oderbruch zurückgekehrt, inzwischen an der Hochschule für Ökonomie und einer der angesehensten Rechtswissenschaftler der DDR. Als Klenner die neue Arbeit aufnimmt, schreiben er und sein ehemaliger Assistent Karl Mollnau (jetzt Dozent an der HUB) gerade zusammen an einem Lehrbuch für Rechtstheorie, dessen Entwurf sie schon öfters zu allgemeinem Beifall an verschiedenen Institutionen vorgestellt haben.

Aber nach der Gründung der neuen Arbeitsstelle an der AdW kommen politische Zweifel an dem Lehrbuch auf. Im August und September 1968 sind Klenner und Mollnau einer Welle von Kritiken ausgesetzt. Der Wissenschaftliche Beirat des Ministeriums für Hoch- und Fachschulwesen erklärt das geplante Buch für »politisch und wissenschaftlich nicht vertretbar«. Die Redaktion der Zeitschrift *Staat und Recht* beschuldigt die Autoren, in ihrem geplanten Lehrbuch dem Recht »eine selbständige, von der politischen Macht getrennte Eigengesetzlichkeit« zuzubilligen. Generalstaatsanwalt Josef Streit schreibt im »Abschlußbericht« zur Lehrbuchkonzeption von »dem schrittweisen Abbau der sozialistischen Staatsmacht«. Lehrbücher, »die absolut gesicherte marxistisch-leninistische Grundlagenkenntnisse in Frage stellen, brauchen wir nicht«, schreibt Justizminister Kurt Wünsche in der *Neuen Justiz*.[30] Wie vor zehn Jahren auf der Babelsberger Konferenz werden Klenner und Mollnau beschuldigt, nicht zu begreifen, dass in der sozialistischen Rechtswissenschaft die »Machtfrage« im Mittelpunkt zu stehen habe.

Wenn man bedenkt, dass in den Monaten, in denen in Berlin Klenners und Mollnaus unorthodoxes Rechtstheorie-Buch angegriffen wird, in der ČSSR der »Prager Frühling« blüht (den übrigens niemand in der Berliner Debatte erwähnt), kann man verstehen, dass die SED, um ihre eigene Macht besorgt, jemandem wie Hermann Klenner keinen einflussreichen Posten zugestehen möchte. Warum hat Klenner ihn dann überhaupt im Januar 1967 erhalten? Ich sehe mir die Daten der Debatte genauer an und entdecke, dass sie nicht mit dem umstrittenen Lehrbuchmanuskript begann, sondern erst mit einem Brief vom 29. Dezember 1967, den Rainer Arlt, Rektor der Deutschen Akademie für Staats- und Rechtswissenschaft, an Klaus Sorgenicht, Leiter der ZK-Abteilung Staats- und Rechtsfragen, schrieb, um sich über die neue Forschungsstelle an der AdW zu beklagen. Sie sei geeignet, die der DASR durch Ministerratsbeschluss von 1967 zugestandene Führungsrolle in der DDR-Rechtswissenschaft zu unterminieren. Sorgenicht gibt die Bedenken mit einem Brief vom 11. April 1968 an Walter Ulbricht weiter: Der Arbeit der Babelsberger Akademie dürfe nicht durch Klenners Arbeitsstelle Konkurrenz gemacht werden. 1968 trug die DASR noch den Beinamen »Walter Ulbricht« (den sie unter Honecker verlor), sie unterstand der ZK-Abteilung Staats- und Rechtsfragen, und Rainer Arlt hatte sich die richtigen Genossen ausgesucht, um einen Nebenbuhler auszuschalten. Ich nehme an, dass es Arlts Brief war, der die rechtstheoretischen Attacken auf Klenner und Mollnau im Herbst 1968 in die Wege leitete. Mollnaus Habilitationsschrift wird im September 1968 von der HUB zurückgewiesen, und Klenners Arbeitsstelle wird im November 1968 aufgelöst. Der Fall zeigt, dass in dem Netzwerk der Macht, in dem ostdeutsche Rechtswissenschaftler operierten, auch ein zweitrangiger Machthaber wie der Rektor der DASR Machtansprüche der Großen für seine eigenen Zwecke manipulieren konnte.

Und ein Beispiel aus der Honecker-Zeit: Im Frühjahr 1976, ein knappes Jahr nachdem das neue Zivilgesetzbuch der DDR im Juni 1975 in Kraft getreten ist, veröffentlicht Professor Heinz Püschel, Urheberrechtler an der HUB, in der *Neuen Justiz* einen Aufsatz zur Kontrolle des Autors über seinen eigenen Text.[31] Püschels Frage lautet, ob der Widerspruch des Autors gegen Änderungen oder Streichungen, die der Verlag vornehmen möchte, eine »mißbräuchliche Rechtsausübung« nach dem neuen ZGB sei und daher vom Verlag nicht beachtet zu werden brauche. Püschels Antwort auf diese Frage ist: »Nein.« Der Verlag sei zwar nicht verpflichtet, einen Text ohne die von ihm gewünschten Änderungen zu drucken, aber die Änderungen dürfen dem Verfasser auch nicht aufgezwungen werden. Die Kontrolle des Autors über sein eigenes Werk sei ein so wichtiges subjektives Recht (das Wort wird jetzt wieder gebraucht), dass seine Ausübung »lediglich in ganz seltenen Ausnahmefällen« einen Rechtsmissbrauch darstelle.

Das Wort Zensur fällt in Püschels Aufsatz natürlich nicht. Wahrscheinlich wäre auch nichts passiert, wenn nicht ein aufmerksamer westdeutscher Journalist eine kurze Zusammenfassung von Püschels Argumenten unter dem Titel »Kritik an Einschränkung persönlicher Rechte in der DDR« im West-Berliner *Tagesspiegel* platziert hätte.[32] Der *Tagesspiegel*-Bericht erscheint am 4. Mai 1976. Er scheint schon am nächsten Tag auf Honeckers

Schreibtisch gelegen zu haben. Jedenfalls schreibt am 5. Mai Klaus Sorgenicht (ZK-Abteilung Staats- und Rechtsfragen) an seinen Chef und regt an, was in der Püschel-Angelegenheit geschehen sollte: eine strenge Vergatterung des Autors und des Redaktionskollegiums der *Neuen Justiz,* verbunden mit »mehr Überwachung in der Zukunft«. »Einverstanden E. H.«, steht handschriftlich unter Sorgenichts Vorschlag.

Bei der Umsetzung dieses Plans geraten auch die unteren Autoritäten in Bewegung. An der Humboldt-Universität wird Püschel einem erniedrigenden Parteiverfahren ausgesetzt; seine erste Mea-culpa-Stellungnahme ist nicht unterwürfig genug; erst mit der zweiten ist die Parteileitung der Sektion Rechtswissenschaft zufrieden, und man beschließt, zu untersuchen, ob nicht auch die von Püschel vergebenen Dissertationsthemen Anlass zu ideologischer Besorgnis geben.

Aber das meiste Gerangel gibt es über die Zukunft der *Neuen Justiz,* die so achtlos war, Püschels Aufsatz zu veröffentlichen. Die Zeitschrift hat drei Herausgeber: das Oberste Gericht der DDR, den Generalstaatsanwalt und das Justizministerium, das unter den Herausgebern am stärksten in Erscheinung tritt. Jetzt sieht Generalstaatsanwalt Josef Streit die Gelegenheit, die Rolle des Ministeriums zu seinen Gunsten zu beschneiden und der *Neuen Justiz* ein linientreueres Profil zu geben als zuvor. Das Ministerium habe offensichtlich nicht gut genug aufgepasst. Der Generalstaatsanwalt sei bereit, die Parteiorganisation des *NJ*-Redaktionskollegiums in die GO seiner Behörde zu integrieren und so »in unsere politische Obhut zu nehmen«, um Fehltritte in Zukunft zu vermeiden. Außerdem müsse »der Rechtsprechungsteil aus der Zeitschrift heraus«, weil sozialistische Rechtsprechung »ohne Ansehen von Zeit und Raum« keine Präzedenzkraft habe und ihre Veröffentlichung »die Leitung der Rechtsprechung« unterminiere. Justizministerium und Oberstes Gericht mischen sich ein und machen eigene Vorstellungen geltend. Auch in dieser internen Auseinandersetzung geht es um die Macht der Partei und um die Machtanteile der verschiedenen Spieler. Erst im Juli 1977 ist der Streit entschieden: Dank des gemäßigten Einflusses des OG und des Ministeriums der Justiz behält die *NJ* den geringen Spielraum, den ihre Verbindung mit der Praxis ihr bisher erlaubte. Wie zum Anfang der Affäre stimmt »E. H.« mit seiner Unterschrift auch ihrem Abschluss zu.

Wie fanden sich die Rechtswissenschaftler an der Humboldt-Universität auf diesem Minenfeld der Macht zurecht? Sie setzten ihre Schritte so vorsichtig wie möglich. Das galt nicht für Heinz Püschel, der seinen Aufsatz trotz der Warnungen von Kollegen in der *Neuen Justiz* veröffentlicht hatte. Ein ehemaliger Assistent von ihm erzählte mir, dass sein Chef bei Konferenzreisen immer darauf bestand, seinen Koffer selbst zu tragen. Er wollte sein eigener Herr sein. Aber das politische Klima an der HUB ermutigte meine Protagonisten nicht dazu, ihr eigener Herr oder ihre eigene Frau zu sein. 1980 beklagte sich Professor Erich Buchholz bei einem Brigadeeinsatz der ZK-Abteilung Wissenschaft an der Sektion über die »Unsicherheit« und »Beklommenheit« der Juristen, die nicht wüssten, wie die Partei Bemühungen um neue Einsichten beurteilen würde. »Aus Furcht, daß neues Herangehen in die Irre und damit zu ernsten politischen Auseinandersetzungen führen könne, wird bisher ›Bewährtes‹ weiter bearbeitet.«

Wenn etwas schiefgeht, wird die Schuld in der Regel »mangelnder Kontrolle« zugeschoben: Das heißt, die Parteileitung der Grundorganisation oder ein Mitglied des Lehrkörpers mit Leitungsfunktion (wie der Sektions- oder ein Institutsdirektor) hat nicht genügend aufgepasst. So passen alle auf. Alle Post aus dem westlichen Ausland geht über den Schreibtisch des Sektionsdirektors. 1977 richtet Sektionsdirektor John Lekschas das »Anliegen« an seine Kollegen, auch »neue Erkenntnisse, die nicht in der *Neuen Justiz* erscheinen bzw. nicht zur Veröffentlichung vorgesehen sind, ihm vorzulegen«. 1978 ermahnt er die Kollegen, »Absprachen mit Redaktionen nur in Abstimmung mit der

Sektionsleitung vorzunehmen, um jeglichen Unstimmigkeiten vorbeugen zu können«.

So wird für die Rechtswissenschaftler an der HUB politische Vorsicht zum Reflex. Wie Fußgänger sehen sie nach beiden Seiten, bevor sie im Getümmel des Verkehrs eine belebte Straße überqueren. Bei Zweifeln fragt man lieber oben an. Der Ton bei diesen Anfragen ist kollegial. 1981 schickt Dozent Gerwin Udke ein für die *NJ* bestimmtes Manuskript an Dr. Christoph im Ministerium der Justiz und bittet um »eventuelle Hinweise«: »Vielleicht können wir das gelegentlich besprechen.« Manchmal vertagt die Sektion Rechtswissenschaft eine Sitzung, um ein wichtiges Parteiereignis abzuwarten, auf das man reagieren sollte. Wenn die Arbeit an einem Aufsatz kurz vor einem derartigen Ereignis abgeschlossen wird, notiert ein vorsichtiger Autor das Datum der Fertigstellung in einer Fußnote, um später sagen zu können: »Es tut mir leid. Ich konnte damals noch nicht wissen, dass die Partei inzwischen dies oder jenes beschließen würde.«

1956, angesichts der Unruhen in Polen und Ungarn, sagte Alfons Steiniger auf einer Sitzung der Juristischen Fakultät: Man »erkennt einen guten Genossen daran, daß er weiß, was der Partei dient, und sich danach in der Art seiner Fragestellung richtet.« Wenn Gehorsam das entscheidende Kriterium ist, waren die HUB-Rechtswissenschaftler bessere Genossen als die Vertreter der meisten anderen Fakultäten. Sie hatten bis zum Ende der DDR eine besonders hohe Anzahl von SED-Mitgliedern, eine der höchsten Raten der Wahlbeteiligung innerhalb der HUB und besonders gute Anwesenheitsstatistiken bei den unzähligen Parteiversammlungen. In den Aktenbänden zu »Besonderen Vorkommnissen« an DDR-Universitäten (ein Begriff, der in den Jahren nach dem Mauerbau weitgehend ein Synonym für Republikflucht und im letzten DDR-Jahrzehnt für Ausreiseanträge war) kommen HUB-Juraprofessoren so gut wie nie vor. In den Berichten über die ideologische Lage an der Universität, die die besorgte HUB-Kreisleitung regelmäßig an die ZK-Abteilung Wissenschaft schickte, tauchen sie ebenfalls nur selten auf. In den Sitzungen der HUB-Kreisleitung sagten die Vertreter der Juristen in der Regel wenig. Gelegentlich wird die Sektion Rechtswissenschaft als besonders zuverlässig gelobt.

Auch ihre Studenten scheinen braver zu sein als die meisten anderen Studenten an der HUB. Sie beteiligen sich eifriger als andere an der vormilitärischen Ausbildung an der Universität. Sie melden sich eher zum Reservedienst in der Volksarmee. Besonders viele von ihnen sind Genossen: 1980, zum Beispiel, sind 15,8 Prozent der Geografiestudenten, 16,9 Prozent der Chemiker, 77 Prozent der Philosophen (auch ein gefährliches Fach) und 83,6 Prozent der Jurastudenten in der SED. Wenn neue Studentenheime eröffnet werden, achtet die Partei darauf, dass genügend Juristen unter den Bewohnern sind. Als ideologische Hefe in der Teigmasse junger Leute, die zu überzeugten Sozialisten erzogen werden sollen? Nein, wohl eher als Vorbilder, wie sich disziplinierte Genossen zu verhalten haben. An der Sektion Rechtswissenschaft will man nicht auffallen. Man macht der Partei keinen Ärger.

So bleibt es bis in die letzten Tage der DDR. Noch 1985 schicken die Teilnehmer an der 3. landesweiten Staats- und rechtswissenschaftlichen Konferenz in Berlin ein Huldigungstelegramm an Erich Honecker: »Wir versichern Ihnen, lieber Genosse Honecker, daß sich die SED auf die Staats- und Rechtswissenschaftler der DDR jederzeit verlassen kann.« Professor Detlef Joseph von der HUB war mit dabei und berichtet später: »Wir stimmten alle zu.« Noch auf einer Tagung im November 1988 besteht HUB-Professor Göhring darauf, dass die geplante, noch sehr schüchterne gerichtliche Überprüfung von Verwaltungsakten in der DDR nicht mit der bürgerlichen Gewaltenteilung verglichen werden könne: Es gehe bei der Reform nur um die »arbeitsteilige Zusammenarbeit staatlicher Organe«.

Im Protokoll einer HUB-Kreisleitungssitzung vom Mai 1989, in dem schon die Angst vor dem Zerfall durchschimmert, preist der 1. Sekretär Harry Smettan immer noch den »engen Schulterschluß« von Parteifunktionären, Hochschullehrern und der FDJ als beste Strategie zur Abwehr von Gefahren. Aber in der Diskussion klingen Zweifel an. Professor Krenzlin, von der GO Kulturwissenschaft und Ästhetik, beklagt die mangelnde Fähigkeit unter den Kollegen, »mit Differenzen umzugehen«. »Das ist für jemanden, der im Geiste der Einmütigkeit großgeworden ist, ich zähle mich selbst dazu, gar nicht so einfach.« Der Prorektor für Gesellschaftswissenschaften Dieter Klein stimmt zu: »Ich kann Norbert verstehen.« Nur dass zur Selbstanalyse nicht mehr viel Zeit sei, »weil sonst die Dinge weglaufen«. Der Vertreter der Juristen in der Runde, Professor Achim Marko, will von alledem nichts hören. Es gehe jetzt um »nichts Geringeres als die Machtfrage«, sagt er. »Standfestigkeit«, »ideologische Zuverlässigkeit« und »absolute Befehlstreue« seien die einzig möglichen Antworten auf die Krise.

Das Ende kommt dann sehr schnell. Am 6. Juni 1989 hatte der Rektor der HUB Dieter Hass gesagt: »Die politische Lage an der Universität ist stabil.« Noch am 4. November schätzt die Hauptinspektion des Ministeriums für Hoch- und Fachschulwesen die Situation an DDR-Universitäten als »sehr bewegt, aber beherrschbar« ein. Am 9. November fällt die Mauer. Die letzte Tagung der Parteileitung der HUB findet eine Woche später statt. 34 Mitglieder der Universitätsparteigruppen melden sich, jetzt ungeplant, zu Wort. Ihre Beiträge zur Krise klingen verstört und steuerlos. Ich sehe keinen mir bekannten Juristen unter den Sprechern. Es liegen sehr hastig geschriebene handschriftliche Notizen in der Akte: »Auflösungsprozeß vollzieht sich schneller, als wir Maßstäbe für Handlungen setzen können.« Dann nur noch Stichworte: »Hilflosigkeit, Selbstzerfleischung, Begleichung alter Rechnungen, entwürdigend«.

Im Januar 1990 setzt Rektor Hass eine Rehabilitierungskommission ein, um altes Unrecht, das die Universität Kollegen antat, wieder auszugleichen. Zu den ersten Antragstellern gehören zwei Juristen: Hermann Klenner und Bernhard Graefrath, Opfer der Babelsberger Konferenz. Aber unter den sieben Kommissionsmitgliedern gibt es niemanden aus der Sektion Rechtswissenschaft. Es durften nur Wissenschaftler dazugehören, die an der HUB »in keiner Leitungsfunktion gestanden hatten«. Unter den Juristen fand sich niemand, der nicht in der einen oder anderen Funktion der Partei gedient hatte.

DIE ZWEITE GESCHICHTE
Der mürrische Gehorsam von Revisionisten

Es war dem Druck und der Unterstützung der sowjetischen Besatzungsmacht geschuldet, dass die alte Berliner Friedrich-Wilhelms-Universität schon am 20. Januar 1946 (ein Dreivierteljahr nach dem Zusammenbruch und knapp drei Monate vor der Neugründung der Technischen Universität im englischen Sektor der Stadt) ihren Vorlesungsbetrieb wieder aufnehmen konnte. Das Hauptgebäude Unter den Linden war von Bomben zerstört; so fand die Eröffnungsfeier in einem Theater an der Friedrichstraße statt. Es war ein festliches Ereignis, mit traditionellem akademischen Pomp begangen: der Rektor mit goldener Amtskette, die Professoren in Talaren und zur Umrahmung das Zweite Brandenburgische Konzert. Die Talare hatten die ausgebombten Berliner sich von der Universität Jena geborgt.[33] Man spürt, inmitten der Ruinen, die Sehnsucht nach vergangener bürgerlicher Respektabilität. Die Berliner Universität wurde in den ersten Jahren nach dem Krieg von Bürgerlichen aufgebaut: von Wissenschaftlern, die nach der schlimmen Hitler-Zeit zu den Werten zurückfinden wollten, auf die sie einmal stolz gewesen waren. Das klingt auch in dem Namen durch, den die Berliner 1948, im Gegenzug zur Gründung der Freien Universität in West-Berlin, für ihre Linden-Universität wählten: Humboldt-Universität.

Der sowjetischen Militärregierung war klar, dass der Weg zu einem sozialistischen Hochschulbetrieb in ihrer Zone über eine Etappe der antifaschistisch-demokratischen Universitäten gehen müsse. So bestanden sie vor allem auf der drastischen Entnazifizierung aller Hochschullehrer in der Sowjetischen Besatzungszone (SBZ): Von den 810 Professoren und Dozenten, die noch im Herbst 1944 an der Friedrich-Wilhelms-Universität unterrichtet hatten, überstanden nur 461 die Säuberung. Bei den Juristen waren es nur drei, die nachweislich das Dritte Reich mit weißer Weste überlebt hatten: Eduard Kohlrausch, ein Positivist mit viel Respekt für Systematik, Hans Peters, ein liberaler und praktischer Verwaltungsrechtler, und Hermann Dersch, der 1933 als Halbjude seine Professur für Arbeits- und Sozialversicherungsrecht verloren hatte und jetzt an die Berliner Universität zurückkehrte. Keiner der drei konnte in sozialistischer Terminologie anders als »bürgerlich« beschrieben werden. Das Gleiche galt für die Neuberufungen, die die Berliner Juristische Fakultät in den ersten Jahren ihrer Existenz aussprach, um den Unterricht überhaupt aufnehmen zu können: bürgerliche Juristen, die nach schwierigen Jahren unter Hitler auf eine neue berufliche Existenz in Ost-Berlin hofften und nach ein paar Jahren alle enttäuscht in den Westen zurückkehrten.

Wie sah der neue Lehrplan dieser Professoren aus? Am 1. Dezember 1945 traf sich Karl Kleikamp, Vizepräsident der Deutschen Justizverwaltung, mit Vertretern der juristischen Fakultäten in der SBZ, um die »Notwendigkeit der Erkennung eines neuen Geistes in der Juristenschaft« zu besprechen. Eduard Kohlrausch und Hans Peters waren bei der Sitzung dabei. Die Vorstellungen der Professoren und des Vertreters der sowjetischen Militärverwaltung gingen offensichtlich auseinander. Kleikamp (nicht KPD, sondern SPD) wollte Recht nicht als »Norm«, sondern als »lebendige Ordnung« verstanden wissen, die den Problemen der Gegenwart gewachsen sein sollte. Die Studenten müssten »für den Sozialismus« gewonnen werden. Peters (CDU und Empiriker) war an der Berücksichtigung von Alltagsproblemen im Unterricht interessiert. Kohlrausch (schon Dekan) plädierte für die »Wissenschaftlichkeit« der Lehre: Es sei besser, Professoren zu berufen, die nicht glaubten (wie die Kommunisten?), »alle Probleme schon gelöst zu haben«. Die sowjetische Besatzungsmacht schien der »sehr harten Auseinandersetzung« nicht viel Bedeutung beizumessen. Sie hatte zu dieser Zeit andere Sorgen. Der Lehrplan vom Juli 1946, den Kohlrausch am Ende für seine Fakultät aushandelte, hätte auch in Marburg oder Kiel auf dem Programm stehen können: vier Stunden »Grundlagen des Zivilrechts« im ersten Semester, zehn Stunden Bürgerliches Recht (Allgemeine Lehre und Schuldrecht) im zweiten, das übliche Maß an Strafrecht, Verfahrensrecht, Öffentlichem Recht und dergleichen und nur fakultativ eine Vorlesung über »Rechtsfälle des täglichen Lebens«.

Karl Kleikamp war enttäuscht: Der Plan entspreche »in keiner Weise dem mir vorschwebenden Ideal«. Schon 1945 hatte er die Ost-Berliner beschuldigt, nicht zu mehr bereit zu sein, »als dort anzufangen, wo man im Jahre 1933 aufgehört hat«. Wo sonst hätten sie anfangen sollen? Eine bürgerliche Vergangenheit war ein verlässlicherer Halt als eine ungewisse sozialistische Zukunft. Auch Kleikamp hielt nicht lange an der Hoffnung auf einen »neuen Geist in der Juristenschaft« fest. Er ging 1947 nach West-Berlin und half 1948 beim Aufbau der Freien Universität in Dahlem. Eine »neue Juristenschaft« scheint es in diesen Jahren in keinem Teil Berlins gegeben zu haben. Auf der SED-Hochschulkonferenz im November 1947 warnten Sprecher vor dem Weiterleben bürgerlicher Konventionen »in außerordentlich hohem Maße« besonders in der Rechtswissenschaft.

1949 wurden die beiden deutschen Staaten gegründet, feindliche Brüder schon zum Zeitpunkt der Geburt: die Bundesrepublik im Mai 1949, die DDR fünf Monate später im Oktober. Von Professor Walter Neye wird erzählt, er habe anlässlich der Ereignisse in seiner Vorlesung nur drei große Buchstaben an die Tafel geschrieben – D D R – und gesagt: »Das ist jetzt unser Staat.«[34] Der neue Staat hatte zwar eine neue Ideologie, auch eine neue Verfassung, aber noch kein eigenes Rechtssystem. Anders als die Bundesrepublik, die das von Nazi-Unrecht gereinigte deutsche Recht ganz selbstverständlich als ihr angestammtes Erbe übernahm, war für die DDR genau dasselbe Recht ein vom Kapitalismus infiziertes Übel, das möglichst bald überwunden werden musste. Die rechtliche Selbsterneuerung brauchte viel länger als geplant. Zwar veränderte sich der gesellschaftliche Alltag der neuen DDR-Bürger durch die Verstaatlichung der Wirtschaft, die Kollektivierung der Landwirtschaft, die Einschränkung von Bürgerrechten und die zunehmende Abschottung zum Westen sehr schnell. Aber das Rechtssystem, nach dem Konflikte in der neuen Gesellschaft ausgetragen wurden, blieb jahrzehntelang weitgehend dasselbe wie in der Bundesrepublik.

Zwar wurden bald eine Reihe neuer Gesetze erlassen, die westdeutschen Wertvorstellungen entschieden zuwiderliefen: das drakonische Volkseigentumsschutzgesetz von 1952 zum Beispiel oder die vernünftige Eheverordnung von 1955, die die noch lange in der Bundesrepublik geltende Verschuldensscheidung durch die Zerrüttungsscheidung ersetzte. Aber die großen kanonischen deutschen Gesetzbücher der vorigen Jahrhundertwende, die mit vielen Änderungen heute noch in Kraft sind und in deren Schatten Generationen von deutschen Jurastudenten gelernt haben, »wie Juristen zu denken«, überlebten im SED-Staat erstaunlich lange. 1965 erhielt die DDR ein eigenes Familiengesetzbuch (das das 4. Buch des BGB ersetzte), 1968 ein neues Strafgesetzbuch und eine neue Strafprozessordnung (die an die Stelle des StGB und der StPO von 1876 traten), und erst 1975 gelang die Ratifizierung eines Zivilgesetzbuches für die DDR, das endlich das alte BGB von 1900 überflüssig machte – 26 Jahre nach der Gründung der DDR und nur 14 Jahre vor ihrem Untergang.

Die Juraprofessoren an der HUB mussten ihren Unterricht also noch jahrzehntelang auf die alten kapitalistischen Gesetzestexte ausrichten. Weil es noch keine sozialistischen Gesetzbücher gab, gab es sehr lange auch keine sozialistischen Kommentare – üblicherweise das erste Hilfsmittel, zu dem ein Jurist bei der Lösung eines Rechtsfalls greift. Die ersten juristischen Lehrbücher in der DDR erschienen zwar Mitte der 1950er Jahre, aber auch sie drehten sich um die überkommenen bürgerlichen Gesetze. Wo sollte ein Lehrer an der HUB das Lehrmaterial für seine Studenten hernehmen? Es blieb nur der Rückgriff auf westdeutsche Literatur. Noch 1950 wurde Eduard Kohlrauschs Kommentar zum StGB in einer Lizenzausgabe – »nur für den Gebrauch in der Ostzone« – dort billiger verkauft als in der Bundesrepublik. Die von den Russen geforderte Entnazifizierung der Juristischen Bibliothek Unter den Linden verlief langsamer als geplant, weil man sich den Verlust der alten Lehrtexte nicht leisten konnte. Im Dezember 1951 erinnerte der Dekan der Juristischen Fakultät wieder an die »beschleunigte Entnazifizierung der Universitätsbibliothek«. Als daraufhin nichts geschah, setzte sich die Fakultät im September 1952 eine Frist von vier Wochen, »um die Reinigung der Bibliothek von faschistischen und imperialistischen Büchern durchzuführen«. Die Frist wurde offenbar nicht eingehalten, denn noch zehn Jahre später beklagt sich die Abteilung Wissenschaft des Zentralkomitees darüber, dass juristische Examensarbeiten an der HUB den Reichsgerichtsrätekommentar zum BGB (dessen erste Auflage 1910 erschien) und den westdeutschen Kurzkommentar von Palandt zitierten. Im Juni 1961 schickt GO-Sekretär Gregor Schirmer eine »streng vertrauliche« Umfrage an seine Fakultät, in der er unter anderem danach fragt, welche Westlehrbücher bei den Juristen noch im Gebrauch seien.

In den unmittelbaren Nachkriegsjahren war die Benutzung westdeutscher Literatur in Ost-Berlin noch kein Problem. Die Fakultät Unter den Linden unterrichtete deutsches, nicht ostdeutsches Recht. Viele Jurastudenten kamen aus West-Berlin, und auch Hans Peters kehrte nach seinem Umzug nach Köln noch einmal als Gastprofessor an die HUB zurück. Als Dekan hatte er seine Berliner Fakultät emphatisch gegen die »völlig ungerechtfertigten Anfeindungen aus Süd- und Westdeutschland« verteidigt. Man kann sich denken, was diese »Anfeindungen« an der HUB monierten: dass unter der Fuchtel der SED in Ost-Berlin keine respektable juristische Arbeit mehr möglich sei. Peters bestritt das und sagte noch 1971 in einem Interview: »Es ist einfach nicht wahr, daß wir in der Lehrfreiheit beschränkt waren.« Ein Bericht von 1948 bemängelte, dass die HUB-Studenten »ständig mit Gewaltenteilung gefüttert« würden. Uwe-Jens Heuer (später Professor an der HUB), der von 1946 bis 1951 in Ost-Berlin Jura studierte, kritisierte viele Jahre später seine damaligen Lehrer dafür, dass sie »nicht den geringsten Versuch machten, hinter den Rechtsnormen und ihrer Anwendung so etwas wie gesellschaftliche Interessen zu entdecken«.[35] Das alles klingt noch unbekümmert bürgerlich.

Nach der Abwanderung der letzten bürgerlichen Professoren in den Westen waren fast alle Mitglieder der Juristischen Fakultät bekennende Sozialisten. Das heißt nicht, dass sie sich die formale Begrifflichkeit des bürgerlichen Rechts wie Staub von den Füßen geschüttelt hätten. Sie mussten ebendiese Begrifflichkeit ja täglich in ihrem Unterricht erklären. Die Älteren unter ihnen hatten in der Weimarer Republik studiert und verstanden Recht, schon aus eigener Erfahrung, auch als eine Waffe zur Begrenzung von Unrecht. Hans Nathan hatte vor dem Dritten Reich als Rechtsanwalt gearbeitet. Als er 1952 vor politischen Verdächtigungen im Justizministerium an die HUB floh, legitimierte er sich zwar bald mit einer marxistischen Analyse des Patentrechts, die sich heute wie die Seminararbeit eines intelligenten und gutwilligen Studenten liest. Aber im selben Jahrgang der *Neuen Justiz*, in dem dieser Aufsatz erschien, findet man sieben weitere Aufsätze und 30 Urteilsanmerkungen von Hans Nathan, in denen er als sorgfältiger und fachkundiger Jurist das geltende Recht vor allem zum Schutz unehelicher Kinder und geschiedener Frauen interpretiert. Hilde Benjamin, die in der Weimarer Republik als Anwältin der »Roten Hilfe« Kommunisten und Arbeiter verteidigt hatte, nutzte ihr juristisches Talent auch zur Schaffung eines Familiengesetzbuches, das die Rechtsstellung von Frauen stärkte. Und auch ihre viel geschmähte Definition des Begriffes »sozialistische Gesetzlichkeit« als »strikte Einhaltung der Gesetze, verbunden mit Parteilichkeit« enthielt ein positivistisches Element (die »strikte Einhaltung der Gesetze«), auf das die Partei nicht verzichten konnte, wenn sie Recht, auch übernommenes bürgerliches Recht, als wirksames Instrument zur Steuerung der Gesellschaft benutzen wollte. Als in den ersten Jahren der DDR Volksrichter gelegentlich versuchten, den Begriff »Eigentümer« nicht juristisch, sondern (mit Berufung auf Marx) ökonomisch auszulegen, wurden sie vom Obersten Gericht zurückgepfiffen: Was zähle, sei der Wortlaut des BGB.[36]

Und die neue Generation der Humboldt-Juristen, die »jungen Wilden«, die erst in der DDR-Zeit Jura studiert hatten und deren Elite von der Partei auserwählt worden war, um in Internatskursen wie dem in Forst Zinna sozialistische Vorlesungsprogramme zu entwerfen? Sie hätten es weit von sich gewiesen, wenn jemand ihnen gesagt hätte, dass sie noch in bürgerlichem Rechtsdenken befangen seien. Aber ihre ehrgeizigsten Arbeiten ignorierten die Tatsache, dass das geltende Rechtssystem der DDR weitgehend auf Gesetzbüchern beruhte, die ursprünglich im Kaiserreich entstanden waren. Sie waren nicht an der praktischen Lösung von Gegenwartsproblemen interessiert, sondern an scharfsinnigen rechtstheoretischen Analysen. Ich weiß nicht, was diese jungen Leute, frisch vom Studium und ihrer sozialistischen Reformarbeit an die Universitäten versetzt, in ihren Vorlesungen sagten. Immerhin mussten sie ihren Studenten die vielfach verschachtelten Regeln des BGB oder des StGB beibringen, die DDR-Juristen noch lange beherrschen mussten.

Vielleicht kann Hans Kleine, ein Forst-Zinna-Absolvent und anschließend Dozent an der HUB, als Beispiel gelten. Er produziert 1953 eine Doktorarbeit über »Die historische Bedingtheit der Abstraktion von der causa«, die eine abstruse Rechtsfigur des BGB als typisches Produkt des Kapitalismus beschreibt.[37]

Im Anschluss an seine Promotion wird er Mitherausgeber von drei kollektiv geschriebenen Lehrbüchern zum Zivilrecht (Allgemeiner Teil, Schuldrecht und Sachenrecht), die das BGB als das behandeln, was es war: Recht der DDR. Ich nehme an, die eine Hand wusste, was die andere tat, und der Autor betrachtete seine Doktorarbeit als intellektuelles Abenteuer und die Lehrbucharbeit als seine Pflicht. Jedenfalls wenn es um geltendes Recht ging, dachten die Humboldt-Juristen wie Juristen.

Das alles heißt nicht, dass sie Kryptokapitalisten waren. Es heißt auch nicht, dass in Ost- und Westdeutschland das gleiche Recht galt. In beiden Staaten passten eine Fülle von Textänderungen, Verordnungen und Anordnungen aller Art die alten Gesetzesbücher den neuen Bedingungen im Lande an. Aber die formale Begriffswelt des bürgerlichen Rechtsdenkens saß, wie Banquos Geist, bei jeder fachlichen Unterhaltung der HUB-Juristen mit am Tische. Die juristische Methode, die sich deduktiv vom Allgemeinen zum Besonderen bewegt; die Tendenz, ein Rechtsproblem in viele begriffliche Bausteine zu zerlegen; die Beziehungen dieser Bausteine zueinander innerhalb der Logik des Systems; die »Grammatik« des Rechts,[38] in der Juristen miteinander diskutierten, waren in Ost- und Westdeutschland weitgehend identisch. Wenn es zum Beispiel um Verträge ging, sprach man in beiden Deutschlands von »Willenserklärung«, »Angebot«, »Annahme«, »Irrtum«, »Anfechtung«, »Unmöglichkeit« und dergleichen. Der Sprachstil war verschieden: Westdeutsches Argumentieren war abstrakter, begrifflich raffinierter und spekulativer als das ostdeutsche Rechtsdenken, das der Partei genehm und den Bürgern verständlich sein sollte. Gewisse bürgerliche Rechtsbegriffe, wie »subjektives Recht« (das eine Spannung zwischen Staat und Bürger impliziert) oder »Pacht« (das nach kapitalistischem Eigentum an Grund und Boden roch), blieben in der DDR lange Zeit tabu. »Nennen wir es doch ›Picht‹!«, soll ein HUB-Jurist genervt ausgerufen haben, als es in einer ZGB-Gesetzgebungskommission um die Benennung von Nutzungsrechten an Grundstücken ging, die nicht mehr »Pacht« heißen durften. Aber Bürgerrechte und die vertragliche Nutzung eines fremden Grundstücks, wenn auch unter anderen Namen, gab es natürlich auch in der DDR.[39] So ist es kein Wunder, dass DDR-Juristen von der Partei (an deren Spitze es kaum Juristen gab) von Anfang an als Formalisten, Positivisten und Revisionisten gescholten wurden. Ihr Handwerk war revisionistisch.

Erstaunlicherweise war es Stalin, der meinen Protagonisten schon früh zu Hilfe kam. Im Sommer 1950 veröffentlichte die sowjetische Parteizeitung *Prawda* eine Diskussion über Fragen der sowjetischen Sprachwissenschaft, an der sich Stalin selbst mit seinen »Linguistik-Briefen« beteiligte. Allerdings ging es Stalin nicht um Linguistik. Er nutzte die Gelegenheit, um die orthodoxe marxistische Lehre von der Abhängigkeit des gesellschaftlichen Überbaus von seiner ökonomischen Basis zu Gunsten der Staatsmacht umzudefinieren. Bisher war der gesellschaftliche Überbau mit seinen kulturellen Phänomenen wie Recht, Kunst oder Politik als Kreatur der Produktionsverhältnisse verstanden worden. Marx' These, dass »das Recht nie höher sein (kann) als die ökonomische Gestaltung und dadurch bedingte Kulturentwicklung der Gesellschaft«, gehörte auch in der DDR zum ideologischen Kanon. Stalin drehte in den »Linguistik-Briefen« diese These um: Die Institutionen des Überbaus mit ihren Erscheinungsformen wie Kunst oder Sprache seien nicht nur passive Produkte der wirtschaftlichen Basis, sondern ihrerseits nützliche Instrumente zur deren aktiver Umformung. Zu Stalins Sprachbeispielen in den »Linguistik-Briefen« gehört auch das Wort »kaufen«.

Die erste deutsche Übersetzung der »Linguistik-Briefe« erschien im August 1950 in der Parteizeitschrift *Einheit*. Erst ein Jahr später veröffentlichte Hans Gerats einen Aufsatz in der *Neuen Justiz*,[40] der die Nützlichkeit von Stalins Schrift für ostdeutsche Rechtswissenschaftler erkennen ließ. Ein von bürgerlichen Produktionsverhältnissen geprägtes bürgerliches Recht konnte nun in den Händen eines neuen Staates zur Schaffung einer sozialistischen Gesellschaft eingesetzt werden, auch wenn dieser Staat, selbst eine Erscheinung des Überbaus, angesichts der noch nicht vollständigen Vergesellschaftung der Produktionsmittel in der DDR noch keine sozialistische Basis hatte.

Was ich da eben hingeschrieben habe, liest sich wie die Beschreibung eines Taschenspielertricks. Er half Rechtswissenschaftlern in der DDR, mit besserem ideologischen Gewissen als zuvor mit vertrauten bürgerlichen Begriffen zu arbeiten. Zum Beispiel hatte es vor den »Linguistik-Briefen« unter ihnen eine eifrige Diskussion darüber gegeben, wie die »neue Qualität« des Volkseigentums begrifflich zu erfassen sei. Gehörte Volkseigentum »dem Volk«? »Das Volk« hatte keine Rechtspersönlichkeit. War jeder Bürger anteilsmäßig Miteigentümer des Volkseigentums? Aber kein Bürger hatte über Volkseigentum Verfügungsmacht. »Sozialistisches Staatseigentum« konnte Volkseigentum nicht sein, weil es in der DDR noch viel Privateigentum gab; die DDR also noch keine »sozialistische Basis« hatte und daher auch keine sozialistischen Überbauinstitutionen. Und die Bezeichnung »Staatseigentum« klang zu kapitalistisch und wäre der »neuen Qualität« des Volkseigentums nicht gerecht geworden. Stalins »Linguistik-Briefe« lösten das Problem: Wegen der neuen aktiven Kraft des Überbaus konnte auch ein noch-nicht-sozialistischer Staat schon sozialistisches Staatseigentum haben und es zur beschleunigten Schöpfung einer sozialistischen Basis einsetzen. Volkseigentum war sozialistisches Staatseigentum.[41] Die übernommenen bürgerlichen Gesetzbücher konnten auf gleiche Weise die Schaffung einer sozialistischen Gesellschaft fördern wie neu erlassene DDR-Gesetze.

Zum Anfang von Stalins Kehrtwende schien es nötig, darauf hinzuweisen, dass bürgerliche Rechtsbegriffe in der DDR nun »einen neuen Inhalt« erhalten hatten und dass ihr neuer Inhalt, angesichts der dialektischen Spannung zwischen »Form« und »Inhalt«, schließlich auch zur Herausbildung neuer Formen führen würde. Aber bald wurden derartige Rechtfertigungen nicht mehr benutzt. Das übernommene bürgerliche Recht war zu allgegenwärtig, um Gedanken an einen neuen Inhalt aufkommen zu lassen. In den Akten des DDR-Ministeriums für Hoch- und Fachschulwesen liegt das Programm für die Vorlesung »Zivilprozeß« im Sommer 1955, das auch für die HUB galt, in dem das Material aufgeführt ist, mit dem die Studenten bekannt gemacht werden sollten. Es ist eine Liste von Westgesetzen, die durch die Angabe ihres jeweiligen Erscheinungsdatums fast vorsintflutlich anmutet (Zivilprozessordnung von 1877, Zwangsversteigerungsgesetz von 1897, Konkursordnung von 1877, Gerichtskostengesetz von 1878 i.d.F. von 1927, Konkursordnung von 1935) und denen einige DDR-Gesetze folgen (Verfassung vom 1949, Warenzeichengesetz von 1954), ein paar Aufsätze in der *Neuen Justiz,* eine »Anleitung für den Zivilprozess« aus dem Justizministerium und zum Schluss der Hinweis auf einen russischen Aufsatz in deutscher Übersetzung. Angesichts all der bürgerlichen Texte war es ein technisch anspruchsvolles Unterrichtsprogramm für Studenten, die seit der II. Hochschulreform von 1951 durch ihr obligatorisches ML-Studium im ersten Studienjahr auf juristisches Denken alles andere als vorbereitet waren. Für die Suche nach »neuen Inhalten« wird kaum Zeit geblieben sein.

Die Suche schien nicht nötig zu sein für Juraprofessoren, die sich selbst als Sozialisten definierten und sich bewusst auf die Seite des »besseren deutschen Staates« geschlagen hatten. Warum sollten sie der DDR jetzt nicht als die Juristen dienen, die sie waren? 1956 schrieb Hans Nathan in *Staat und Recht:* »Wenn wir Juristen in den letzten Jahren Gelegenheit hatten, *eine* Lehre der marxistischen Dialektik besonders tief in uns aufzunehmen, so ist es die, daß keine Norm, keine juristische Methodik an sich ›schlecht‹ ist, sondern ihren Wertakzent immer nur durch ihren Zusammenhang mit den konkreten historischen Umständen erhält, insbesondere durch die Gesellschaftsordnung, die sie anwendet.«[42]

Das schrieb Nathan zur Zeit des Tauwetters, als die HUB-Juristen für sich und ihr Fach wieder optimistischer in die Zukunft sahen. Aber auch vorher schon versuchten sie, als Wissenschaftler so zu leben, wie man sich ein wissenschaftliches Leben vorstellt. Schon 1953 planten sie, als Intellektuelle einmal im Monat zu einer echten wissenschaftlichen Diskussion zusammenzukommen. Sie bestanden auf akademischen Riten: 1955 brauchten Aspiranten noch das Kleine Latinum, um ihren juristischen Doktor zu machen. Meine Protagonisten wollten nach guter deutscher Tradition von ihren Schülern respektiert werden. So handelte die Fakultät mit der FDJ einen Benimmkodex für Studenten aus (Pünktlichkeit, gutes Deutsch, aufrechte Haltung, Aufstehen bei längeren Antworten), der mich an die Erwachsenenermahnungen meiner Schulzeit erinnert: »Halte dich gerade, Kind!« (»Moment mal!«, wird eine Leserin jetzt denken. »Hat sie diese Benimmregel nicht in der ersten Geschichte als Beispiel für die Kontrollmanie der SED beschrieben?« Ja, aber vielleicht war das zu einseitig gesehen. Auch traditionelle Eltern kontrollieren ihre Kinder.) Vor allem wollten die HUB-Juristen Zugang zu mehr Fachliteratur aus Westdeutschland. Hans Nathan selbst hatte einen Sondervertrag mit der HUB, der ihm eine bessere Versorgung mit Westliteratur zusicherte. 1956 verlangte auch der Wissenschaftliche Rat der Fakultät die Erhöhung des Westmarkkontingents für den Ankauf von Büchern in der Bundesrepublik und beschloss im Oktober, die vorhandene Westliteratur im Lesesaal allgemein zugänglich zu machen und die Studenten zur Nutzung dieser Quellen zu ermutigen.

Die SED hatte diese Entwicklungen schon seit ein paar Jahren mit steigendem Argwohn beobachtet. In den juristischen Fakultäten in der DDR hatte sich eine selbstbewusste Wissenschaftlichkeit eingebürgert, unter deren Einfluss Parteibeschlüsse an Wichtigkeit verloren. DDR-Juraprofessoren begannen, sich offen eigene Gedanken zu machen. An der HUB, zum Beispiel, hatte Horst Kellner vom Institut für Zivilrecht 1957 ein Konkursverfahren für volkseigene Betriebe vorgeschlagen, das der Einheitlichkeit der volkseigenen Wirtschaft und dem demokratischen

Zentralismus widersprach. In Hermann Klenners rechtstheoretischen Arbeiten schien immer wieder Sympathie für die Gewaltenteilung durch. Bernhard Graefrath schrieb nach einer Jugoslawienreise Beifälliges zu Edvard Kardeljs »gesellschaftlicher Selbstverwaltung«. An anderen Universitäten in der DDR, besonders unter den Wirtschaftsrechtlern, sah es nicht besser aus.

So kam es zur Planung der berüchtigten Babelsberger Konferenz vom 2. und 3. April 1958, die sozusagen wie ein ideologischer Paukenschlag der SED ostdeutsche Rechtswissenschaftler aus ihrer akademischen Selbstbezogenheit aufwecken und in den Dienst der Partei zurückscheuchen sollte. Walter Ulbrichts dreistündiges Referat und die folgende eineinhalb Tage lange »Diskussion« ließen keinen Zweifel daran, dass »Recht« und »Staat« im Sozialismus nicht Gegensätze, sondern eine von der Partei kontrollierte Einheit waren und dass die Rechtswissenschaft, wie alle anderen Institutionen in der DDR, nicht dem Recht, sondern in erster Linie der Partei zu dienen hatten.

Von der Juristischen Fakultät der HUB sprachen nur drei Vertreter in Babelsberg. Der alte Arthur Baumgarten (aus Basel in die DDR gelockter Rechtsphilosoph, hochgeehrt und jetzt 74 Jahre alt) hielt die feierliche Eröffnungsrede, in der auch der Satz »Selbständigkeit, Spontaneität, Freiheit des Denkens braucht der Marxismus bei seinen Wissenschaftlern« fiel und die beim Druck der Konferenzbeiträge ausgelassen wurde.[43] Der noch sehr junge Gregor Schirmer, 26-jähriger Parteisekretär der GO Rechtswissenschaft, beschrieb bereitwillig die ideologischen Sünden seiner Fakultät. Alfons Steiniger, schon 1947 Liebling der Partei unter den HUB-Juristen, lieferte ein demütiges Bekenntnis seiner eigenen ideologischen Fehler. »Schaut uns auf die Finger!«, bat er die Partei am Ende seines Vortrags. Beifall im Saal.

Hermann Klenner, Bernhard Graefrath und Uwe-Jens Heuer waren als Hauptvertreter des Revisionismus vor dem Treffen wieder ausgeladen worden. Die übrigen rund 20 Vertreter der

HUB-Juristen tauchen im Protokoll der Konferenz nicht auf; sie saßen schweigend auf ihren Stühlen. Dem bei Ulbricht-Reden üblichen langanhaltenden Beifall haben sie sich vermutlich angeschlossen. Aber ich denke, sie werden mit schwerem Herzen in der Bahn gesessen haben, die sie am Abend des 3. April nach Berlin zurückbrachte, wo neue Erniedrigungen auf sie warteten: die peinlichen Parteiverfahren gegen Klenner, Graefrath und Heuer und ihre »Verbannung« aus der HUB; die Reinigung des Vorlesungsverzeichnisses von Lehrveranstaltungen zum nun verpönten Verwaltungsrecht; die symbolischen und nicht nur symbolischen Entscheidungen, die notwendig waren, um die Partei von der angemessenen Reaktion der HUB-Juristen auf die Konferenz zu überzeugen.

Aber das Trauma lichtete sich schneller, als ich erwartet hätte. Bald nach der Babelsberger Konferenz entdecke ich Anzeichen dafür, dass man an der HUB versuchte, den Schaden zu begrenzen, der durch eine zu fromme Auslegung von Ulbrichts Botschaft in der ostdeutschen Rechtswissenschaft angerichtet worden wäre. Noch vor der Verbannung Hermann Klenners in das Dorf Letschin, wo er zwei Jahre lang Bürgermeister spielen sollte, schloss die HUB einen »Beurlaubungsvertrag« mit ihm, der Klenner zusätzlich zu seinem Letschiner Gehalt monatlich 570 Mark zusprach; im Februar 1959 erhöhte der Rektor diese Summe um weitere 750 Mark. Die Anregung dazu kam vom Staatssekretär für Hoch- und Fachschulwesen Wilhelm Girnus. An der Juristischen Fakultät gelang es, Teile des verworfenen Verwaltungsrechts im Staatsrecht und einigen anderen Vorlesungen unterzubringen. Im Juni 1958 gab es bei einer Diskussion des Wissenschaftlichen Rats der Fakultät über einen Artikel von Herbert Kröger, Direktor der Babelsberger DASR, in der *Einheit* offenen Widerspruch zur Babelsberger Attacke auf das überkommene Recht.

Es ging bei dem Streit im Wesentlichen um die Frage, ob die richtige Interpretation von Ulbrichts Referat auch die Abschaffung der bürgerlichen Rechtssystematik verlange. Zusammen mit dem Sitzungsprotokoll liegen zwei handschriftliche Seiten zu Hans Nathans Einleitungsreferat in den Akten. Professor Kröger hatte in seinem Papier behauptet, dass die Rechtswissenschaft sozusagen nur eine Unterabteilung des Marxismus-Leninismus sei, zu dem sie im Verhältnis des Besonderen zum Allgemeinen stehe, und sich vor allem gegen die Unterteilung von Rechtskomplexen in Rechtszweige ausgesprochen. Nathan wehrte sich gegen diese Sicht. Krögers Konzeption erinnere an die rechtsnihilistischen Tendenzen in der Sowjetunion der 1920er Jahre und führe zur »Aufhebung der Rechtswissenschaft«. Die begriffliche Unterscheidung zwischen Normenkomplexen (wie »öffentliches« und »privates Recht«) sei nicht eo ipso lebensfremd, im Gegenteil. Was solle denn an die Stelle der alten Rechtssystematik gesetzt werden? Professor Rudolf Schneider von der Grundorganisationsleitung der Juristischen Fakultät erklärte, »die Parteileitung hat im Wesentlichen dieselbe Meinung wie Genosse Nathan«. Außerdem werde auch in Babelsberg »das Bestehen des bisherigen Rechtssystems nicht mehr in Frage gestellt«. Schneider führte keinen Beleg für diese Behauptung an. Die Tatsache, dass auch ein Vertreter des Staatssekretariats für Hoch- und Fachschulwesen bei dem Treffen dabei war (und, soweit ich sehen kann, nicht widersprach), zeigt, wie wichtig das Thema nicht nur für die HUB-Juristen war.

Es kommt nicht oft vor, dass handschriftliche Ergänzungen zu internen HUB-Besprechungen in den Akten liegen, und ich kann nicht sagen, wie typisch die Sitzung (nur zweieinhalb Monate nach der Babelsberger Konferenz) tatsächlich war. Aber es gibt viele Indizien dafür, dass die Humboldt-Juristen das Ereignis am liebsten aus ihrem Bewusstsein verdrängt hätten. Zuerst kam zwar der Schock: Ein Bericht des Lehrkörpers der Juristischen Fakultät für den Monat April 1958 – unmittelbar nach der Konferenz geschrieben – spricht von einer »gewissen Unsicherheit« unter den Kollegen, ihrer »Flucht in die kollektive Verantwortung der Parteigruppe« und ihrer Neigung, für jede Ausarbeitung das Plazet der Parteigruppe einzuholen. Am einfachsten war es noch, die Babelsberger Konferenz »außerhalb des Rechts auszuwerten«, wie Professor Schneider auf einer Sitzung riet, das heißt, nicht durch wissenschaftliche Spekulation, sondern durch politische Geschäftigkeit. Wie Parteisekretär Luthers Bericht vom Oktober 1958 zeigt, versuchten die HUB-Juristen, auf diese Weise Loyalität zu demonstrieren. Sie legten Schwerpunktaufgaben fest, planten eine Konferenz »zur Terrorjustiz« in der BRD und organisierten Studentenzirkel zu Themen wie dem »Klerikalfaschismus in Westdeutschland«.

Aber derartige Projekte setzten sich nicht mit dem Problem des bürgerlichen Rechtsdenkens auseinander. Die Hauptlast von Ulbrichts Forderung, dieses Denken auf sozialistische Weise zu überwinden, trugen die Zivilrechtler, auf die der Vorwurf des Revisionismus angesichts ihrer Beschäftigung mit dem alten BGB am besten passte. Die Staatsrechtler der HUB, ebenfalls Objekte von Ulbrichts Zorn, waren nach der Verbannung ihrer prominentesten Vertreter steuerlos. Das Institut für Staatsrecht hatte im September 1958 weder einen Leiter noch einen kommissarischen Leiter und war bei den Sitzungen des Wissenschaftlichen Rates der Fakultät nur noch als Gast dabei. Und die Zivilrechtler wichen rechtstheoretischen Überlegungen aus. Vier Monate nach der Konferenz hat die Parteigruppe des HUB-Instituts für Zivilrecht »noch keine Überlegungen darüber angestellt, ob die Trennung von Sachenrecht und Schuldrecht aufrechterhalten werden soll«. Auf einer Sitzung im Oktober 1959 zählt die GO-Parteileitung die Fehler der Kollegen auf: »keine Konzeption«, »keine kollektive Arbeit«, »Tradition, Individualismus, keine SED-Gesamtverantwortlichkeit«. Der Grund dafür, dass die Juristen hinter den Plänen der Partei zurückbleiben: »Man betrachtet die Durchsetzung der Linie der Partei nicht als Aufgabe des Rechts.«

Die Juristen sind nicht die einzigen Lehrer an der Humboldt-Universität, die mit der Politik der SED nicht Schritt halten.

Im Dezember 1959 haben von 36 Grundorganisationen an der HUB nur sechs zum 6. Plenum des ZK Stellung genommen. Die Parteibeschlüsse werden an keiner Universität der DDR ernsthaft genug studiert, weil in den meisten GO-Leitungen der Universitäten »nur eine kleine Gruppe von Genossen arbeitet« und ihre Beschlüsse daher oft »versanden«. Im Winter 1959 organisiert die Abteilung Wissenschaft einen einwöchigen Lehrgang für die GO-Sekretäre aller ostdeutschen Hochschulen, um sie in »neuen Methoden der Parteiarbeit« zu schulen und sie zu wirksameren Missionaren der Partei zu machen. »Schließlich sind wir Funktionäre und nicht ein Mädchenpensionat«, sagt ein Sprecher auf dem Lehrgang. Aber bei den Juristen ist das Festhalten an alten bürgerlichen Traditionen dem Begriffs- und Gesetzesmaterial geschuldet, mit dem sie sich täglich beschäftigen, und daher besonders schwer auszurotten. Ein Funktionär der Parteileitung der HUB, der auf einer Parteisitzung der Juristen dabei war, um sie zu beraten, beschreibt ihr besonderes Problem. Im Zusammenhang mit der Babelsberger Konferenz und dem Parteiverfahren gegen Hermann Klenner stand die Frage: »Was wollen wir nicht?« – »Jetzt steht die Frage: was wollen wir jetzt? Formal wurde der Kampf gegen den Revisionismus abgeschlossen, inhaltlich noch nicht.«

Aber auf die Frage »Was wollen wir?« hat niemand bei den HUB-Juristen eine Antwort. Meine Protagonisten fühlen sich in der bestehenden Rechtssystematik zu Hause und können sich keine andere vorstellen. So hat man den Eindruck, dass bei den Rechtswissenschaftlern nicht nur die Parteibeschlüsse, sondern auch die Botschaft der Babelsberger Konferenz allmählich »versanden«. »Es besteht Klarheit darüber, daß die von der Partei in Babelsberg geforderte Wende in der wissenschaftlichen Arbeit noch nicht vollzogen ist«, heißt es in einem Bericht der Parteileitung der HUB-Juristen vom September 1959. Ein Papier der ZK-Abteilung Wissenschaft vom Januar 1960 nennt den »Klärungsprozess« nach Babelsberg »zu langsam«. Karl Polak selbst, der »böse Geist« von Babelsberg und Ghostwriter von Walter Ulbrichts Anti-Revisionismus-Rede, beklagt 1963, dass die ostdeutschen Rechtswissenschaftler »nach mancherlei Verbeugungen vor der Babelsberger Konferenz auf [...] alten Pfaden« weiterwandeln.[44] Nach Polaks Tod 1965 und vor allem nach der Ablösung Walter Ulbrichts durch Erich Honecker 1971 kommen die Babelsberger Ambitionen im Wesentlichen nur noch aus politischem Anstand und Loyalität gelegentlich bei Gedächtnisfeiern zur Sprache.

Allerdings war die Babelsberger Konferenz nur *ein* wichtiger Abschnitt in Ulbrichts ehrgeizigem Programm zum Aufbau einer sozialistischen Justiz in Deutschland. Die Abschaffung der Gewaltenteilung sollte die Grundlage für eine Vergesellschaftung der Rechtsprechung bilden, in der Staat und Bürger sich nicht mehr misstrauisch gegenüberstanden, sondern noch auftretende Konflikte unter dem Schutzschirm der Partei in gesellschaftlicher Zusammenarbeit und im Interesse aller lösen. Ulbricht präsentierte sein neues Rechtspflegesystem in drei Schritten: seiner »Programmatischen Erklärung« vor der Volkskammer am 4. Oktober 1960,[45] dem »Staatsratsbeschluß« über die weitere Entwicklung der Rechtspflege in der DDR vom 30. Januar 1961[46] und dem »Staatsratserlaß« »Über die grundsätzlichen Aufgaben und die Arbeitsweise der Organe der Rechtspflege« vom 4. April 1963,[47] der die strukturellen Einzelheiten des neuen gesellschaftlichen Gerichtssystems regeln sollte.

Aber die ostdeutschen Rechtswissenschaftler wussten nicht, was sie mit der Rechtspflege-Gesetzgebung anfangen sollen. Der Staatsratsbeschluss von 1961 und der Erlass von 1963 wurden zwar im Gesetzblatt der DDR veröffentlicht. Aber sie sahen nicht wie richtige Gesetze aus. Sie hatten keine erkennbare juristische Struktur: keine Paragrafen, keine Definitionen, keine Wenn-dann-Bestimmungen. Es würde es immer noch Gerichte und Richter geben, die die weitgehend bürgerlichen Gesetze anwenden mussten, und die neuen Rechtspflegeerlasse bestimmten nur ungenau, was sich verändern sollte. Meine Protagonisten fanden keine Einstiegsmöglichkeiten für eine fachliche Interpretation und Analyse der neuen Texte. So reagierten sie auf diese Beschlüsse wie auf andere Parteibeschlüsse auch: »Sie werteten sie nur allgemein politisch, aber nicht wissenschaftlich aus.« Vor allem publizierten sie nicht zur neuen Rechtspflege. Eine HUB-Sitzung zum Staatsratsbeschluss, die eigentlich im März 1961 stattfinden sollte, wurde verschoben, weil die Fakultät erst einen Polak-Artikel abwarten wollte, der zu dem Thema in *Staat und Recht* veröffentlicht werden sollte. Den Humboldt-Leuten selbst fiel zum Staatsratsbeschluss nichts ein.

Als im Dezember 1961 die Fakultät zusammenkommt, um über »einige Probleme des Entwurfs« des Erlasses von 1962 zu diskutieren, leitet Dr. Erich Buchholz die Debatte mit einem Freud'schen Versprecher ein: »Der Entwurf sei in seiner Bedeutung schwer zu unterschätzen«, sagte er. Doppelte Verneinungen sind verwirrend, und ich weiß nicht, ob ich den Schnitzer Erich Buchholz (normalerweise ein verlässlicher Genosse) oder dem Protokollanten der Sitzung anlasten soll. Aber mir scheint, er drückte die Gefühle vieler Anwesenden im Raum aus. Das allgemeine Desinteresse an der Rechtspflege-Gesetzgebung scheint aus dem Sitzungsprotokoll auch sonst durch. Als es um einen Auftrag für die Fakultät geht, »einen festen Plan der inhaltlichen Besprechung und der damit zusammenhängenden Fragen« des Beschlusses aufstellen, melden sich sofort zwei Kollegen: Sie stehen für die Arbeit wegen anderer Aufgaben nicht zur Verfügung. Dr. Horst Luther sagt beschwörend: »Wir können das nicht auf ein paar Kollegen abwälzen.« So spricht der Rat ein Machtwort: Bis zum 31. Dezember 1961 (über Weihnachten!) »sind an allen Instituten die Beratungen des Entwurfs und deren Ergebnisse schriftlich zu fixieren«.

Es liegen noch ähnliche Sitzungsprotokolle in den Akten, zu ähnlichen Situationen, in denen die Fakultät die politische Linie der Partei rechtlich kommentieren und durchsetzen soll und sich sozusagen aus beruflichen Instinkten gegen die Aufgabe sperrt. Am 9. Oktober 1963 geht es um das »neue ökonomische System der Planung und Leitung« in der DDR (eine von Ulbricht zeitweise unterstützte Wirtschaftsreform) und um die Frage der »Sicherung der Grundrechte durch ökonomische Hebel«. Professor Nathan fragt, was eigentlich unter dieser Hebelwirkung zu verstehen sei. »Bevor man mit Begriffen arbeitet, müsse man Klarheit über deren Inhalt haben.« Keiner der Anwesenden kann den Inhalt definieren. Auf Vorschlag von Bernhard Graefrath beschließt der Rat: »Der Begriff ›neues ökonomisches System‹ sollte nicht als total verständlich vorausgesetzt werden.«

Es war ein merkwürdiger »Beschluß«: eine trotzige Proklamation des Unverständnisses von Fachleuten, die sich gegen die politische Verwässerung ihrer Berufssprache wehren. Sie machte deutlich, dass die Partei bei der Durchsetzung von Ulbrichts Rechtspflegeplänen von ihren Juraprofessoren nicht viel Hilfe zu erwarten hatte. Schon im Juni 1962 konstatierte die Abteilung Staats- und Rechtsfragen des ZK, dass die DDR-Rechtswissenschaft »vollkommen am Rechtspflegebeschluß vorbeigegangen« sei. »Er paßte nicht in ihre Linie und wurde deshalb ignoriert.«[48] In der Praxis sah es nicht anders aus: auch hier Hilflosigkeit der Juristen. In einer dicken Akte zur Durchführung des Rechtspflegebeschlusses liegt der Brief einer Richterin aus Gera, die nicht weiß, wie sie die geforderten erzieherischen Verfahren strukturieren soll. »Ich bringe keinen Arbeitsplan zustande. Ich erkenne nicht die Schwerpunkte«, schreibt sie.

Sie ist nicht allein mit ihrer Schwierigkeit, aus einem unrealistischen politischen Programm rechtliche Regeln abzuleiten. Im August 1962 geht es in einer Sitzung der Grundkommission zum Entwurf eines neuen DDR-Strafgesetzbuches, das 1968 erlassen wird, darum, ob Besserungsarbeit eine Strafe sei, die dem Geist des Rechtspflegebeschlusses entspreche. Im Sozialismus ist Arbeit doch ein Mittel der Selbstverwirklichung. Kann man sie auch als Strafe benutzen? Kommissionsmitglied Weber,

HUB, sagt Ja: »Es ist falsch, sie irgendwie mit der Zwangsarbeit gleichzusetzen.« Dr. Stiller, DASR, stimmt ihm zu. Andere Mitglieder zögern. Besserungsarbeit ist nach den Erfahrungen unter Hitler ein heikles Thema und Diskussionen dazu sind in der Fachpresse bislang offenbar unterbunden worden. Heinrich Toeplitz, Präsident des Obersten Gerichts, winkt schließlich ab: »Wir sollten die Frage nicht weiter diskutieren. Die Gesichtspunkte sind klar. Letztlich ist es eine politische Entscheidung.«

Die Fehlkommunikationen zwischen der SED und ihren Rechtswissenschaftlern ließen sich nicht überbrücken. Wie die Ziele der Babelsberger Konferenz (das Yang von Ulbrichts Plänen) gerieten auch die Ziele der Rechtspflegereform (ihr Yin) zunehmend in Vergessenheit. Wie sollten Richter damit arbeiten? Auch von den Universitäten war keine Hilfe zu erwarten. Selbst wenn mutige Leute über Rechtspflegefragen schrieben, kamen ihre Antworten über politische Zirkelschlüsse nicht hinaus. Was war zum Beispiel der Unterschied zwischen »antagonistischen« und »nicht antagonistischen« Straftaten? Die Frage könne »nur durch eine exakte Analyse unserer Klassenkampf- und sonstigen Entwicklungsbedingungen« beantwortet werden, schrieben zum Beispiel Erich Buchholz und Walter Griebe,[49] zwei junge Strafrechtler von der HUB. In anderen Worten: Ihr müsst politisch argumentieren. Dabei lässt sich viel falsch machen.

So kam die Rechtsprechung in der DDR zu unterschiedlichen Interpretationen. Manche Kreisrichter sahen den Erlass als Aufforderung zu milderen Urteilen als zuvor, andere als Ermahnung, jetzt härtere Urteile auszusprechen. Erzieherische Verfahren, vor allem Lokaltermine vor dem versammelten Arbeitskollektiv eines Angeklagten, waren zu arbeitsintensiv und zeitraubend, um regelmäßig durchgeführt zu werden. Weil der Erlass keine Regeln für die Wahl »gesellschaftlicher Verteidiger« und »Ankläger« im Arbeitskollektiv enthielt, wurde die Auswahl vor allem von Staatsanwalt und Polizei getroffen, mit dem Resultat, dass am Ende in allen Kreisgerichten in der DDR dreimal so viele gesellschaftliche Ankläger als Verteidiger auftraten.[50] 1965 wurde in einem Beschluss des Obersten Gerichts »die nur formale Einbeziehung« gesellschaftlicher Kräfte in DDR-Strafverfahren kritisiert: Ziel des Erlasses seien nicht Geschäftigkeit, sondern »die Veränderungen beim Täter selbst«. Leichter gesagt als getan. Im selben Jahr versuchte Professor Joachim Göhring, genug Kollegen für Beiträge zur »Einbeziehung gesellschaftlicher Kräfte in die Rechtspflege« zu gewinnen, um damit ein Heft der *Wissenschaftlichen Zeitschrift der Humboldt-Universität* zu füllen. Es gelang ihm nicht.

Aber wenn Fachfragen verhandelt wurden, wussten meine Protagonisten, woran sie waren, und klangen nicht viel anders als Juristen überall. Hier sind ein paar Zitate, wieder von John Lekschas und Joachim Renneberg, aus Diskussionen der Strafrechtskommission über die Formulierung von Paragrafen des zukünftigen StGB. John Lekschas zum Entwurf einer Bestimmung, die besonders Staatsfunktionäre schützen sollte: »Der ganze Paragraph ist ein Schwamm, weil eine echte Bestimmtheit fehlt.« Zu dem Vorschlag eines Richters des Obersten Gerichts, den Schutz von Staatsfunktionären auch auf in Verwaltungsangelegenheiten mitwirkende Werktätige auszudehnen: »Diese Tätigkeit ist aber keine staatliche, sondern eine gesellschaftliche Tätigkeit.« Zur Unterscheidung schwerer und minderschwerer Straftaten: »Schwere Fälle sind dort unzulässig, wo sie sich nicht beschreiben lassen.« Joachim Renneberg in ähnlichem Zusammenhang: »Ich muß schärfstens gegen die Vermischung von kurzfristigen und langfristigen Freiheitsstrafen« protestieren. Und noch einmal Lekschas zur »Planung« staatsfeindlicher Tätigkeit: »Ich habe aber jetzt Bedenken. Sie hätten sich dann nichts Besonderes zum Ziel gesetzt. Das ist zu unbestimmt.« Auf derselben Sitzung der StGB-Grundkommission argumentiert Lekschas gegen einen Wirtschaftsstraftatbestand »Gefährdung des Betriebsplans«: »Zu abstrakt. Es muß zumindest ein Schaden herauskommen oder eine effektive Nichterfüllung des Betriebsplans vorliegen.« Auch bei politisch brisanteren Gelegenheiten kommt es vor, dass Juristen wie Juristen sprechen, wenn sie als Fachleute ihr Urteil abgeben sollen. In einem »Vertraulich« gestempelten Papier vom Juli 1962, zum Beispiel, kritisiert Hans Ranke (stellvertretender Justizminister) die Arbeit der Staatsratskommission der DDR, die unter dem Vorsitz von Karl Polak (selbst Staatsratsmitglied und Ulbrichts Vertrauter) die Einzelheiten des geplanten Rechtspflegeerlasses ausarbeiten soll. Rankes Kritik ist deutlich: Die bisherige Vorlage »berücksichtigt nicht genug die Eigenverantwortung und Unabhängigkeit der Gerichte«, sie enthalte »noch zahlreiche Verwischungen und Überschneidungen der Aufgaben und Verantwortlichkeiten« der beteiligten Autoritäten, und sie »bringt die Aufgaben der Rechtspflege und die Fragen von Sicherheit und Ordnung durcheinander«.

Alle diese Zitate belegen nicht, dass ostdeutsche Rechtswissenschaftler sich immer konsequent für rechtsstaatliche Prinzipien eingesetzt hätten. Oft werden sie bei juristischen Ungenauigkeiten weggesehen haben, statt sie zu kritisieren; nicht immer haben sie staatliche Willkür erkannt (oder erkennen wollen); in vielen Fällen werden die Entscheidungsfinder nicht auf sie gehört haben. Ich fragte einmal einen Mitarbeiter des ehemaligen DDR-Justizministeriums, ob er sich bei den vielen Gesetzgebungsarbeiten, an denen er beteiligt war, an einen HUB-Vertreter erinnern könne, der besonders oft Widerspruch gegen die Gesetzgebungspläne der Partei erhoben habe. »Widerspruch würde ich nicht sagen«, war die Antwort. »Sie machten auf Mängel aufmerksam.« Sie machten auch dann auf Mängel aufmerksam, wenn ihre eigene Auffassung mit den politischen Zielen der SED im Einklang stand. 1959 sagte Hans Gerats, Strafrechtsprofessor an der HUB, auf einer der vielen Sitzungen zur Ausarbeitung des StGB, auf der es diesmal um die Strafbarkeit der Vorbereitung einer Fahnenflucht ging: »Es besteht ein praktisches Bedürfnis, die Vorbereitung strafbar zu erklären, weil sonst der Versuch weit ausgelegt werden müßte.« Generalstaatsanwalt Ernst Melsheimer stimmte ihm zu. Die beiden Juristen wollten Fahnenflucht durchaus auch dann bestrafen, wenn der Deserteur mit seinen Plänen noch nicht sehr weit gekommen war. Aber sie wollten sie lieber durch eine Ausweitung des Straftatbestands als durch eine Ausweitung seiner Auslegung bestrafen. Das heißt: Sie vertrauten dem geschriebenen Gesetz mehr als dem sozialistischen Richter.

Wie ihre bürgerlichen Vorgänger an der Berliner Universität waren die HUB-Juristen Positivisten. Sie liebten die begriffliche Genauigkeit und Vorhersehbarkeit des Rechts, sie liebten das Schritt-für-Schritt juristischer Argumentationen, sie liebten Regelmäßigkeit und Ordnung. Weil das Land abgeschlossen war und DDR-Juristen wenig Kontakt mit wissenschaftlichen Debatten im Westen hatten, war ihr Arbeitsstil in mancher Hinsicht rückständiger als der ihrer westlichen Kollegen: juristisch simpler und weniger erfinderisch; man könnte sagen: kleinstädtischer. Aber das verstärkte eher noch ihre Neigung, Recht als Recht des Gesetzblatts zu verstehen (zumal das positive Recht ja mit dem Segen der Partei entstanden war) und sich am Wortlaut des Gesetzes festzuhalten. Für die Identifikation mit politischen Zukunftsversprechen der Partei fehlte den HUB-Juristen das Talent zum Sprung ins Ungewisse.

Stattdessen richten sie sich, nach Überwindung der vielen Anfangsschwierigkeiten an der HUB und nach der Befestigung der Lage mit dem Bau der Mauer, in ihrem täglichen Arbeitsleben ein. In einer Sitzung im März 1963 (noch unter dem Druck, Ulbrichts Rechtspflegeplänen gerecht zu werden) diskutiert der Wissenschaftliche Rat die Lage. Niemand ist damit zufrieden. Alle klagen über die vielen Auftragsarbeiten für die Partei und die Regierung. Die Ausarbeitung von Lehrbüchern (die kollektiv mit Vertretern anderer Universitäten geschrieben werden) erfolgt strikt nach Plan und lässt wenig Raum für eigenen Ehrgeiz. Die Einbeziehung praktisch aller Kollegen in die Gesetzgebungsarbeit des Ministeriums der Justiz bedeutet, dass an der

HUB »derzeit nur eine oberflächliche Arbeit möglich ist«. Prodekan Graefrath beklagt die »herrschende Zersplitterung« der Forschung: Auf 47 Mitarbeiter entfielen 24 Forschungsthemen, während doch »eine Steigerung der Produktivität nur durch Konzentrierung auf bestimmte Themen möglich« sei. Uwe-Jens Heuer kritisiert »die mangelnde Information der Fakultät über die neuen Aufgaben« in der Wirtschaft, an deren Lösung sich Wirtschaftsrechtler wie er bei mehr Information besser beteiligen könnten. In der Debatte klingt durch, dass die Mitglieder der Fakultät mehr sein wollen als nur Arbeiter im Weinberg der Partei. Sie wollen sich selbst regieren. »Die Gesamtverantwortung des Rates darf nicht untergehen«, sagt Professor Buchholz am Ende der Debatte, das heißt: Die Fakultät müsse neben der offensichtlichen Planung durch Regierung und Partei auch eigene Standards setzen dürfen.

Die Frage nach wissenschaftlichen Standards konnte unter DDR-Juristen lange nicht gestellt werden, nicht nur aus politischen Gründen. Nach der Entnazifizierung der Juraprofessoren des Dritten Reichs und nach dem Weggang der übrig gebliebenen bürgerlichen Professoren in den Westen gab es so wenige potenzielle Rechtslehrer in der DDR, dass keine juristische Fakultät es sich leisten konnte, bei der Auswahl von Bewerbern wählerisch zu sein. Dass die DDR das traditionelle deutsche System der doppelten Akkreditierung für eine Professur (Dissertation und Habilitation) anfangs übernahm und auch nach der III. Hochschulreform von 1968 nach sowjetischem Modell (nunmehr A- und B-Dissertation genannt) im Wesentlichen weiterführte, machte das Personalproblem nicht einfacher. Es dauerte sehr lange an der HUB, bis jemand zu einem Lehrstuhl kam. 1962 gab es unter den 49 Dozenten an der Juristischen Fakultät der HUB zwei habilitierte Dozenten, 23 mit dem Dr. jur. und 24 Lehrer ohne akademischen Titel.

Diese Zahlen sagen wenig über die pädagogischen Fähigkeiten der Lehrer aus. Aber das wissenschaftliche Fundament der Fakultät war schwach. Würde der Nachwuchs ihre Zukunft sichern können? Die Assistenten mussten so viel Lehre übernehmen, dass sie für eigene Forschung kaum Zeit hatten. Ihre Dissertationen brauchten viel zu lange. Die »Gesamtleistungshabilitation«, für die mehrere kürzere Arbeiten eines Kandidaten zur »Habilitation« addiert wurden, war den etablierteren Professoren »unbehaglich«. Wir müssen wieder »zu normalen« Habilitationen zurückkehren, sagte Professor Alfons Steiniger auf einer Sitzung des Wissenschaftlichen Rates im Dezember 1962 (wobei das Wort »normal« das nicht erlaubte Wort »traditionell« ersetzen sollte). Dr. Horst Luther war pessimistisch. »Es ist sehr schwierig, bei unserer Arbeitsorganisation größere Arbeiten in Angriff zu nehmen«, sagte er. »Solange bei uns im Hause, bedingt durch die vielen Sitzungen, Unordnung herrscht, ist das nicht zu verwirklichen.«

Jedenfalls gelingt es den HUB-Juristen 1962/63, zwei Kollegen loszuwerden, zu deren wissenschaftlichen Fähigkeiten sie kein Vertrauen haben: Joachim Hemmerling und Annemarie Helmbrecht. Dr. Hemmerling (ein Protegé Ulbrichts) war der Fakultät 1960 aufgedrängt worden, als die Abteilung ZK-Wissenschaft nach Professoren suchte, die sich in der Praxis »und bei der Auswertung der Babelsberger Konferenz« besonders verdient gemacht hatten. Aber Hemmerling, ein Wirtschaftsrechtler, hat »große Schwierigkeiten« in der Staats- und Rechtstheorie, und der Entwurf seiner Habilitationsschrift wird von der Fakultät verrissen. »Keine juristische Arbeit«, erklären so unterschiedliche Kritiker wie Hans Nathan und Uwe-Jens Heuer. »Eine popularisierende Orientierungsskizze«, sagt Professor Steiniger, die bezeichnend dafür sei, »was man der Fakultät als Habilitation anbieten könne«. Steiniger wirkt gekränkt. Als auch die Aufforderung zu einer »Umschreibung« nicht weiterführt, wird Hemmerling 1963 nahegelegt, zu gehen.

Annemarie Helmbrecht war schon ein Jahr zuvor aus ihrer Dozentur entlassen worden. Sie kam 1954 als Oberassistentin im Institut für Zivilrecht an die HUB, hatte seitdem ihre Kollegen durch ständige politische Belehrungen irritiert (auf lose Reden in der Fakultät werde nicht streng genug reagiert etc.), war der Fakultät im Februar 1958 mit ihrem Anti-Klenner-Artikel im *Neuen Deutschland* in den Rücken gefallen und hatte in acht Jahren keine nennenswerten Fortschritte mit ihrer Dissertation gemacht. Ihr erster Gutachter weigert sich, die Arbeit zu bewerten; zum zweiten Gutachter wird Karl Mollnau bestellt, der (als Klenners ehemaliger Assistent) nach den Schikanen von Babelsberg allen Grund hat, Helmbrecht zu verachten, und von dem jeder weiß, dass er nichts von ihrer Arbeit hält. Die Wahl von Mollnau als Gutachter stellt der Fakultät kein gutes Zeugnis für Verfahrensgerechtigkeit aus. Immerhin gibt es eine Debatte darüber und zwei Gegenstimmen. Das Ereignis macht deutlich, wie unbeliebt die Kandidatin bei allen ist, und Mollnaus Urteil über die Dissertation wird sicher richtig gewesen sein: Sie »entwickelt keine produktiven Fragestellungen und kommt zu keinen schöpferischen Erkenntnissen«. Annemarie Helmbrecht verlässt die Fakultät im September 1962 ohne Doktortitel.

Das Ausscheiden von Helmbrecht und Hemmerling war ein kleiner Sieg für die HUB-Juristen: eine Bestätigung ihres beruflichen Selbstverständnisses. Der Abteilung Wissenschaft waren die durch die Kandidaten ausgelösten Spannungen in der Fakultät sehr wohl bekannt und die Partei gab in diesen Fällen – wohl um des lieben Friedens willen – nach. Aber das heißt nicht, dass sie, vier Jahre nach der Babelsberger Konferenz, ihre Attacke auf die ideologische Rückständigkeit der ostdeutschen Rechtswissenschaft aufgegeben hätte. Vom Standpunkt der SED aus machte zu viel juristisches Fachbewusstsein aus guten Juristen schlechte Diener der Partei. Eine »Information« der ZK-Abteilung Wissenschaft zu den »dogmatischen Erscheinungen an den juristischen Fakultäten« im Juli 1962 kritisierte besonders die Angewohnheit der Genossen Juraprofessoren, »in ihren Ausführungen [...] von den Beschlüssen der Partei zu abstrahieren«.

1968, im Jahr des Prager Frühlings (auch in dem Jahr, in dem Hermann Klenner seine Arbeitsstelle an der Akademie der Wissenschaften verlor, weil er ebenfalls »Recht« von »Parteibeschlüssen« abstrahierte), unternahm die SED mit ihrer III. Hochschulreform noch einmal einen Anlauf auf Walter Ulbrichts Utopie. Eine neue Hochschulverfassung sollte Marxismus, Wissenschaft und Parteikontrolle an den Universitäten so verschmelzen, dass Professoren und Studenten sich nicht mehr in einen bürgerlichen Wissenschaftsindividualismus zurückziehen konnten. Bisher hatten die Wissenschaftlichen Räte der Fakultäten der HUB unter der kollegialen Leitung ihres Dekans »noch wie ein Parlament gearbeitet«. Die III. Hochschulreform machte dieser Selbstverwaltung ein Ende. Die alten Fakultäten wurden in »Sektionen« umgewandelt, an deren Spitze der »Sektionsleiter« in »Einzelleitung« (und damit ungestört von Debatten der Kollegen) endlich die »straffe zentrale Leitung« der wissenschaftlichen Arbeit garantieren sollte.

Nach der Wende fragte ich einen ehemaligen HUB-Professor, was sich damals durch den Austausch der Fakultäten durch Sektionen für ihn und seine Kollegen verändert habe. »Nichts«, sagte er. (An dieser Stelle wird der Leser wieder stutzig werden: »Dieses Zitat ist mir doch schon in der ersten Geschichte begegnet.« Ja, da habe ich es als Beleg für die Herrschsucht der Partei benutzt. Aber hier ist eine andere Interpretation, die vielleicht glaubwürdiger ist.) Es verwundert mich, dass es keinen Unterschied machen soll, ob eine Fakultät demokratisch oder autokratisch gemanagt wird. Aber wenn ich an meine Universität in Texas denke, wird die Antwort verständlich. In einer Fakultät kommen so viele Ambitionen, Eitelkeiten, Geltungssüchte, Verletzlichkeiten, Erfolge und Misserfolge, Freundschaften und Feindschaften unter einem institutionellen Dach zusammen, dass sich das Gemisch nicht durch das Machtwort eines »Einzelleiters« zusammenhalten lässt. Eine Fakultät ist wie ein Rudel Katzen. Ein guter Dekan braucht viel Einfühlungsvermögen, Diplomatie und Flexibilität, um seine Kollegen dahin zu bringen, wo er sie haben will. Das galt im Sozialismus vielleicht noch mehr als im Kapitalismus. Nach der III. Hochschulreform brauchte ein sozialistischer Sektionsdirektor zwar keine Einstimmigkeit mehr – jetzt wird nicht mehr gewählt –, aber doch Einmütigkeit, damit seine Sektion die ihr gestellten Aufgaben im Kollektiv und ohne Reibungen erfüllen konnte. In kapitalistischen Fakultäten sind abweichende Meinungen kein Skandal, und jeder kann mit ihnen leben.

Die ersten Berichte zur Durchsetzung der III. Hochschulreform klingen denn auch nicht sehr erfolgreich. 1968 werden auf einer Tagung von Universitätsparteisekretären Versuche an ostdeutschen Universitäten kritisiert, »das Alte in die Sektionen hereinzuschmuggeln.« Ein Papier der HUB-Kreisleitung beschreibt »Tendenzen zur Ent-Ideologisierung« der Reform und »Widerständen, Verzögerungen und Versuchen, das Althergebrachte unter neuem Firmenzeichen zu konservieren«. Danach finde ich keine direkten Kommentare zur III. Hochschulreform mehr in den Akten. Übrigens fällt mir zur Einzelleitung ein, dass mir auch in den Akten der Juristischen Fakultät vor 1968 kaum Abstimmungen begegnet sind, und wenn, dann solche, in denen es nur wenige Gegenstimmen gab. Kampfabstimmungen verschlechtern das Klima an einer Fakultät. Wie mir eins der jüngeren Sektionsmitglieder unter den Juristen berichtete, wurden kontroverse Themen im Allgemeinen *vor* einer Sektionsberatung ausgehandelt. Das galt wahrscheinlich vor und nach der III. Hochschulreform. Die Antwort, »nichts« habe sich durch sie verändert, klingt plausibel.

Aber dann, nur drei Jahre nach der III. Hochschulreform, wird Walter Ulbricht 1971 durch Erich Honecker verdrängt. Honecker suchte keinen Glauben unter den Genossen, sondern ihre Unterwerfung unter die Beschlüsse der Partei. Wie vor ihr die Babelsberger Konferenz und der Rechtspflegebeschluss kam auch die III. Hochschulreform sozusagen als ideologisches

Lehrstück außer Gebrauch. Das machte es für meine HUB-Protagonisten einfacher, sich auf ihr Fachgebiet zu konzentrieren. Ideologische Konformität verlor an Wichtigkeit, fachliche Leistung stieg im Kurs. Politische Fauxpas erregten immer noch den Zorn und die Strafmaßnahmen der Partei. Aber es waren die politischen Schäden, die durch sie verursacht wurden, die durch Repression bestraft und verhindert werden mussten. Professor Heinz Püschel geriet mit seinem Aufsatz in der *Neuen Justiz* im April 1976 (in dem er aus dem Zivilgesetzbuch die Autonomie eines Verfassers über seinen eigenen Text ableitet) nicht beim Erscheinen des Artikels in Bedrängnis, sondern erst ein, zwei Wochen später, als der West-Berliner *Tagesspiegel* ihn benutzte, um am neuen ZGB der DDR Kritik zu üben – und Honecker davon erfuhr.

Dazu kam, noch wichtiger, dass die HUB-Juristen im Laufe der Jahrzehnte gelernt hatten, mit der Partei zu leben. Das Spinnennetz des »Informationsmechanismus«, das den gesamten Parteiapparat der DDR überlagerte, erwies sich als weniger perfekt und effizient (und damit für meine Protagonisten als weniger bedrohlich), als von der Partei beabsichtigt war. Das Informationssystem war kein »Auge des großen Bruders«. Die Pflicht jedes Amtsinhabers, über alle nennenswerten Ereignisse in seinem Autoritätsbereich regelmäßig zu berichten, gab dem Berichterstatter auch die Definitionsmacht über das, was er nach oben meldete. Er durfte nicht geradezu lügen. Aber er konnte Dinge auslassen, die zu Unannehmlichkeiten geführt hätten.

Das wurde ausgenutzt. Von einer Sitzung des – damals noch – Wissenschaftlichen Rates der Juristischen Fakultät im Juni 1962 finde ich zum Beispiel drei Protokolle im Archiv der Humboldt-Universität. Das erste, von einem jungen Aspiranten verfasst, berichtet ausführlich (oft sogar verbatim) über eine Auseinandersetzung unter den Kollegen über den wissenschaftlichen Meinungsstreit an ihrer Fakultät und von Beschwerden darüber, dass man politisch kritische Aufsätze nicht veröffentlichen könne. Das zweite, ein wenig kürzer, enthält keine wörtlichen Zitate, spricht nur dezent von »Problemen der Förderung« der Fakultät durch juristische Zeitschriften in der DDR, verhüllt die Deutlichkeit der Diskussion durch theoretische Umschreibungen und betont, dass in der Fakultät nicht so gefährliche Thesen wie »laßt tausend Blumen blühen« vertreten werden. Das dritte Protokoll, kürzer und bündiger, lässt Details über den »Meinungsstreit« weg, bleibt bei dem Anti-tausend-Blumen-Argument und beschränkt sich darauf, dass der Meinungsstreit in der Fakultät »entwickelt werden müsse«. Das erste Protokoll ist vom Protokollführer unterschrieben, auf den beiden anderen fehlt an der vorgesehenen Stelle die Unterschrift des Dekans John Lekschas. Er steht zu dieser Zeit wegen einer Fehlinterpretation des Rechtspflegebeschlusses selbst am Pranger. Vielleicht hat er deshalb keins der Protokolle unterschrieben und stattdessen der HUB-Kreisleitung seinen Bericht über die heikle Fakultätssitzung nur mündlich erstattet. Ich weiß es nicht. Auf jeden Fall zeigt das Beispiel, dass ein Berichterstatter viel Kontrolle über die Botschaft hatte, die er überbrachte. Aus der Perspektive der SED betrachtet, sollte der »Informationsmechanismus« an den Universitäten dafür sorgen, dass Misserfolge und Schwachstellen des Systems der Parteispitze schnell und detailliert zur Kenntnis kamen. Aus der Perspektive eines Amtsinhabers sollten in den Berichten Misserfolge und Schwachstellen besser verschwiegen werden. Der Berichterstatter wird über Probleme in seinem Bereich sicherlich mit dem Sektionsdirektor und Kollegen gesprochen haben. Aber sie wurden, wenn es ging, nicht zu Papier gebracht.

Bei den Meldungen von unten nach oben ging es also darum, die Arbeit an der Fakultät in ein möglichst gutes Licht zu rücken. In meinen Aktenbergen finde ich eine ganze Reihe von Techniken zur Verschönerung und Entschärfung der Berichterstattung. Bei besonders wichtigen Ereignissen (etwa einer groß angekündigten Rede Erich Honeckers) war es ratsam, »koordiniert zu reagieren«. Der Sektionsdirektor konnte durch eine sorgfältige Choreografie schon vorher dafür sorgen, dass das Ereignis mit akademischen Veranstaltungen gefeiert wurde, dass alle Kollegen und Studenten gehörige Notiz von dem Ereignis nahmen, dass keine Abweichler oder Bummler die Fakultät in Verlegenheit brachten und dass am Ende das »einheitliche Auftreten« der Fakultät gesichert und die Berichte (»die Rede wurde von allen Genossen und Mitarbeitern mit großem Interesse zur Kenntnis genommen«) auch belegbar waren. Misserfolge - oder auch nur das Fehlen von Erfolgen - ließen sich durch Langatmigkeit übertünchen. Manche Berichte waren so ausführlich, dass sich die Empfänger durch die vielen Seiten blassblauer, oft kaum leserlicher DDR-Kopierschrift nicht immer durchgearbeitet haben werden. Gute Xerox-Maschinen mussten aus dem Westen importiert werden, und die DDR-Kopiertechnik war der Produktion der vielen Exemplare nicht gewachsen, in denen wichtigere Berichte im Netz der SED verteilt wurden.

Alltagsberichte waren einfacher zu schreiben. Meistens, so liest man, lief alles in der Universität nach Wunsch. »Es wird eingeschätzt, daß bei dem größten Teil unserer Studenten klare Haltungen zu den Grundfragen unserer Politik bestehen und die politische Standhaftigkeit wächst« (1982). Berichte über Missstände werden mit positiven Beschreibungen eingeleitet: »Die politische Einstellung unserer Studenten zeichnet sich durch uneingeschränkte Anerkennung der führenden Rolle der Partei aus.« Dann kommt der Haken: »Etwa 20-30% der Studenten machen Schwierigkeiten bei der Lenkung« (1978). Auf eine negative Botschaft folgt oft die Beruhigung: »Angesichts der stabilen politisch-ideologischen Grundlage« an der HUB solle man »pazifistische und klassenindifferente Positionen« an den Sektionen »nicht überbewerten« (1983). 1982 wird der Beauftragte für das dritte Studienjahr der Sektion Rechtswissenschaft von der GOL angewiesen, »den sehr kritisch angelegten Bericht« der Parteigruppe III/7 in »die Form eines in den Rahmen der

Parteiaktivtagung passenden Diskussionsbeitrags zu bringen«. Besonders beliebt an meiner Fakultät waren Statistiken über den Prozentsatz von Genossen, die bei Mitgliederversammlungen der verschiedenen Parteigruppen anwesend waren: Die Juristen hatten meistens gute Zahlen, und statistische Angaben wirkten vertrauenerweckend. Viele Berichte sind banal und auswechselbar. Zu »Stimmungen und Meinungen« des Lehrkörpers der Sektion Rechtswissenschaft zum IX. Parteitag: »volle Zustimmung« (1976). Zu einer Frage nach der Qualität des innerparteilichen Lebens in der Sektion: Nach »übereinstimmender Einschätzung« habe sich die Zusammenarbeit zwischen den Genossen Studenten und dem Lehrkörper verbessert (1983). Zur Frage der »Prinzipienfestigkeit« der Sektion Rechtswissenschaft: Sie sei durch »aktives Auftreten gegen Erscheinungen des Liberalismus und unsozialistischen Verhaltens« gekennzeichnet (1985). Wieder zu Stimmungen und Meinungen an der HUB, diesmal nach dem XI. Parteitag: »Es kann eingeschätzt werden, dass der XI. Parteitag ein breites, zustimmendes Echo gefunden hat« (1986).

Das Berichtssystem kostete viel Zeit und viel Papier (in einem Land, in dem Papier besonders knapp war). Für die 1970er Jahre finde ich Formblätter für die »Monatsberichte der GO Rechtswissenschaft« oder Fragebögen, die ein Berichterstatter nur auszufüllen brauchte. Aber die Kurzberichte sind noch schablonenhafter und noch unbrauchbarer als die langen. Die Rubrik »Meinungen zu den Grundfragen der Politik der Partei« ist in diesen Formblättern oft gar nicht ausgefüllt. In einem Fragebogen von 1976, der Aufschluss über die häufigsten Gesprächsthemen unter den Genossen geben sollte, steht bei Punkt 5 – »Hinweise und Kritik des Lehrkörpers« – meistens nur: »entfällt«. Auch die Sparberichte waren Teil eines »Informationsmechanismus«, der für die Überwachten, scheint mir, oft nützlicher war als für die Überwacher.

Es gab noch viele andere Strategien, mit denen die HUB-Juristen den Anspruch der Partei auf politischen Gehorsam unterlaufen konnten. Jemand mit genug akademischem Status und ausreichend Chuzpe konnte manche Pflichten einfach ignorieren: wie zum Beispiel Professor Gerats, der 1960 von der Fakultät beauftragt wird, eine Kommission zum Studium des ML zu bilden, und keinerlei »ernsthafte Anstrengungen« in der Sache unternimmt, bis nach neun Monaten der Auftrag einem anderen Kollegen aufgebürdet wird. »Wir können es nicht dulden, daß einzelne Genossen es ablehnen, gesellschaftliche Arbeit zu übernehmen«, sagte 1975 der 1. Sekretär gestresst zu seiner Fakultät. Aber was sollte er tun?

Die Neigung meiner Protagonisten, sich bei Aufgaben zu drücken, die die eigene Facharbeit nicht weiterbrachten, ist in den Honecker-Jahren eher noch gewachsen. Eine GOL-Sitzung der Juristen im März 1983 kritisiert die »mangelnde Bereitschaft der Professoren zur Übernahme zentraler Leitungspositionen im Rahmen der Sektion« und beklagt ein Jahr später, dass selbst die Genossen in der GO-Parteileitung oft zögern, »sich für die Durchsetzung der gegebenen Orientierungen einzusetzen«. In den Anfangsjahren der DDR waren die Parteisekretäre der Juristen oft sehr jung, auch weil es unter den alten Juralehrern kaum überzeugte Genossen gab. Gregor Schirmer, Parteisekretär zur Zeit der Babelsberger Konferenz, war 27 Jahre alt, und Horst Luther, der ihm im Amt folgte, war 30 Jahre alt und noch nicht promoviert. In den Honecker-Jahren wurden zumindest die Sekretärsposten auf den unteren Ebenen der Hierarchie vorzugsweise mit unproduktiven Leuten über 50 besetzt, und auch die Stellung des 1. GO-Sekretärs wurde am liebsten einem jener loyalen Genossen zugeschoben, die bereit waren, sozusagen als Packesel der Sektion, zu allen angetragenen Ämtern immer Ja zu sagen.

1988 beschuldigte der 1. Sekretär der Universitätskreisleitung Harry Smettan den Lehrkörper der Sektion Rechtswissenschaft, Politik nicht selbst zu machen, sondern sie »der FDJ und der Sektion Marxismus-Leninismus zu überlassen«. Ich muss an das Fontane-Gedicht über den chinesischen Würdenträger denken, der zu einem französischen Hofball eingeladen ist und angesichts der Tanzenden gefragt wird, was er davon halte. »Wir lassen es andere machen«, sagt er. Auch die HUB-Juristen ließen unerwünschte Aufgaben lieber andere machen. Kein angesehenes Mitglied der Juristischen Fakultät gab seinen Namen für den Anti-Klenner-Aufsatz im *Neuen Deutschland* her, der die Babelsberger Konferenz einleitete; das musste Annemarie Helmbrecht, noch nicht promovierte Assistentin, tun. Auch die Gruppe der Genossen, die nach der Konferenz in Klenners Parteiverfahren mit ungeniertem Eifer über ihn zu Gericht saßen, war (zusätzlich zu Helmbrecht, die auch diesmal mit dabei war) aus Nachwuchsleuten zusammengesetzt. Als 1959 die Juristische Fakultät die sogenannte Entwicklungsvorlesung ausarbeiten sollte – eine gewichtige Vorlesung im Babelsberger Geist, die allen Studenten zur Einführung in die Rechtswissenschaft die unaufhaltsame Überlegenheit der sozialistischen Rechtsentwicklung darlegen sollte –, setzten sich nicht etwa Juraprofessoren an die Arbeit, sondern sie überließen die Aufgabe einem jungem Dozenten von der Fakultät für Marxismus-Leninismus. Zu politischen Demonstrationen wurden Studenten abgeordnet; die Zusammenarbeit mit der FDJ wurde weitgehend von Assistenten erledigt. Das politische Strafrecht an der HUB unterrichteten Gastdozenten von der benachbarten Stasi-Hochschule in Potsdam-Eiche. Und als 1980 die ML-Sektion nicht genug Personal hatte, um das gesellschaftswissenschaftliche Grundstudium bei den Juristen zu unterrichten, ließen die HUB-Juristen auch diese Aufgabe lieber von anderen machen und drückten sie einigen Jurastudenten des vierten Studienjahres in die Hand.

Dazu kam, dass auch im Sozialismus nicht so heiß gegessen wie gekocht wurde. Wenn ein politisches Unwetter abgezogen war, ließen sich die meisten Schäden reparieren. Hermann Klenner erhielt auch als Bürgermeister in Letschin sein Professorengehalt von der HUB. Nach Babelsberg wurde Karl Mollnaus Habilitation zwar aus dem Gleis geworfen, aber am Ende kam er doch zu seiner Professur. Heinz Püschel musste ein Parteiverfahren über sich ergehen lassen, aber anschließend schrieb GO-Sekretär Hans Pogodda an die ZK-Abteilung Wissenschaft, man möge jetzt, »nach Klärung des Problems«, dem Genossen Püschel bitte die Kontakte zu den Ministerien wieder zugänglich machen, die er für seine wissenschaftliche Arbeit brauche. Die Praxis des Sozialismus, die meisten seiner irregegangenen Kinder nach ihrer Buße wieder in den Schoß der Partei zurückzuziehen, machte Parteistrafen weniger gefährlich und manipulierbar: Man wusste, was zu tun war, um Vergebung zu erhalten. So ließ die Enge des Systems sich besser managen; die Spielräume, die ein Wissenschaftler hatte, waren abschätzbar.

Manchmal nutzen meine Protagonisten, wie Jiu-Jitsu-Kämpfer, den eigenen Fall, um ihrem Gegenspieler einen Vorteil abzugewinnen. Nach der Babelsberger Konferenz beruft sich Dekan Johannes Gerats auf die Notwendigkeit, das nun verpönte Verwaltungsrecht aus dem Programm der Fakultät zu streichen, um eine neue Assistentenstelle zu gewinnen, weil sonst die neuen Vorlesungen, die an die Stelle alter Fehler treten sollen, nicht zu bewältigen seien. Als die Sektion 1974 zur Unterstützung der DDR-Militärpolitik eine 30-stündige Vorlesung über Wehrerziehung einführen soll, schlägt sie - mit Erfolg! - stattdessen vor, dass alle Dozenten in ihren jeweiligen Vorlesungen auch über Wehrerziehung sprechen sollten. »Die persönliche Stellungnahme« ihrer Hochschullehrer würde einen »tiefergehenden Effekt« auf die Studenten haben. Wer weiß, was die Studenten in ihren Vorlesungen zum Schuldrecht oder Sachenrecht tatsächlich über Wehrerziehung erfuhren. Und noch ein Beispiel: Als Heinz Püschel 1976 eine selbstkritische Erklärung zu seiner Fehlinterpretation des ZGB abgeben muss, wird diese von der GOL der Juristen zunächst als »nicht akzeptabel« verworfen. So schreibt er eine zweite und entschuldigt seinen Fehler diesmal auch mit seinen schlechten Wohnverhältnissen: »Wir sind drei Familien [Generationen?] in einer Wohnung von 3 ½ Zimmern«, und in der Enge könne ein Wissenschaftler sich nicht immer konzentrieren. Ich weiß nicht, ob Heinz Püschels Klage ihm bei der Wohnungssuche half. Aber so erfuhr auch die ZK-Abteilung Wissenschaft von seinen Nöten. Die GOL der Sektion Rechtswissenschaft verlangte nicht noch ein drittes Mea-culpa.

Ich erzähle von diesen kleinen Tricks und Strategien, um zu zeigen, wie die Rechtswissenschaftler im Laufe der Jahrzehnte gelernt hatten, mit der Macht umzugehen. Mit dem Wechsel von Ulbricht zu Honecker wurde auch die Macht selbst ein wenig umgänglicher. Die Forschungsplanung, zumindest was die Juristen anbetraf, entspannte sich – im Ton und, wie mir scheint, auch hinsichtlich der Möglichkeiten meiner Protagonisten, eigene Interessen anzumelden. 1968, zusammen mit Ulbrichts III. Hochschulreform, die den Einfluss des Marxismus-Leninismus auf die ostdeutsche Wissenschaft verstärken sollte, gründete das Politbüro den Rat für staats- und rechtswissenschaftliche Forschung, der als Bindeglied zwischen dem ZK und den juristischen Sektionen der DDR-Universitäten die rechtswissenschaftliche Forschung lenken und überwachen sollte. Der Rat war ursprünglich bei der Deutschen Akademie für Staats- und Rechtswissenschaft angesiedelt, der SED-Kaderschmiede in Babelsberg (Ort der berüchtigten Konferenz von 1958), die damals noch den Beinamen »Walter Ulbricht« trug. Sein erster Vorsitzender war Rainer Arlt, Rektor der DASR, der unter anderem den Anstoß zur Schließung von Hermann Klenners Forschungsstelle an der Akademie der Wissenschaften gegeben hatte und der den Humboldt-Juristen nicht gewogen war. Die Gefühle waren gegenseitig.

Aber schon ein Jahr nach Ulbrichts Sturz wurde der Rat von der DASR an die Akademie der Wissenschaften (AdW) verlegt (die auch ein Zufluchtsort für Humboldt-Juristen war oder wurde – Hermann Klenner arbeitete seit 1968 an der AdW, Karl Mollnau seit 1972, Bernhard Graefrath kam 1982 dazu), wo der Stil konzilianter war. Zwar gab es bis zum Ende der DDR den Zentralen Forschungsplan für Gesellschaftswissenschaften, der auch die Ziele der Sektion Rechtswissenschaft an der HUB bestimmte, auf die sie sich in den nächsten Jahren bei ihrer Arbeit konzentrieren sollte. Aber in den Honecker-Jahren konnten die betroffenen Fakultäten mit dem Rat verhandeln; es kam nicht selten vor, dass sie den ihnen zugeteilten Aufgaben widersprachen, auch mit Erfolg, und dass der Rat (mit dem ZK im Rücken) zwar immer ein Machtwort sprechen konnte, aber lieber nach einvernehmlichen Regelungen suchte. Vor allem wurde die Forschungsplanung konkreter. In den 1970er Jahren tauchten, zusätzlich zu den Perspektivplänen, mehr und mehr »Z-Pläne« (des Zentralkomitees) und »M-Pläne« (der Ministerien) in den Akten auf, in denen es um spezielle Forschungsprojekte ging, an deren Themen die Partei besonderes Interesse hatte.

Z-Projekte waren groß angelegte Staatsaffären. Sie sahen oft die Zusammenarbeit von Wissenschaftlern verschiedener Universitäten, manchmal auch verschiedener Disziplinen, vor, erstreckten sich in der Regel über mehrere Jahre und unterlagen einem strikten Zeitplan. Die Projekte wurden mit einer »Eröffnungsverteidigung« vor dem Rat für staats- und rechtswissenschaftliche Forschung eingeleitet; die Mitarbeiter mussten »Zwischenberichte« vorlegen, um den Fortschritt der Arbeit zu belegen; ihr Werk wurde in einer »Abschlussverteidigung« vor dem Rat »abgenommen« und erhielt Zensuren von den Prüfern: »internationaler Standard nicht erreicht«, »erreicht« oder »übertroffen«. Erfolgreiche Projekte wurden mit einem »Forschungszuschlag« belohnt. Vor allem die Abschlussverteidigung eines Projekts war ein akademisches Ereignis, bei dem rund 20 geladene Gäste aus Wissenschaft und Praxis zusammenkamen und über die Ergebnisse der Arbeit diskutierten. In dem Gremium, das am Ende das Urteil über den Erfolg der kollektiven Arbeit fällte, gab der Rat für staats- und rechtswissenschaftliche Forschung den Ton an. Aber die Protokolle von Abschlussverteidigungen, die ich in den Akten finde, machen einen kollegialen Eindruck: Man kennt sich untereinander; die Gäste können sich an der Diskussion beteiligen; es war wahrscheinlich eine Ehre, zu der Verteidigung eingeladen zu werden, denn wer nicht kommen konnte, schickte eine Entschuldigung – ein Hauch von akademischem Selbstgefühl und Stolz lag über dem Ereignis.

Das Gleiche galt für die großen, landesweiten Rechtskonferenzen, die in den 1980er Jahren (wie die »Juristentage« in der BRD) Hunderte von Teilnehmern aus der Wissenschaft und Praxis der DDR zusammenbrachten, um über ein der Partei besonders wichtiges Thema zu diskutieren. Wie eine ostdeutsche Kollegin mir später erzählte, musste ein Rechtswissenschaftler, der auf sich hielt, bei diesen Konferenzen »gesehen werden«. Unter Ulbricht war fast jeder Jurist schon wegen seines Berufs suspekt und konnte jederzeit in den Verdacht geraten, »Positivist« oder »Revisionist« zu sein. Jetzt, unter Honecker, durften meine Protagonisten das Gefühl haben, wieder etwas zu gelten. Ihr Arbeitsfeld zählte wieder. Schon in den 1970er Jahren tauchten Worte wie »subjektives Recht« und »Rechtssicherheit« in politischen und wissenschaftlichen Texten auf. Im Juni 1988 erklärte das Zentralkomitee auf seiner 6. Tagung die DDR zum »sozialistischen Rechtsstaat«.[51]

Die Zauberworte dieser Jahre waren Triebkraft und Rechtsbewusstsein. Das Recht als Triebkraft sollte helfen, die volkseigene Wirtschaft anzukurbeln und ostdeutsche Bürger, die bisher ohne viel Leistungszwang ihre Arbeit taten, durch wachsenden individuellen Rechtsschutz zu neuen Anstrengungen zu bewegen. Das »sozialistische Rechtsbewußtsein« sollte DDR-Bürger dazu bringen, sozialistische Verhaltensregeln zu verinnerlichen und einzuhalten. Auf der 3. Staats- und rechtswissenschaftlichen Konferenz der DDR am 26. und 27. Juni 1985 in Berlin sprach Egon Krenz in seinem Eingangsreferat dreieinhalb Stunden lang (mit einer Mittagspause) über »Staat und Recht und die weitere Entfaltung der Vorzüge und Triebkraft der sozialistischen Gesetzlichkeit«.

Die neue Rechtsterminologie hatte nicht dieselbe Bedeutung wie im Westen. Die »sozialistische Gesetzlichkeit« der DDR verteidigte den Bürger nur begrenzt gegen den eigenen Staat. Der Schutz der »subjektiven Rechte« war durch die Betonung der sozialistischen »Einheit von Recht und Pflicht« geschwächt. Das sozialistische Rechtsbewusstsein bedeutete nicht: »Kenne dein eigenes Recht«, sondern »Kenne das Recht und befolge es.« Der »sozialistische Rechtsstaat« war ein Staat, für den Recht zwar ein wichtiges Leitungsinstrument war, aber nicht ein Staat, der sich selbst den Zwängen des Rechts unterwerfen wollte. Das neue Reden über »Recht« verstärkte den Status und manchmal auch den Einfluss von Juristen, aber vergrößerte nicht ihre Freiheit, eigene juristische Theorien aufzustellen. Die großen Staats- und rechtswissenschaftlichen Konferenzen boten keine Plattform für professionellen Meinungsstreit. Die »Triebkraft«-Konferenz von 1985 war bis ins kleinste Detail hinein schon 1984 im Zentralkomitee beschlossen und geplant worden. Die Anzahl der Teilnehmer und ihre Zusammensetzung aus Parteifunktionären und Vertretern der Wissenschaft und Praxis, das Referat von Egon Krenz, die Diskussionen und Ergebnisse der Arbeitskreise, die Beiträge und Fragen aus dem Zuhörerkreis, sogar der Wortlaut der Ergebenheitsadresse an Erich Honecker und die Namen der Konferenzteilnehmer, die sie unterschreiben sollten, standen schon lange fest, als die Konferenz am 26. Juni 1985 eröffnet wurde. Erst auf der letzten Staats- und rechtswissenschaftlichen Konferenz der DDR vom 13. bis zum 15. September 1989, bei der es um den sozialistischen Rechtsstaat ging[52] – weniger als zwei Monate vor der Öffnung der Mauer –, ergriffen in den Arbeitskreisen mehr als 250 Konferenzteilnehmer spontan das Wort; vor allem junge Leute.

Trotzdem: Die neue politische Respektabilität des Rechts gab meinen Protagonisten den Aufwind, den sie brauchten, um über ihre eigene Arbeit nachzudenken. Die Ulbricht-Jahre waren Jahre der wissenschaftlichen Dürre gewesen. Nicht Qualität, sondern Quantität der Produkte zählte. In seinem Bericht über den Stand der wissenschaftlichen Arbeit im Jahr 1965 meldete Dekan

Graefrath eine Durchschnittsproduktivität seiner Juristen von jährlich 2,6 Veröffentlichungen, wobei auch »kleine Sachen« mitgezählt wurden. Die Fakultät hatte viel zu wenige qualifizierte Mitarbeiter, um »große Sachen« zu bewältigen. Hans Nathan beschrieb die Lage im Zivilrecht als »verzweifelt«. Dazu kamen: der Raummangel, die Papierknappheit, die winzigen Westgeld-Kontingente für den Bücherkauf. Die HUB-Rechtswissenschaftler wussten selbst, dass sie auf das, was sie in diesen Jahren produzierten, nicht stolz sein konnten. Schon in den vorsichtig formulierten Protokollen der Ulbricht-Zeit finden sich viele Zitate, die die intellektuelle Unzufriedenheit meiner Protagonisten verraten: »Die Beziehung [der Fakultät] zur Praxis hat bis heute noch keine politische Konzeption und keine wissenschaftliche Methode« (1959). »Die große Schwäche besteht darin, daß wir nicht von uns aus, aus eigener Initiative [...] wissenschaftliche Arbeiten begonnen haben, sondern nur durch die ständige Einwirkung der Partei von außen« (1960). Es ist »zu bezweifeln, daß zur Erarbeitung eines Lehrbuchs tiefgründige Forschungsarbeit erforderlich ist« (1963).

So starten meine Protagonisten in den Honecker-Jahren eine Kampagne gegen die »Mittelmäßigkeit« an ihrer Fakultät: erst gegen die Mittelmäßigkeit ihrer Studenten (die zu wenig lesen und sich zu sehr darauf verlassen, von ihren Lehrern »an die Hand genommen zu werden«), und dann, weil klar ist, dass man »Mittelmaß nicht nur bei den Studenten suchen« muss, auch unter den eigenen Kollegen. Die wissenschaftliche Selbstreform läuft langsam an. Zwischen 1971 und 1975 wird an der Sektion keine B-Dissertation fertiggestellt. Um den Nachwuchs zu größeren Leistungen anzuspornen, werden an der Sektion im Januar 1973 »Wochenarbeitsnachweise« eingeführt, in denen alle Doktoranden jede Woche über den Arbeitsaufwand und die Ergebnisse ihrer Forschung berichten sollen. Der erstaunliche Plan hält sich länger, als ich erwartet hätte - erst am 21. Mai 1974 kommt der Beschluss, die Wochenarbeitsnachweise (mit Ausnahme von sechs namentlich genannten Bummelanten) »ab sofort« einzustellen. Ein Bericht »über die staats- und rechtswissenschaftliche Forschung der Sektion Rechtswissenschaft im Jahre 1974« meldet unter der Überschrift »Erkenntniszuwachs«: »Es kann eingeschätzt werden, daß das theoretische Niveau der Forschungsergebnisse [...] erhöht wurde.« Das klingt noch nicht sehr überzeugend. 1975 sagt jemand auf einer Strafrechtssitzung: »Mittelmäßige Juristen sind nunmehr genug vorhanden. Jetzt ist Qualität erforderlich.«

Es gibt auch Erfolge. 1978 wird an der HUB die »Bestenförderung« für die Studenten eingerichtet, und 1981 gibt es auch eine »Bestenordnung« an der Sektion Rechtswissenschaft. 1978 beschließen die HUB-Juristen, ihre Vorlesungen nicht mehr auf die Wiedergabe von Lehrbuchtexten zu beschränken, sondern durch »die Darlegung der eigenen Position und auch anderer Auffassungen die Studenten zum selbständigen Durchdenken der Probleme anzuregen«. Auch die Lehrbücher, die in den Honecker-Jahren geschrieben werden, sind sachlich und wissenschaftlich anspruchsvoller als die aus der Ulbricht-Zeit. Jetzt sind die Lehrbuchautoren besser ausgebildet. Das Lehrbuch zum Schuldrecht/Besonderer Teil von 1956, zum Beispiel, hat unter seinen zwölf Verfassern neun noch nicht promovierte Mitarbeiter. Das Lehrbuch zum Familienrecht, 1976 von Professor Anita Grandke, HUB, herausgegeben, verzeichnet von zwölf Verfassern nur noch drei Verfasser ohne Titel. Im Lehrbuch für Arbeitsrecht, 1983 von Professor Wera Thiel, HUB, editiert, ist nur einer der 27 Mitarbeiter noch ohne akademische Zertifikation. Die intellektuelle Reichweite von Lehrbüchern beginnt sich auszudehnen. Die Fußnoten in den Honecker-Jahren nennen nicht mehr nur die nötigsten Fundstellen für Gesetzestexte und ML-Klassiker, sondern enthalten gelegentlich auch Argumente, die sich in Fußnoten eher unterbringen lassen als im Text. Das Lehrbuch zum Staatsrecht von 1978 hat eine (sehr linientreue) Bibliografie; auch eine Neuerung. Das Arbeitsrechtslehrbuch enthält ein (sehr kritisches) Kapitel zum Arbeitsrecht der Bundesrepublik.

Die Fakultät ist auch von ihren politischen Auftraggebern ein wenig unabhängiger geworden. Ich finde in den 1980er Jahren unter den Produkten der HUB-Juristen keine Pamphlete mehr wie die Broschüre des Strafrechtlers Horst Luther über »Die Bonner Inquisition gegen Freiheit und Wiedervereinigung«, die 1958 in einer Auflage von 30 000 Exemplaren in der DDR erschien. Auch dass meine Protagonisten mit nicht geplanten politischen Pflichten belastet werden – wie im Herbst 1959, als fast ein Drittel der HUB-Dozenten an einem Manuskript zur Rechtsgeschichte der DDR arbeiten mussten, das der Lomonossow-Universität in Moskau versprochen worden war –, kommt nicht mehr vor. Es ist HUB-Dozenten in den 1980er Jahren auch möglich, sich der Mitarbeit an Z- oder M-Projekten zu entziehen oder aus einem Projekt wegen anderer Arbeit auszusteigen. Die Einbindung von Nachwuchsarbeiten in die Z-Projekte (die vor allem zur Herstellung der Lehrbücher wichtig war) nimmt ab. 1984 sind die meisten Dissertationen an der Sektion Rechtswissenschaft der HUB nicht mehr in Z- oder M-Plänen untergebracht, sondern behandeln »Sektionsthemen«, die vor Ort ausgewählt wurden. Offenbar gelingt es den HUB-Juristen jetzt auch, sich besser von ungewollten Gesetzgebungsarbeiten freizuhalten, denn 1980 beklagt sich das Justizministerium darüber, dass es nicht genug Hilfe von der HUB erhalte und dass es noch »große Reserven« bei der Zusammenarbeit von Akademikern und Ministerium gebe. Jetzt, unter Honecker, wollen die Humboldt-Juristen endlich selbst nachdenken, ihre eigene Arbeit tun, sich einen Namen machen, auch einmal glänzen können.

Aber sie wissen selbst, dass ihre Arbeit nur selten glänzt. Die Selbstkritik an der Sektion Rechtswissenschaft reißt nicht ab. 1980 stellt man im Kollegium fest, dass es vor allem im Zivilrecht keine Arbeit gebe, »die nach den tatsächlich erzielten Veränderungen in den gesellschaftlichen Verhältnissen fragt«, und dass daher die Zivilrechtsforschung der Berliner auch keinen Einfluss auf die »Entwicklung der sozialistischen Lebensweise« haben könne. Es gebe »keinen Grund zur Selbstzufriedenheit«. In einem Bericht der GOL Rechtswissenschaft von 1982 gibt man zu, dass »der Prozentsatz der Leistungen, die kein Spitzenniveau erreichen«, bei den Juristen »immer noch zu hoch ist«. »Die Lehrtätigkeit schafft mehr Befriedigung als Forschung«, sagt jemand im Juni 1985.

Auch die Parteileitung der HUB-Juristen ist unzufrieden. Auf einer Sitzung im Dezember 1984 diskutieren die Genossen »die Weiterentwicklung des wissenschaftlichen Lebens« an der Sektion. Die Frage ist, was die Partei zur Verbesserung der Lage tun kann. »Effektuierung der Leitungsarbeit«, erklärt Professor Wippold. Aber »ideologische Appelle sind unwirksam«, wendet jemand ein. Die Qualität der Arbeit müsse »als politisch-ideologisches Problem im Kopfe jedes Wissenschaftlers verinnerlicht werden«, schlägt Professor Puls vor. »Verbindliche Forderungen stellen«, sagt Professor Göhring. Niemand schlägt vor, den Kollegen bei ihren Arbeiten mehr wissenschaftliche Leine zu lassen. Die GOL beschließt, das Thema im nächsten Frühjahr wieder aufzunehmen.

Die Diskussion der Genossen im Dezember 1984 macht deutlich, warum es für die HUB-Juristen so schwer war, sich aus ihren wissenschaftlichen Unzulänglichkeiten herauszuarbeiten: weil die Partei ihre »Mittelmäßigkeit« immer noch als einen Mangel ansah, der sich durch bessere, energischere, effektivere politische Leitung lösen lassen würde. Aber es war offensichtlich, dass die Partei einem Problem nicht abhelfen konnte, das sie durch die jahrzehntelange Bevormundung ihrer Wissenschaftler selbst verursacht hatte. Die HUB-Juristen waren in wissenschaftlicher Isolierung aufgewachsen. Sowjetische Einflüsse, ihnen von der SED immer wieder vorgehalten, erschienen ihnen fremd; polnische, jugoslawische oder ungarische Einflüsse waren riskant. Westliche Quellen lagen im Giftschrank und wurden, weil sie verdächtig waren und man sie ohnehin nicht zitieren durfte, von den HUB-Juristen nur selten angefordert.

Empirische Arbeit glich einem Hürdenlauf. Zwar gab es sorgfältige und detaillierte Justizstatistiken in der DDR. Jedes Gericht hatte eine für ihre Erfassung zuständige Abteilung. Aber Justizstatistik diente der staatlichen Kontrolle, nicht der Transparenz, und war im Wesentlichen Verschlusssache. Alle Zahlen über rechtlich relevante Ereignisse in der DDR-Gesellschaft (Straftaten, Rückfallkriminalität, Scheidungen, Verkehrsunfälle, Gefängnisinsassen, »Asoziale« etc.) waren nur mit Unterstützung der zuständigen Ministerien und des ZK erhältlich, die äußerst knauserig mit ihren Daten waren. Der sozialistische Staat wollte sich nicht in die Karten sehen lassen. Westliche Rechtstatsachenforschung war DDR-Juristen kaum bekannt; die wenigsten von ihnen sprachen Englisch. Die deutsche Vorliebe für Theorie und die sozialistische Vorliebe für Ideologie hatten sie außerdem in einer Geisteshaltung erzogen, die sie auf Fakten (unter Ulbricht »Faktologie« und »Empirismus« gescholten) nicht sehr neugierig machte. 1976 beklagte sich Parteisekretär Pogodda darüber, dass seine Kollegen eine so abstrakte Darstellung der Probleme liebten, »daß immer alles richtig ist und man nur ja sagen kann«. Theoretische Verästelungen dienten meinen Protagonisten gleichzeitig zur Erfassung wissenschaftlicher Sachverhalte und als politische Camouflage.

In den Honecker-Jahren waren die Z- und M-Pläne ein Mittel, mit dem die Partei ihre juristischen Fakultäten durch die Vorgabe konkreter und detaillierter Forschungsziele dazu bringen wollte, kraftvollere und für die Gesellschaft brauchbarere Wissenschaft zu betreiben. Es war das falsche Rezept für eine Disziplin, die nicht mehr Kontrolle, sondern mehr Ermunterung zu eigenständiger Kritik und offenem Widerspruch gebraucht hätte. Bei großen Z-Projekten wurden Teilaufgaben oft verschiedenen Fakultäten zugewiesen; die Koordinierung erforderte ständige Abstimmung unter den Mitarbeitern; die Abstimmung führte zu ideologischer Konformität; die Konformität ermunterte zu Antworten, an denen niemand etwas auszusetzen hatte; die Banalität der Antworten irritierte Forscher, die lieber ihren eigenen Interessen folgten und lästige Aufgaben an Assistenten und Doktoranden weitergaben. Kurz: Je massiger und aufwendiger das Projekt, desto größer die Chance, dass Kritik verloren ging, individuelle Einfälle erst gar nicht vorgebracht wurden und dass bei dem Projekt am Ende pflichtgemäße Durchschnittsarbeit - eben »Mittelmäßigkeit« - herauskam.

Das DDR-weite Z-Projekt »Beitrag des sozialistischen Zivilrechts zur Befriedigung der materiellen und kulturellen Bedürfnisse der Bürger als Bestandteil der sozialistischen Lebensweise«, von 1979 bis 1985 unter Beteiligung vieler Wissenschaftler durchgeführt, kann als Beispiel dienen. Das Projekt sollte den Nutzen des Zivilrechts als Instrument der neuen Wirtschafts- und Sozialpolitik analysieren. Die Honecker-Regierung setzte große Hoffnungen auf das neue Zivilgesetzbuch (ZGB), das unter Ulbricht niemals fertig geworden war, aber nach Ulbrichts Sturz 1975 endlich erlassen wurde. Anders als im alten BGB von 1900, in dem Autonomie und Eigentum (in anderen Worten: Freiheit und Geld) im Zentrum des Gesetzes standen, ging es dem ZGB um die Versorgung und das Wohlbefinden abhängiger Bürger. Das neue Gesetz sollte bei der Anhebung des ostdeutschen Lebensstandards helfen: als Ansporn zu größeren Arbeitsleistungen, durch den Schutz von Verbraucherrechten und durch die Anerkennung von Bürgeransprüchen auf Versorgung. Bewirkte das ZGB tatsächlich, dass DDR-Bürger eifriger arbeiteten, besser wohnten, zufriedenere Verbraucher waren als zuvor?

Bei der Ausarbeitung des Projekts waren den HUB-Juristen Fragen des Wohnungsrechts zugewiesen worden. Es scheint, dass in Berlin das Unternehmen nur langsam anlief, denn 1981 nimmt die GOL der Fakultät die Arbeit »unter Parteikontrolle«, was immer das bedeuten mochte. Das Z-Projekt wird auch sonst auf manche Weise unterstützt: Ein mehrtägiger Internatsaufenthalt bringt die Beteiligten aus allen Ecken der DDR zur Diskussion zusammen; eine internationale Zivilrechtskonferenz in Berlin lenkt zusätzliche Aufmerksamkeit auf ihr Thema; »umfangreiche Praxisuntersuchungen« sollen die Wirksamkeit des ZGB in 56 Betrieben und 306 Verkaufseinrichtungen überprüfen.

1982 präsentiert die Berliner Forschergruppe ihre »Zwischenergebnisse«. Aber der DDR-Staatsverlag lehnt die Veröffentlichung ab: Das angebotene Manuskript vermittle »keine neuen Erkenntnisse«. Es gelingt, 13 Beiträge der Mitarbeiter in juristischen Zeitschriften unterzubringen. Ich finde einen neuen Zwischenbericht von 1984 in den Akten, offenbar dem Obersten Gericht der DDR (und vielen anderen Empfängern) zugeleitet, denn der Text ist in so blasser Kopie vervielfältigt und mit so vielen Wortgespinsten angefüllt, dass ich mich nur mit Willensstärke durch die 31 Seiten arbeiten kann. Sie enthalten keine erkennbaren Resultate. »In den Untersuchungen wurde deutlich, daß in den einzelnen Komplexen ein unterschiedlicher Aufwand erforderlich ist, um zu in der Breite bedeutsamen Aussagen zu kommen«, steht da zum Beispiel. Und: »So richtig es war, die Regelung der Formen kollektiver Mitgestaltung in das ZGB aufzunehmen und insoweit mit der Vorstellung herkömmlicher zivilrechtlicher Regulierungsmöglichkeiten zu brechen, so erforderlich wurde und wird es, bei der Verwirklichung des ZGB die unmittelbare Verknüpfung mit den Problemen des Wirkens der zivilrechtlichen Regelung zu verdeutlichen.« »Zur Ablage in meinem Sekretariat«, schreibt Werner Strasberg, Vizepräsident des Obersten Gerichts, unter das Papier. Ich weiß nicht, was er sonst damit hätte anfangen sollen. Trotzdem wird den Verfassern 1985 bei der erfolgreichen Abschlussverteidigung des Projekts bestätigt, dass ihre Arbeit den »internationalen Stand erreicht und zum Teil übertroffen« habe, »da nach unserer Kenntnis nur in einem sozialistischen Staat zivilrechtliche Wirksamkeitsforschung betrieben wird«. Auch die Prüfungskommission wusste offensichtlich kaum etwas über westdeutsche Rechtssoziologie und hatte bestimmt noch nie von der schon lange etablierten amerikanischen Law-&-Society-Bewegung gehört.

Das also war die intellektuelle Situation der Sektion Rechtswissenschaft in den letzten Jahren der DDR. Die HUB-Juristen versuchten auf verschiedene Weise, der Enge und dem »Mittelmaß« nicht zu viel Macht über die eigene Arbeit einzuräumen. Ein Ausweg war der Rückzug in den Elfenbeinturm und das Bestehen auf professoralen Argumenten auch gegenüber den Anforderungen der politischen Arbeitgeber eines Forschungsprojekts. Bei dem Z-Projekt »Grundlinien der weiteren Entwicklung des Strafrechts und des Strafverfahrensrechts in der entwickelten sozialistische Gesellschaft« von 1985, für das eine Strafrechtsgruppe an der HUB unter Horst Luther »Zuarbeiten« leisten soll, sind die Berliner nicht sehr anpassungsbereit. Sie brauchen zwei Jahre, bis sie 1987 dem Ministerium eine Reihe theoretischer Artikel zur Verfügung stellen, die Staatssekretär Wittenbeck als bestenfalls »allerersten Schritt« bezeichnet. »Zahlreiche Aussagen sind allein das Resultat abstrakt-theoretischer Überlegungen«, sagt er. »Viel zu wenig soziologische und empirische Untersuchungen.«

Das Ministerium will »praktikable« Resultate sehen. Aber Professor Luther stellt lieber fundamentale Fragen: Was ist die »Wahrheit« von Beweisen? Was ist die »Gewißheit« ihrer Richtigkeit? »Ohne dialektisch-materialistische Forschung besteht insbesondere die Gefahr subjektivistisch verzerrter Auffassungen«, sagt er. Und: »Trotz einer Vielzahl von Analysen hat man noch kein reales Bild der Praxis; der Theorievorlauf ist ungenügend.« Die Irritation der Praktiker angesichts der Gemächlichkeit ihres akademischen Kollegen scheint sogar in der Akte durch. »Die Erfahrungen der Praxis sind vorhanden«, sagt Horst Willamowski vom Ministerium der Justiz. »Die Wissenschaftler müssen sie nur nutzen.« Und Abteilungsleiter Lübchen: Man brauche neue Vorschläge, »auch wenn sie nicht in den traditionellen Rahmen passen«. Mit dem »traditionellen Rahmen« hat Dr. Lübchen wahrscheinlich die intellektuellen Riten des ML gemeint. Dabei ist Luthers Gruppe durchaus mit den Reformvorstellungen des Ministeriums – mehr Verfahrensrechte für den Angeklagten, mehr Verteidigerrechte etc. – einverstanden. Aber sie wollen einen wissenschaftlichen Beitrag zur Lösung der Probleme leisten und nicht nur Handlanger der Praxis sein. Und zur Wissenschaft gehören für Professor Luther immer noch Argumente des Marxismus-Leninismus.

Für alle HUB-Juristen war der Marxismus-Leninismus jahrzehntelang das Koordinatensystem gewesen, in dem sie schlecht und recht ihre berufliche Arbeit unterbringen und legitimieren mussten und in dem es nicht um »praktikable«, sondern um »richtige« Antworten ging. Sie fühlen sich in einer Welt der Begriffe sicherer als im Zusammenstoß mit banalen Fakten. Das zeigt sich, in fast tragischer Weise, auch an dem Projekt »Moderner Sozialismus«, bei dem eine Gruppe junger Gesellschaftswissenschaftler an der HUB (darunter auch Rosemarie Will von der Sektion Rechtswissenschaft) im Herbst 1989 über die Demokratisierung der DDR nachdachten. Das Unternehmen, von Prorektor Dieter Klein ermutigt und von ihm mit »eulenspiegelhafter« Strategie[53] als eins der letzten M-Projekte an der HUB beim Ministerium für Hoch- und Fachschulwesen untergebracht, sollte die unterschwelligen Reformdebatten an der Universität zu einem Leitfaden für die Navigation durch die Entwicklungen zusammenfassen, die jetzt auf die DDR-Gesellschaft zukamen.

Die jungen Leute, alle engagierte, reformwillige Genossen, machten sich mit Feuereifer ans Werk. Rainer Land, einer der Mitarbeiter, beschreibt die Wochen der Zusammenarbeit später als »unvergeßliche Zeit«.[54] Aber nur ein Produkt der leidenschaftlichen Diskussionen – eine »Studie zur Gesellschaftsstrategie« – wurde im November 1989 noch in der DDR gedruckt.[55] Ich glaube nicht, dass viele Leute sie gelesen haben. Die Analyse der Verfasser war so abstrakt, ihre Sicht der Probleme so global, ihre Vorschläge für »mögliche wissenschaftliche Orientierungen für die weitere Strategiediskussion« waren so grandios,[56] dass nichts von dem, was die Autoren schrieben, in die sozialistische Gesellschaft passte, die während ihrer Arbeit um sie herum zusammenbrach, und nichts in irgendeiner anderen Gesellschaft, die dem Kollaps folgen mochte, auch nur denkbar schien. In Parteisekretär Pogoddas Worten von 1976: Auch diese Arbeit war so abstrakt, dass »alles immer richtig war und man nur ja sagen« konnte.

Die »Studie zur Gesellschaftsstrategie« blieb ein Phantasiegespinst. Als Mitarbeiterin Rosemarie Will (in den Umbruchsjahren 1990 bis 1993 tatkräftige Dekanin der Juristischen Fakultät) 2006 in einem Interview gefragt wird, was von der DDR-Rechtswissenschaft denn nun geblieben sei, sagt sie: »Ich sehe nichts, was geblieben ist.«[57] Ihre Antwort, glaube ich, war zu eng. Der Text der »Studie zur Gesellschaftsstrategie« blieb ohne Wirkung, aber das »unvergeßliche« Erlebnis der gemeinschaftlichen Rebellion gegen ein verrottendes System wird zu dem Mut und der Hartnäckigkeit beigetragen haben, mit der Frau Will als Dekanin in den Postwendejahren ihre Fakultät in den Rechtsstaat hinüberrettete.

In den letzten Honecker-Jahren kam es auch vor, dass ein Rechtswissenschaftler bisher geltende politische Verhaltensregeln einfach ignorierte; erforschte, was ihm selbst wichtig war, und es darauf ankommen ließ, wie die Partei am Ende darauf reagieren würde. Das ging nicht immer gut. 1983, zum Beispiel, durfte ein Aufsatz von John Lekschas und Harri Harland (immerhin stellvertretender Generalstaatsanwalt der DDR) nicht veröffentlicht werden, der die Ursachen der ostdeutschen Kriminalität nicht mehr mit kapitalistischen Relikten erklärte, sondern stattdessen nach pathogenen Einflüssen im DDR-Alltagsleben suchte.[58] Aber professionelles Selbstbewusstsein konnte einem Autor mehr intellektuellen Spielraum geben, als ihm oder ihr bei größerer Anpassungsbereitschaft von der Partei zugestanden worden wäre. Ein vieljähriges Z-Projekt über Jugendkriminalität in der DDR zum Beispiel, an dem John Lekschas und seine Schüler in den 1980er Jahren arbeiteten, hätte den Autoren eigentlich Grund zu politischer Zurückhaltung gegeben. Sie untersuchten heikle Fragen wie die »Persönlichkeit jugendlicher Straftäter mit Disziplin- und Integrationsschwierigkeiten« (1984) und mögliche »Strategien zur Zurückdrängung der Kriminalität Minderjähriger« (1986). Trotzdem macht die Arbeit der Berliner keinen besonders vorsichtigen Eindruck. Lekschas, der in den Ulbricht-Jahren selbst über theoretische Fragen des ML wie die Vereinbarkeit von Kriminalität und Sozialismus nachgedacht hatte, wandte sich in der Honecker-Zeit zunehmend konkreten gesellschaftlichen Problemen zu, und der wissenschaftliche Umschwung scheint für ihn auch so etwas wie eine Befreiung gewesen zu sein.

Jedenfalls werden Lekschas und sein Team gewusst haben, dass ihre Ergebnisse wahrscheinlich nicht zur Veröffentlichung freigegeben würden. Aber sie passten ihre Arbeit nicht den mutmaßlichen Wünschen ihrer Auftraggeber an. Ein Teilprojekt der Studie schlägt 1982 vor, § 249 des Strafgesetzbuches (asoziales Verhalten) und die Gefährdetenverordnung nicht mehr auf Minderjährige zwischen 14 und 16 Jahren anzuwenden, die Strafmündigkeit von Jugendlichen von 14 auf 16 Jahre heraufzusetzen und eine interdisziplinäre Regierungskommission zu bilden, die die sozialen Bedingungen, die zur Straffälligkeit von Jugendlichen führen, untersuchen und »einfühlsame Lebenshilfen« für Jugendliche organisieren soll.

Bei der Verteidigung des Teilprojekts vor einer Kommission des Rats für staats- und rechtswissenschaftliche Forschung werden die Resultate der Berliner zwar »abgenommen« und an das Zentralkomitee weitergeleitet, aber die Studie wird auch zur Vertraulichen Dienstsache (VD) erklärt, kann also nicht veröffentlicht werden. Einige Vorschläge (so die von Lekschas gewünschte Regierungskommission) seien »etwas zu hoch gegriffen«, andere – wie die Entkriminalisierung des »asozialen Verhaltens« von Jugendlichen – seien nicht nötig, weil eine interne »Arbeitsorientierung« des Generalstaatsanwalts bereits angeordnet habe, § 249 StGB gegen 14- und 15-Jährige gar nicht und gegen 16- und 17-Jährige nur in Ausnahmefällen durchzusetzen. Außerdem ließen die jüngsten »raffinierten« Versuche des »Klassengegners«, ostdeutsche Jugendliche für sich zu gewinnen, strafrechtliche Entspannungen zur Zeit nicht zu. Trotz allem: Die Studie wird gelobt, die Verfasser erhalten ihren »Forschungszuschlag«, und das Justizministerium empfiehlt, ihre »zentrale Analyse in die Vorbereitung des Gesetzgebungsplans 1986–1990 einfließen zu lassen«. Die Frage der Veröffentlichung werde man in zwei Jahren noch einmal besprechen. Kein Sieg, aber auch keine Niederlage für die Verfasser: Man hat ihnen zugehört.

Ähnlich erging es HUB-Juristen, die wie Professor Anita Grandke sozusagen unter dem Radar der Partei und mit Hilfe ihrer »wunderbaren Studenten« empirische Untersuchungen zur Realität des Familienlebens in der DDR durchführten, die ihrer Forschung Wirklichkeit und Wirkung gaben. Es gab noch andere Untergrundempiriker in der DDR, nicht nur an den Universitäten. Frau Grandke, zum Beispiel, hatte einen Verbündeten im Ministerium der Justiz, der wie sie vernünftige und sensible Lösungen für Familienstreitigkeiten suchte. Die Strategie der beiden Reformer beruhte auch auf Arbeitsteilung. »Sage du das«, schlug Frau Grandkes Kollege manchmal vor, »du hast Narrenfreiheit.«

Nicht immer. Noch 1985 wurde Anita Grandke ins Zentralkomitee der SED beordert, weil sie in einer von ihr herausgegebenen Broschüre zur Familienunterstützung nicht von »Mütterförderung«, sondern von »Elternförderung« gesprochen hatte – ein Wort, das der entschiedenen Frauenförderung der SED zuwiderlief. Wenn das Wort »Elternförderung« nicht aus der Schrift verschwinde, werde sie nicht veröffentlicht. Und hatte sie nachgegeben? »Natürlich!«, sagt Frau Grandke, über meine

Frage erstaunt. »Sonst wäre die Schrift doch nicht gedruckt worden.«

Ich weiß, ich habe von Frau Grandkes Reaktion auf das Machtwort der Partei schon in meiner ersten Geschichte erzählt und den Eingriff von oben so interpretiert, wie ich ihn als Angehörige einer amerikanischen Universität selbst empfunden hätte: als eine Beleidigung meiner wissenschaftlichen Integrität. »Sie hat gelernt, mit der Macht zu leben«, dachte ich. Aber jetzt halte ich diese Interpretation für unvollständig. Ostdeutsche Rechtswissenschaftler hatten auch gelernt, weniger eitel zu sein als ihre westlichen Kollegen. Frau Grandke kam es bei ihrer Arbeit nicht so sehr auf ihre akademische Reputation an, wie darauf, gesellschaftlich etwas zu erreichen.

Als dann die Wende kam, waren zumindest die Familienrechtler an der HUB gut darauf vorbereitet, die neue wissenschaftliche Freiheit zu nutzen. Inspiriert durch die UN-Konvention über die Rechte des Kindes, erlassen im Wendejahr 1989, schlugen sie vor, den Umgang zwischen Kind und Eltern nach der Scheidung nicht als Recht des nicht sorgeberechtigten Elternteils auf den Kontakt mit seinem Kind zu konzipieren, sondern als Recht des Kindes darauf, auch nach der Scheidung mit beiden Eltern so eng wie möglich verbunden zu bleiben. Westdeutsche Zweifler machten geltend, dass so ein Recht unmöglich durchzusetzen sei (und auch ich hatte ernsthafte Bedenken).

Aber das erste (und letzte) Familienrechtsänderungsgesetz der DDR, erlassen am 20. Juli 1990, am 1. Oktober 1990 in Kraft getreten und geprägt von dem Wunsch seiner Verfasser, die neue Autonomie des DDR-Gesetzgebers so lange es noch ging zu nutzen, erschuf trotzdem in § 27 FGB ein neues Recht: das Recht des Kindes, nach der Scheidung »regelmäßige persönliche Beziehungen und unmittelbare Kontakte zu beiden Elternteilen zu pflegen«. Das neue Recht blieb nur zwei Tage lang in Kraft, bis die Wiedervereinigung am 3. Oktober 1990 ihm ein Ende machte. Es wurde erst 1997 wieder auferweckt, als eine Neufassung von

§ 1684 des Bürgerlichen Gesetzbuches das eigene Recht des Kindes auf Umgang mit beiden Elternteilen auch nach der Scheidung etablierte.[59] Inzwischen hat das Bundesverfassungsgericht das neue Kindesrecht gutgeheißen.[60] Die Familienrechtler der Humboldt-Universität waren 1989, kaum im Rechtsstaat angelangt, an juristischer Einfallskraft ihrer Zeit voraus.

DIE DRITTE GESCHICHTE

Verschleiß des politischen Glaubens an den Sozialismus

Es war dem Druck und der Unterstützung der sowjetischen Besatzungsmacht geschuldet, dass die alte Berliner Friedrich-Wilhelms-Universität schon am 20. Januar 1946 (ein Dreivierteljahr nach dem Zusammenbruch und knapp drei Monate vor der Neugründung der Technischen Universität im englischen Sektor der Stadt) ihren Vorlesungsbetrieb wieder aufnehmen konnte. Das Dritte Reich, Berlin und die Universität Unter den Linden lagen in Trümmern. So fand die Eröffnungsfeier am 29. Januar 1946 in einem Varietétheater an der Friedrichstraße statt, das die Bomben überlebt hatte. Es war ein grauer Berliner Wintertag, ein paar Grad über null, etwas Schnee. Einige S-Bahn-Linien fuhren wieder, mit denen Gäste zur Eröffnungsfeier kommen konnten. Sonst fehlte es an allem: Strom, Kohlen, Kleidung, Essen, Unterkünften, Büchern.

Es ist schwer, sich heute vorzustellen, in welchem Zustand der physischen und psychischen Verwüstung sich die Stadt nach der bedingungslosen Kapitulation befand. Die Neueröffnung der Berliner Universität war eine Demonstration von Hoffnung inmitten der Zerstörung. Ohne das Drängen und die Hilfe der Besatzer wäre der Kraftakt von den Berlinern nicht so bald zu schaffen gewesen. Die Russen wollten mit dem Aufbau der Hochschulen in ihrer Zone ihren Sieg befestigen; die Deutschen wollten es diesmal besser machen als in der vorhergegangenen Diktatur. Ernst Benda, späterer Präsident des Bundesverfassungsgerichts, der nach dem Krieg an der Berliner Universität sein Jurastudium begann, schrieb viele Jahre später über diese Zeit: »Wir meinten, in einer Stunde Null zu leben. Sie schien die Chance zu einem völligen Neuanfang zu eröffnen. Das Fehlen aller materiellen Voraussetzungen ermöglichte jede Utopie, die sich nicht der Frage stellen mußte, was denn in der Realität auch machbar war.«[61]

Alle Angehörigen der Juristischen Fakultät Unter den Linden - Studenten und Dozenten - waren, in der einen oder anderen Weise, vom Dritten Reich und seinem Krieg gezeichnet. Viele Studenten waren, wie Ernst Benda, im Krieg Soldat gewesen. Von den jüngeren hatten die meisten, wie alle Oberschüler in den Hitler-Jahren, der HJ oder dem BDM angehört. Die Hochschullehrer in meiner Geschichte waren Überlebende. Annemarie Helmbrecht war im Gefängnis und KZ gewesen, ebenso Hans Gerats, bevor er nach Holland entkommen konnte. Hans Nathan und Lola Zahn waren nach England und Amerika geflüchtet. Alfons Steiniger, Günter Brandt und Wilhelm Wengler hatten die Nazi-Jahre durch List und Untertauchen in Deutschland überlebt. Hilde Benjamins Mann war im KZ ermordet worden. Uwe-Jens Heuer war als Schüler Luftwaffenhelfer in Husum, bevor er 1948 mit seinen sozialistischen Eltern nach Berlin umzog.[62] Rudolf Schneider war in der NSDAP und verlor 1961, als es herauskam, seine HUB-Professur. Auch Hermann Klenner, später Opfer der Babelsberger Konferenz, war in der NSDAP. Er war ihr 1944 als 18-Jähriger beigetreten, im selben Alter wie die Westdeutschen Günter Grass und Walter Jens, und hatte diesen Schritt, wie Grass und Jens, verschwiegen, bis Israel ihn 1986 ans Licht brachte, um Klenners Wahl zum Vizepräsidenten der UN-Menschenrechtskommission zu verhindern.

Auch die bürgerlichen Professoren der Anfangsjahre waren von den Entscheidungen geprägt, die sie in ihrer Reaktion auf Hitler getroffen hatten. Hans Peters und Günter Brandt gehörten zum Kreisauer Kreis. Eduard Kohlrausch trat 1933 im Protest gegen SA-Randale von seinem Amt als Rektor der Friedrich-Wilhelms-Universität zurück und balancierte im Dritten Reich auf einem schmalen Pfad zwischen angepasster juristischer Arbeit und mutiger Unterstützung für verfolgte jüdische Kollegen. Das wohl unheilvollste vom Nationalsozialismus geprägte Schicksal traf John Lekschas: Seine Mutter war durch Hitlers »Euthanasie«-Programm in einer Nervenheilanstalt umgekommen; seine Schwester kam bei einem Bombenangriff ums Leben; die beiden letzten Kriegsjahre war er Soldat in der Kriegsmarine; es folgten eine Maurerlehre und 1947 der Eintritt in die SED.

Das waren die Hintergründe meiner Protagonisten in der Stunde null. Aus ihrer Perspektive erschien der Sozialismus als ein denkbarer Weg in eine bessere Zukunft. Die Sowjetunion war ja nicht nur als Besatzer, sondern auch als Befreier gekommen und war zumindest für die Kommunisten unter den Berliner Juristen ein glaubwürdiges Vorbild. Stalins Verbrechen sollten erst elf Jahre nach dem Zusammenbruch auf dem XX. Parteitag der KPdSU ans Licht kommen. Walter Ulbricht und seine Genossen waren durch ihre Verfolgung durch den Nationalsozialismus und ihren Stand gegen Hitler legitimiert. Auch die Zwangsvereinigung von SPD und KPD durch den »Vereinigungsparteitag« im April 1946 schien vielen ein vernünftiger Schritt zu sein, um die Zersplitterung der Linken zu verhindern, die Hitler die Machtergreifung möglich gemacht hatte.

So waren die bürgerlichen Juraprofessoren der Berliner Universität, soweit ich sehen kann, anfangs auch ganz bereit, mit kommunistischen Kollegen zusammenzuarbeiten. Alle Ost-Berliner Juraprofessoren hatten mit dem Nationalsozialismus einen gemeinsamen Feind. Schon 1945 beschrieb Hans Peters (damals noch nicht Dekan) in einem Brief an Eugen Schiffer, den Chef der Deutschen Justizverwaltung, seine Vorstellungen von einer reformierten juristischen Ausbildung. Sein wichtigster Punkt: »Den jungen Juristen muß klargemacht werden, daß Gerechtigkeit das oberste Prinzip des Rechts ist.« Ich finde nur eine Kopie von Peters' Brief in den Akten; er muss in der Justizverwaltung auf so viel Zustimmung gestoßen sein, dass er abgeschrieben und herumgeschickt wurde. Nach Gerechtigkeit suchten alle. Vielleicht hat den Bürgerlichen auch der Eifer und der Optimismus ihrer sozialistischen Kollegen imponiert, mit dem sie glaubten, auf dem richtigen Weg zur Gerechtigkeit zu sein. 1949 schrieb Hans Peters zu Alfons Steinigers Habilitation über das »Blocksystem«, das den demokratischen Wettbewerb zwischen politischen Parteien durch die Alleinherrschaft der SED ersetzte: Man müsse dem Verfasser bei der Beurteilung seiner Thesen auch seinen »Glauben an den endgültigen Sieg des Marxismus« zugutehalten.[63]

In den frühen Parteiversammlungen an der Linden-Universität (und seit 1948 an der Humboldt-Universität) scheint dieser Glauben deutlich durch. Es waren intensive Angelegenheiten. Sitzungen begannen in der Regel mit einem revolutionären Lied - eins der beliebtesten, »Spaniens Himmel breitet seine Sterne über unseren Schützengräben aus« von Ernst Busch gesungen, kann man heute auf YouTube hören. Ganz zu Anfang (ich kann mir nicht denken, dass die Praxis lange anhielt) wurde auch ein Stuhl für den Genossen Stalin freigehalten, falls er zur Tür hereinkommen sollte.[64] Es wurde heftig geredet und gestritten. 1947 gab es an der Berliner Universität noch keine »Dozenten-Betriebsgruppen« der Partei, und ich weiß nicht, ob die Genossen unter den juristischen Dozenten (etwa Steiniger) bei den Parteisitzungen dabei waren. Es gab auch noch keine zentrale Leitung der Parteiarbeit an den Universitäten. Die Landesorganisationen konzentrierten sich auf die Entnazifizierung des Wissenschaftsbetriebs und auf die Integration der Arbeiter- und Bauernkinder unter den Studenten und überließen die politische Arbeit den Genossen vor Ort. Die meisten Professoren waren Bürgerliche, und unter den Studenten gab es erst wenige Parteimitglieder. 1948 waren rund 8,8 Prozent der 5684 Studenten an der Berliner Universität und rund 14 Prozent der Jurastudenten in der SED.

Innerhalb der Partei war man durchaus nicht immer einer Meinung. Die Zweifel der Bürgerlichen an der Politik der SED wurden von vielen Genossen geteilt. Auf einer Konferenz des Zentralen Hochschulausschusses der SED im Februar 1948 verlangte der Berliner Historiker Heinz Kamnitzer von der Partei, auch über bürgerliche Themen wie den »Freiheitsbegriff der Hochschulen« oder »die Beziehungen von Wissenschaft und Politik« nachzudenken, »wenn wir uns nicht ständig in der Defensive befinden« sollen. Bei den Juristen der Berliner Universität bemühte sich eine kleine Gruppe von SED-Studenten seit 1946 um mehr innerparteiliche Demokratie. Die Angehörigen der »Wolff/Möller-Gruppe« (so der Parteijargon, obwohl die Leitung und die Mitgliedschaft der Gruppe wahrscheinlich ungenau waren) glaubten an den Sozialismus. Sie waren selbst Genossen, kritisierten in einer für den II. Parteitag 1947 bestimmten Resolution die Unehrlichkeit der SED-Propaganda (»Die bittere Wahrheit ist besser als notwendig kurzlebige Lügen«), verdammten die Gründung der Freien Universität 1948 in West-Berlin (die »die Humboldt-Universität um zehn Jahre zurückgeworfen« habe) und machten laut einer Aktennotiz von 1949 mit ihren »theoretischen Diskussionen« »die ganze Parteigruppe der Juristischen Fakultät kaputt«.

Im September 1950 berichtet ein »Vermerk« in einem dicken Aktenordner der Zentralen Parteikontrollkommission von einer »sehr aktiven Oppositionsgruppe« in der SED-Betriebsgruppe der Berliner Juristischen Fakultät, die gegen die Parteileitung, gegen viele Funktionäre und überhaupt »gegen die Linie der Partei« argumentiere, und kündigt an, dass die Landesgruppe der SED die Abweichler »in Diskussionsabenden demnächst entlarven« wolle. Der Zusatz im Bericht, dass die Gruppe über viel Geld und viele amerikanische Zigaretten verfüge, zeigt auch den Wirrwarr dieser frühen Jahre, in denen die Ost-Berliner sich vom amerikanischen CIA und vom Ostbüro der West-Berliner SPD, von Doppelagenten und Spionen, von Flugblättern (»Es lebe ein vom bolschewistischen Terror befreites Berlin!«) und von Feinden in den eigenen Reihen angegriffen fühlten. Die West-Berliner werden ähnliche Verschwörungen aus umgekehrter Richtung gefürchtet haben. Aber der Vorschlag, die »Wolff/Möller-Gruppe« »durch Diskussionen zu entlarven«, zeigt auch, dass inmitten aller Paranoia des Kalten Kriegs ehrliche Sozialisten noch miteinander diskutierten, dass es bei diesen Diskussionen um Ideen ging, nicht nur um Macht, und dass der Sozialismus für Leute wie Fritz Wolff und Friedrich Möller (und für die Genossen unter den Juristen der HUB) etwas war, an das man glauben konnte.

Aber nicht alle glaubten dasselbe. Die Partei versuchte, unkontrollierte politische Diskussionen unter ihren Jüngern dadurch zu verhindern, dass sie die anfangs vereinzelten Parteigruppen der Universitäten durch strikte zentrale Organisation besser in die Hand bekam. Im Dezember 1946 wurde den SED-Betriebsgruppen an ostdeutschen Hochschulen verboten, aus eigener Initiative mit den Betriebsgruppen anderer Universitäten Kontakt aufzunehmen. Der Grund: »Ein eigenmächtiger Austausch der Hochschulgruppen untereinander macht jede einheitliche Führung unmöglich.« Die bisher selbständigen Gruppen wurden den »Direktiven« der Landesparteileitungen unterstellt. Weil diese Neuerung noch nicht die gewünschte Zentralisierung brachte, wurde 1947 ein Ausschuss für Hochschulangelegenheiten beim Zentralsekretariat der SED eingerichtet, der für eine zentrale Hochschulpolitik sorgen sollte. Der Auszug regimekritischer Studenten 1948 nach West-Berlin und die Gründung der Freien Universität ließ die sozialistischen Studenten, die die SED nicht abschaffen, sondern reformieren wollten, in ihrem Protest vereinzelt an der HUB zurück.

Mit der Auflösung der Länder 1952 wurden die SED-Hochschulgruppen den jeweiligen Kreisleitungen unterstellt. Im Dezember 1956 erhielt die HUB ihre eigene Kreisleitung und damit die ideologischen Aufpasser im eigenen Hause. Zwar finden sich in allen Abschnitten der HUB-Geschichte Beispiele für das Aufbegehren von Studenten gegen die Partei, aber die leidenschaftlichen Diskussionen von HUB Studenten über den richtigen Weg zum Sozialismus scheinen sich nach der Gründung der Gegenuniversität in West-Berlin von einem HUB-internen politischen Diskurs zwischen Sozialisten in einen externen Propagandakrieg zwischen beiden Berliner Universitäten verwandelt zu haben.

So weit die Lage der Studenten. Wie sollte die Partei die HUB-Dozenten auf einen ideologischen Einheitskurs bringen? Die meisten bürgerlichen Wissenschaftler gingen, wie ihre bürgerlichen Studenten, in den ersten Nachkriegsjahren in den Westen. Aber Professoren waren, anders als Studenten, schwer zu ersetzen. Die DDR brauchte die bürgerlichen Wissenschaftler wegen ihres Wissens und verdammte sie wegen ihrer politischen Rückständigkeit. So schwankte ihre Wissenschaftspolitik 1947/48 noch zwischen dem Werben um die »bürgerliche Intelligenz« und Warnungen, dass ihre Gegenwart ostdeutsche Universitäten zu »Gefahrenherden« für den Sozialismus machen könne. Vor allem die Juristen (»in besonders hohem Maße [...] von bürgerlichen Konzeptionen beherrscht«) gaben Anlass zu Sorgen. Auf der 4. Tagung des Zentralen Hochschulausschusses im Februar 1948 in Berlin warnte Paul Ackermann, der Vorsitzende, dass manche Fakultäten ihre bürgerlichen Intellektuellen noch 15 bis 20 Jahre lang brauchen würden, wenn sie nicht schließen wollten. »Das ist augenblicklich auch bei den Juristen so.« Aber aus manchem »Saulus« könne noch ein »Paulus« werden, fügte Ackermann hoffnungsvoll hinzu. Er nannte Professor Hermann Dersch von der Juristischen Fakultät der HUB als Beispiel. Er sei vielleicht kein Marxist, aber »mit ihm könne man zusammenarbeiten«. Aber Dersch hatte kein Damaskus-Erlebnis an der HUB, das ihn zum Sozialisten machte. Im März 1951 verließ er als letzter Bürgerlicher unter den Juristen die HUB und ging nach Köln.

Es war kein Zufall, dass Paul Ackermann einen biblischen Vergleich für Derschs mögliche politische Bekehrung wählte.

Das Verhältnis der HUB-Genossen zur Partei ähnelte in mancher Hinsicht dem Verhältnis der frühen israelischen Kibbuz-Siedler zum Zionismus: Es war die Beziehung zu einer Religion oder vielleicht auch nur zu einer Überzeugung, die von einer Religion ausgelöst und an ihre Stelle getreten war. Die revolutionären Lieder am Anfang der Parteiversammlungen glichen dem Choral zu Beginn eines Gottesdienstes. Der Stuhl für Stalin, den die Genossen bei ihren Sitzungen an den Tisch stellten, glich dem gefüllten Glas Wein und der offenen Tür, die Juden beim Pessach-Mahl für den Propheten Elija bereithalten, falls er kommen sollte, um die Ankunft des Messias zu verkündigen.

Die Sprache, in der Abweichler von der SED-Linie verurteilt wurden, glich bis zum Ende der DDR der Sprache, mit der Rechtgläubige Abweichler von der reinen Lehre verdammen. Fehler wie »Formalismus«, »Revisionismus«, »Dogmatismus« oder »Sozialdemokratismus« bezeichneten das Festhalten an veralteten Doktrinen oder die Fehlinterpretation der neuen Lehre. Leuten, die ihre Aussagen auf tatsächliche Befunde stützen wollten, wurde »Objektivismus«, »Empirismus« oder »Faktologie« vorgeworfen. Beschuldigungen wie »Sektierertum«, »Talmudismus« und »Buchstabengelehrtheit« attackierten die Methoden, mit denen kritisierte Wissenschaftler politische Glaubenstexte interpretierten. Auf dem V. Parteitag 1958 verkündete Walter Ulbricht die »Zehn Gebote der sozialistischen Moral«. Auch manche Forschungsthemen, mit denen sich die HUB-Juristen in den Ulbricht-Jahren beschäftigten, lassen an theologische Probleme denken. Die Bemühungen von DDR-Strafrechtlern, die Existenz von Kriminalität in der DDR als Relikte des kapitalistischen Klassenkampfes zu erklären (die 1962 John Lekschas und Joachim Renneberg in Schwierigkeiten brachten), erinnern an das Problem der Theodizee im Christentum: Wie kommt, trotz eines allmächtigen und guten Gottes, das Böse in die Welt? Wie konnte, trotz der Errungenschaften des Sozialismus, kriminelles Fehlverhalten in der »guten« DDR überleben?

Die Berliner Genossen, die Anfang der 1950er Jahre bei ihren Versammlungen »Spaniens Himmel breitet seine Sterne« sangen, hätten meinen Religionsvergleich bestimmt zurückgewiesen. Sie wollten den Marxismus nicht als Religion, sondern als Wissenschaft verstehen. In seiner Grabrede für Karl Marx hatte Friedrich Engels 1883 Marx mit Charles Darwin verglichen: Wie Darwin »das Gesetz zur Entwicklung der organischen Natur« entdeckt habe, habe Marx »das Entwicklungsgesetz der menschlichen Geschichte« und das »spezielle Bewegungsgesetz des Kapitalismus« entdeckt. Wilhelm Liebknecht (Karl Liebknechts Vater), der zur Beerdigung von Marx nach London gekommen war, sprach in seiner Rede davon, dass Marx' Entdeckung der Geschichtsgesetze das Proletariat zu seiner eigenen Befreiung befähige. »Die Naturwissenschaft befreite uns von Gott«, sagte er, die marxistische Gesellschaftswissenschaft befähige das Proletariat zum Sieg über »die Götzen« des Kapitalismus.[65] Marxismus nicht als Religion, sondern als Sieger über die Religion.

Die Überzeugung von der wissenschaftlichen Überlegenheit des Sozialismus gegenüber dem Kapitalismus prägte auch noch die II. Hochschulreform der DDR 1951. Sie führte an allen ostdeutschen Universitäten und Hochschulen das obligatorische »gesellschaftswissenschaftliche Grundstudium« ein, in dem die Studenten aller Fachrichtungen im ersten Studienjahr die Grundzüge des Marxismus-Leninismus, der Politischen Ökonomie und des Dialektischen Materialismus erlernen sollten. Die junge Intelligenz des Landes musste für ihre Mitarbeit am Aufbau des Sozialismus vorbereitet werden. Die DDR war noch so jung und die »Stunde null« lag erst so kurz zurück, dass es nicht absurd erschien, die Durchsetzung einer geschichtsphilosophischen Theorie sozusagen gesetzlich zu verordnen. Band 1951 des Gesetzblattes der DDR (sonst hauptsächlich mit Preisverordnungen gefüllt, die die Mangelwirtschaft unter Kontrolle halten sollten) enthält eine Durchführungsbestimmung zur Neuordnung des Hochschulwesens, die das Ziel des Massenerziehungsplans beschreibt: Das Grundstudium »hat die Aufgabe, den Studierenden die Einsicht in die Entwicklungsgesetze von Natur und Gesellschaft zu vermitteln und sie zu unermüdlichen Kämpfern für den Frieden und den Fortschritt der Menschheit zu erziehen«.[66]

So weit die hoffnungsvollen Pläne des Gesetzgebers. Aber die Einführung des Grundstudiums traf auf »offenen Widerspruch der feindlichen Elemente« unter den Studenten. Er konnte erst 1953 mit Hilfe der FDJ und »dank der Verbesserung der sozialen Zusammensetzung der Studenten gebrochen« werden - wer weiß, wie gründlich. Die Dozenten waren unzufrieden mit der Neuerung, weil sie nicht nur Unterrichtszeit, sondern auch die Gelegenheit verloren, die Neuankömmlinge in der Universität von Anfang an auf ihr Fachgebiet einzustimmen. Vor allem fehlte es an Lehrern für die zahllosen neuen Vorlesungen. Wo sollten sie auch herkommen? Noch fünf Jahre nach der Einführung des Grundstudiums gab es für die rund 40 000 Studenten in der DDR, die die Philosophie und Ökonomie des Sozialismus studieren sollten, nur rund 550 Lehrer, darunter sechs Professoren und 24 Leute mit einem Doktortitel. Der Rest der ML-Lehrerschaft bestand aus Assistenten, darunter mehr als 100 »Hilfsassistenten«, das heißt, Studenten, die neben ihrem eigenen Studium noch »DiaMat« oder ML unterrichten sollten. 65 Prozent der Lehrer im Grundunterricht waren zwischen 20 und 30 Jahre alt; 32 Prozent von ihnen waren unter 25.

Sie alle sollten ihren Schülern Texte erklären und sie von Theorien überzeugen, die die Lehrer gerade selbst erst erlernt hatten und deren Schwierigkeitsgrad sich mit dem der höheren Mathematik vergleichen lässt. Von den Schülern selbst war keine Hilfe zu erwarten: Ein Bericht der Humboldt-Universität »über Mängel und Schwierigkeiten des gesellschaftswissenschaftlichen Grundstudiums« vom Dezember 1952 meldete »große Schwierigkeiten beim Selbststudium« der Studenten. Bei der Lektüre eines Buches wie *Das Kapital* war das kein Wunder. Um »den dringenden Bedarf« an Lehrkräften für das Grundstudium zu decken, führten die Universitäten Kurzlehrgänge für neu gewonnene Dozenten ein, die immer kürzer werden mussten, weil es an Kadern fehlte.

Unter den Umständen ist es undenkbar, dass der gesellschaftswissenschaftliche Grundunterricht den intellektuellen Ambitionen des Marxismus und der II. Hochschulreform auch nur halbwegs gerecht werden konnte. Ein Bericht der ZK-Abteilung Wissenschaft von 1954 gibt zu, dass sich der Unterricht weitgehend auf das Ablesen von Vorlesungen und das Zitieren von Leitsätzen beschränke. »Ein großer Teil der Studenten hat keine lebendige Beziehung zum Stoff.« 1956 waren 95 Prozent der Grundstudiumslehrer Parteigenossen, und wenn sie nicht weiterwussten, werden sie nicht in den Klassikern nachgeschlagen, sondern sich auf den Rat und die Beschlüsse der Partei verlassen haben. Das war es auch, was die Partei nach dem ideologischen Rausch des ersten Anfangs von ihnen erwartete. Im Dezember 1954, als die SED nach dem Tod Stalins das Tauwetter am Horizont aufziehen sah und Sorgen um die eigene Herrschaft hatte, hieß es in einer Rede von Kurt Hager, Leiter der ZK-Abteilung Wissenschaft: »Wir brauchen im Grundstudium die Genossen, die konsequent die Linie der Partei vertreten und einmal gefaßte Beschlüsse mit aller Kraft und ohne Schwankungen und Zweifel durchführen.« Das klang nicht mehr nach Wissenschaft, sondern nach einem Marschbefehl.

In der kurzfristigen Euphorie, die 1956 auch in der DDR dem XX. Parteitag der KPdSU in der Sowjetunion folgte, unternahm das Staatssekretariat für Hochschulwesen allerdings noch einmal einen Anlauf, das gesellschaftswissenschaftliche Grundstudium von einem minimalen Propagandakurs auf den Boden der marxistischen Klassiker zurückzuziehen. Am 29. Februar 1956 (nur vier Tage nach dem Abschluss des XX. Parteitags in Moskau!) wies ein Brief von Abteilungsleiter Franz Dahlem die Prorektoren für Gesellschaftswissenschaften an allen ostdeutschen Universitäten an, die Studenten des Grundstudiums zumindest mit dem Rechenschaftsbericht des ZK der KPdSU »gründlich« vertraut zu machen. Vielleicht noch überraschender: »Die Auswertung des XX. Parteitags wird in ihren Formen an den einzelnen Hochschulen verschieden sein. Durch diese Empfehlung ist jedem Institut [für Gesellschaftswissenschaften] freie Bahn gegeben.« Das Schreiben klingt erregt und hoffnungsvoll - wann sprachen sozialistische Funktionäre schon von einer »freien Bahn«? Aber bereits einen Monat später begann Ulbricht auf der 3. Parteikonferenz der SED vom 24. bis zum 30. März 1956, die Anwendbarkeit der Lehren des XX. Parteitags auf die DDR entschieden einzuschränken. Zwei Wochen später wies ein zweiter Brief von Dahlem vom 12. April 1956 alle Dozenten des Grundstudiums an, »zu gewährleisten«, dass die Materialien der 3. Parteikonferenz in ihrem Unterricht gründlich ausgewertet würden. Das sei bisher nicht überall geschehen.

An der Humboldt-Universität hatte das Tauwetter im Institut für Gesellschaftswissenschaften zu leidenschaftlichen Diskussionen über den Personenkult, innerparteiliche Demokratie und die Aufgaben des gesellschaftswissenschaftlichen Grundstudiums geführt. Die Lehrer am Institut waren nicht alle gründlich ausgebildete Philosophen. Aber viele waren lebenslang engagierte Kommunisten. Sie begannen, über die marxistischen Klassiker so zu diskutieren, als ob die von Marx aufgezeigten Gesetze der Geschichtsbewegung tatsächlich, wie Engels am Grab von Marx gesagt hatte, Darwins Gesetz von der »Entstehung der Arten« gliche: als ob beide auf wissenschaftlichen Erkenntnissen beruhten, die Wissenschaftler debattieren, kritisieren, überprüfen und weiterentwickeln konnten.

Eine Pressekonferenz der Gesellschaftswissenschaftler am 5. April 1956 in Berlin, die eigentlich dazu dienen sollte, den XX. Parteitag der KPdSU und die 3. Parteikonferenz der SED ideologisch unter einen Hut zu bringen, scheint mehr von dem sowjetischen als dem deutschen Vorbild beeinflusst gewesen zu sein. Der Grundunterricht müsse »weg vom Abschreiben und

Nachschreiben«, hieß es. Ein Sprecher pries die beiden HUB-Dozenten, die den Grundunterricht für die Juristen machten: Ihre Vorlesungen seien »voller Wissen« und zeigten die »eigene Erarbeitung der Theorien des Marxismus«. »Jedermann muß in der Lage sein, Vorlesungen und Seminare selbst zu erarbeiten« und »seine eigenen Gedanken zu entwickeln«.

Im Sommer 1956 versuchten die ostdeutschen Gesellschaftswissenschaftler, auf Konferenzen in Berlin die Wissenschaftlichkeit ihres Faches gegen den Anspruch der Partei auf politischen Gehorsam zu verteidigen. Heinrich Saar, Direktor des Berliner Instituts, sagte auf einer dieser Tagungen, das Grundstudium müsse die Studenten dazu befähigen, aus dem Gelernten selbst die richtigen politischen Entscheidungen abzuleiten: Es müsse »den Studenten die wissenschaftliche Weltanschauung vermitteln, aus der sich logisch die Lehre vom wissenschaftlichen Sozialismus ergibt«. In anderen Worten: Das Grundstudium müsse den Studenten das Denken beibringen, nicht das Gehorchen. Saar und sein Kollege Herbert Crüger, auch Mitarbeiter am Gesellschaftswissenschaftlichen Institut der HUB, schlugen vor, zu diesem Zweck die Reihenfolge der Unterrichtsthemen im Grundstudium zu verändern: mit dem dialektischen und historischen Materialismus zu beginnen und erst nach der Einführung der Studenten in den »DiaMat« und die Politische Ökonomie »die marxistisch-leninistische Lehre vom Klassenkampf« und ihre taktischen Probleme zu behandeln. Auf diese Weise werde die politische Praxis durch die Theorie gelenkt, nicht umgekehrt.

Auch an der Parteispitze muss man sich in dieser Zeit über das Grundstudium gestritten haben. Noch im November 1956 schlug das Staatssekretariat für Hochschulwesen in einer »Vorlage« an das Politbüro (»16 Exemplare je 20 Blatt«, also nur für einen kleinen Kreis bestimmt) eine »grundlegende Veränderung des Lehrprogramms« vor, das sich nicht mehr mit der chronologischen Geschichte der Arbeiterbewegung zufriedengeben, sondern auf »wirklich wissenschaftliche Fragestellungen« ausgerichtet sein sollte. Das könne nur gelingen, wenn den Studenten »die Grundzüge des Systems des Marxismus-Leninismus in seiner Geschlossenheit und in der zwingenden logischen Aufeinanderfolge seiner Bestandteile« verständlich gemacht würden. Nur so könne man »die Studenten von der Richtigkeit und Überlegenheit der wissenschaftlichen Weltanschauung« des Sozialismus überzeugen.

Für Ulbricht und die SED müssen die Debatten über das Grundstudium bedrohlich gewesen sein. Nicht, weil Vorschläge wie die von Saar und Crüger realistisch waren, im Gegenteil. Es gab noch immer so wenige sachkundige marxistische Philosophen in der DDR, dass ein theoretisch wirklich anspruchsvoller Grundunterricht im Sinne von Saar und Crüger viel weniger erreichbar schien als ein simpler Einführungskurs in die Theorie und Politik der SED. Aber die Kritik am Grundkurs, wie er überall in der DDR gelehrt wurde, und das Bestehen darauf, über Marx' Lehren selbst nachzudenken, waren alarmierende Herausforderungen für die Partei. Sie sprachen der SED die Autorität ab, kraft ihrer »führenden Rolle« für alle bindend zu entscheiden, was der »richtige« Marxismus war. Die Meinungsfreiheit, die für ernsthafte Diskussionen des Marxismus nötig gewesen wäre, war noch gefährlicher als die Frage nach seiner »Wissenschaftlichkeit«. Auf jeden Fall glaubten Leute wie Saar und Crüger nicht an die Unfehlbarkeit der Partei.

Und außerdem ging es bei dem Streit über den gesellschaftswissenschaftlichen Grundunterricht um die junge Elite des Landes, die die SED für sich gewinnen musste. Bei den Nachbarn in Ungarn und Polen herrschten bereits Aufruhr und politisches Chaos, besonders unter jungen Leuten. 1956 sank in der DDR die Zahl der Parteimitglieder unter den Studenten. An ostdeutschen Universitäten sprach man viel zu viel über den XX. Parteitag und »erwähnte die 3. Parteikonferenz mit keinem Wort«. Im August 1956 wurden die Probleme des Grundstudiums sogar im *Neuen Deutschland* diskutiert.[67] Und das Berliner Institut für

Gesellschaftswissenschaften war nicht allein mit seinen Plänen, das Grundstudium als Gelegenheit zur intellektuellen Auseinandersetzung mit dem »wissenschaftlichen Sozialismus« zu nutzen, anstatt als »wichtigstes Instrument der Partei, um das sozialistische Bewußtsein unter die akademisch gebildete Intelligenz zu tragen«. An der Karl-Marx-Universität in Leipzig und der Technischen Hochschule in Dresden gab es ähnliche aufrührerische Debatten wie an der HUB.

In Berlin hatte die Parteileitung der Universität ihr Institut für Gesellschaftswissenschaften schon seit 1955 mit Argwohn beobachtet. Im Oktober 1955 musste das Institut der Parteileitung wöchentlich berichten, was unter den Genossen verhandelt wurde. Ich weiß nicht, wie wirksam diese Aufsicht war. Wenn es so etwas wie einen philosophisch harten Kern unter den HUB-Dozenten gab, war es am gesellschaftswissenschaftlichen Institut. Für die Gesellschaftswissenschaftler war der Dialektische Materialismus sozusagen ihr täglich Brot. Wenn Leute wie Heinrich Saar und Herbert Crüger die marxistische Authentizität des Grundunterrichts verteidigten, ging es ihnen auch um die Authentizität ihres eigenen Lebens. Vielleicht erklärt das, warum sie sich der Parteikritik nicht williger anpassten. Am 19. November 1957 erließ das Staatssekretariat für Hochschulwesen »Thesen zur Entwicklung des gesellschaftswissenschaftlichen Grundstudiums« und zählte die Sünden auf, die auch die Arbeit des Berliner Instituts charakterisierten: »eine Tendenz der Trennung der Wissenschaft von der Politik«, »die Unterschätzung der Parteibeschlüsse« und nicht genug »offensive Eingriffe« in politische und wissenschaftliche Auseinandersetzungen an den Fakultäten. Das war noch einmal eine Warnung.

Im Februar 1958 (noch zwei Monate vor der Babelsberger Konferenz, die dem Tauwetter unter den Rechtswissenschaftlern in der DDR ein Ende machen sollte) beschloss die Parteileitung der HUB ein Parteiverfahren gegen Heinrich Saar, Herbert Crüger und zwei weitere Genossen vom Grundunterricht. Das

»wissenschaftliche Niveau« im Institut für Gesellschaftswissenschaften sei unter ihrem Einfluss zwar gestiegen, aber aus Gründen, die nicht gebilligt werden konnten: weil die Beschuldigten »ein falsches Ideal des marxistischen Wissenschaftlers« hatten, vor allem »nach individueller wissenschaftlicher Qualifizierung« strebten und die ideologische Erziehung der Studenten außer Acht ließen. So sei es im Institut zu einer »Gruppenbildung« gekommen. »Beweise sind vorhanden.« Saar und Crüger wurden aus der Partei ausgeschlossen, anschließend kam der Strafprozess. Im Dezember 1958 wurden beide Dozenten wegen »schweren Staatsverrats« zu jeweils acht Jahren Zuchthaus verurteilt. Ähnliche Parteiverfahren und Verurteilungen gab es für andere Gesellschaftswissenschaftler in der DDR. Allein am Berliner Institut wurden mehr als 30 Wissenschaftler entlassen.[68] Im Grundstudium stand der Marxismus-Leninismus nicht mehr zur Debatte.

Zwar gab die Partei den Anspruch der »Wissenschaftlichkeit« des Sozialismus niemals auf, weil er ihr den Nimbus der Unfehlbarkeit verlieh. Aber die »wissenschaftlichen« Züge des ML verschwanden hinter der Aktualität der jeweiligen Parteibeschlüsse. »Was sind denn die Beschlüsse unserer Partei anderes als die schöpferische Anwendung des dialektischen Materialismus auf die Praxis unseres sozialistischen Aufbaus«, hieß es in einem *ND*-Artikel vom 27. Februar 1958 über den »erfolgreichen Kampf gegen unmarxistische Anschauungen an der Berliner Universität«.[69]

Die Juraprofessoren an der HUB waren von den Auseinandersetzungen um das gesellschaftswissenschaftliche Grundstudium nicht direkt betroffen. Ihre Lehrtätigkeit beschränkte sich ja auf ihr Fachgebiet. Den philosophischen Lehrstoff vermittelte das Institut für Gesellschaftswissenschaften (später die Sektion Marxismus-Leninismus). Aber immerhin zählten auch die Juristen zu den Gesellschaftswissenschaftlern. Fast alle ihre Rechtsprobleme ließen sich auch aus dem Blickwinkel der marxistischen Klassiker analysieren. Besonders die Staatsrechtler segelten in gefährlichen Gewässern. An der Juristischen Fakultät (und nicht nur dort) hatten vermutlich viele Leute Sympathien für ihre Kollegen am gesellschaftswissenschaftlichen Institut. Die Strafurteile gegen Saar und Crüger sollten allen Lehrern an der HUB die Instrumente zeigen: Wer eine andere Definition des Marxismus-Leninismus vertritt als die, die der Partei genehm ist, sollte nicht auf Toleranz und Langmut hoffen.

In allen vier Jahrzehnten DDR-Geschichte war Ideologie die wichtigste Waffe der Partei. Ich habe den Kampf um das Grundstudium an der HUB deshalb so genau beschrieben, weil ich die Intensität und das Risiko ideologischer Auseinandersetzungen in einer politischen Landschaft illustrieren will, in der auch meine Akteure sich über ihre Einstellung zum Sozialismus entscheiden mussten. Zwar waren sie Juristen genug, um bei ihrem Umgang mit dem ML nicht so unbesonnen vorzugehen, wie Heinrich Saar und Herbert Crüger es getan hatten. Keiner von ihnen kam, so viel ich weiß, je wegen »falscher Theorien« ins Gefängnis. Auch Staatsrechtler wie Hermann Klenner und Bernhard Graefrath, die auf der Babelsberger Konferenz von Ulbricht persönlich als Revisionisten angegriffen wurden, erhielten keine Strafprozesse, sondern nur Parteiverfahren, die sie für zwei Jahre zur Bewährung in die Praxis verbannten. Zivilrechtler oder Familienrechtler waren weit genug vom neuralgischen Zentrum des ML entfernt, um bei einem Fauxpas mit verhältnismäßig milden Strafen davonzukommen.

Aber von allen Rechtswissenschaftlern verlangte die Partei ideologische Loyalität. Das galt für die Forschung, für die Vermittlung von Fachkenntnissen an die Studenten und für ihre ideologische Erziehung. In ihren Schriften konnten meine Protagonisten eigene Meinungen gelegentlich zwischen den Zeilen unterbringen: in Worten, die Karl Mollnau mir nach der Wende als »Code-Sprache für Eingeweihte« beschrieb. Aber die Erziehung der Studenten und alle sonstige öffentliche Repräsentation der Fakultät verlangte auch Eifer, Vorbildwirkung und zumindest den Anschein eigenen Glaubens. Glauben woran? An eine Wissenschaft, eine Ideologie, an die Partei?

»Sie sagen immer ›Glauben‹«, sagten ostdeutsche Gesprächspartner manchmal irritiert, wenn ich ihnen von diesem Buchprojekt erzählte. »Was soll ich sonst sagen?«, fragte ich dann. »Hoffnung«, schlug Dieter Klein vor, früherer Prorektor für Gesellschaftswissenschaften an der HUB und selbst ein reformbereiter Mann. Aber »Hoffnung« ist zu unbestimmt und offen für alle möglichen, auch widersprüchlichen Lösungen eines Problems. Sicherlich hatten die meisten Dozenten der Juristischen Fakultät der HUB (die ja alle Genossen waren) ihre politischen Hoffnungen. Aber es waren Hoffnungen, die alle in eine bestimmte Richtung gingen. Ich denke, sie hofften (wenn sie hofften), dass die Marx'sche Gesellschaftstheorie, trotz möglicher Irrtümer, noch immer ein besseres Verständnis der Geschichte ermöglichte als kapitalistische Geschichtsphilosophien; dass die Partei, trotz aller Herrschsucht und Versteinerung, am Ende doch die richtigen Entscheidungen treffen würde; und dass der Sozialismus, trotz mancher Irrwege, sich am Ende dem Kapitalismus überlegen zeigen würde. Sie hofften auf die Wahrheit eines Glaubens.

Wenn ich das Wort gebrauchen darf: Was glaubten die HUB-Juristen, und was wurde aus diesem Glauben im Laufe von 40 Jahren DDR? Mein Plan, dieser Frage nachzugehen, ist ein anmaßendes Unternehmen. Wie will ich wissen, was andere Leute vor Jahrzehnten einmal glaubten? Auch aufrichtiger Glauben kommt und geht, ohne dass wir Kontrolle darüber haben. Wir wissen oft selbst nicht, woran wir glauben. In der ostdeutschen juristischen Literatur finde ich zwar viel Linientreue, aber keine persönlichen Erklärungen eines Autors: Dies sind meine eigenen Überzeugungen. Auch wenn ich sie fände, würden mir derartige Erklärungen – angesichts der Linientreue – wenig glaubwürdig erscheinen. Ich muss mich also auf Indizien verlassen.

Benahmen sich die HUB-Juristen wie Menschen, die der Partei vertrauten? Worüber schrieben sie? Was sagten sie hinter verschlossenen Türen? War die Partei mit ihnen zufrieden? Warum nicht? Was brachten sie ihren Studenten bei? Wie verhielten sie sich in politischen Krisen?

Eine ehemalige Volksrichterin, gelernte Zigarrenmacherin und lebenslange Sozialistin, beschrieb mir ihren Glauben an die Richtigkeit von Parteibeschlüssen einmal so: »Ich habe mir das immer wie eine Pyramide vorgestellt. Die oben konnten viel weiter sehen als ich.« Ihr Bekenntnis erschien mir damals glaubwürdig. Aber so einfach wird es für die HUB-Juristen nicht gewesen sein. Ich kann auf Basis meines Datenberges nur darüber spekulieren, von welchen Überzeugungen ihr Verhalten gegenüber der Partei getragen war. Aber die Frage nach den eigenen Überzeugungen meiner Protagonisten ist wichtig für dieses Buch, in dem es um das Verhältnis zwischen Macht und Recht und darum geht, ob auch in einem herrschsüchtigen und undemokratischen System Recht und Juristen Ungerechtigkeit und Willkür begrenzen können oder wollen. Um diese Frage zu beantworten, muss ich verstehen, welche Werte meine Protagonisten bei ihrer Arbeit verfolgten, worauf sich ihr Selbstbewusstsein stützte, worum es ihnen wirklich ging – *what made them tick.*

Also: Was glaubten die Mitglieder der Juristischen Fakultät der HUB?

Die ersten acht bis zehn Jahre zwischen der Auswanderung der bürgerlichen Juraprofessoren in den Westen und dem Paukenschlag der Babelsberger Konferenz von 1958 waren mit so vielen dramatischen Ereignissen angefüllt, dass ihre Wirkungen auf meine Protagonisten schwer zu entwirren sind. Da waren die Anfangsmühen des Aufbaus ihrer Fakultät um 1950; die rapide Stalinisierung der DDR durch die Kollektivierung der Landwirtschaft und die drakonische Unterdrückung von politischem Widerstand; der Tod Stalins 1953 und kurz danach der Aufstand vom 17. Juni 1953; der XX. Parteitag der KPdSU 1956 und die darauf folgenden Unruhen in Ungarn und Polen; und schließlich das kurze Tauwetter, dem, was die Juristen anbetraf, die Babelsberger Konferenz vom April 1958 ein Ende setzte.

Auch als Genossen waren die Mitglieder der Juristischen Fakultät der HUB nicht unbedingt überzeugte Sozialisten. Hans Nathan zum Beispiel, der in der Emigration in England der kommunistischen Partei beigetreten war, blieb bis zum Ende seines Lebens nach der Beschreibung seiner Kollegin Anita Grandke »ein durch und durch bürgerlicher Mann«. In einem Stasi-Bericht von 1951 (als Nathan noch im DDR-Justizministerium arbeitete) heißt es über ihn: »Die Teilnahme an allen gesellschaftlichen Veranstaltungen kann nicht den Eindruck verwischen, daß eine innere Anteilnahme bei ihm fehlt.« Als 1953 in einer Parteiversammlung an der HUB ein Student als neuer Kandidat in die SED aufgenommen werden sollte und die Kollegen ihm politisch auf den Zahn fühlten, fragte Hans Nathan nur: »Sind Ihre Eltern mit dem Eintritt einverstanden?« Er war ein unideologischer und praktischer Mann, der wegen seines Wissens und seiner Menschlichkeit von allen Kollegen respektiert wurde. Als er 1971 starb, schrieb Hilde Benjamin für ihn einen warmen Nachruf in der *Neuen Justiz.* Man musste nicht unbedingt ein eifriger Parteigenosse sein, um an der Fakultät geschätzt zu werden.

Nathan war Westemigrant, wie sein Kollege Arthur Baumgarten, der das Dritte Reich in der Schweiz überlebt hatte (ebenfalls kein fanatischer Parteigenosse), oder wie Lola Zahn, die nach Amerika geflohen war (und nach dem Aufstand vom 17. Juni 1953 wegen ihrer Sympathie für die Demonstranten Ärger kriegte). Die Partei beargwöhnte Westemigranten, und zu Recht. Es machte einen Unterschied, ob jemand in Opposition zu Hitler oder aus Bewunderung für Stalin zum Sozialisten geworden war, und ob die Entwicklung seines politischen Bewusstseins in einem Land mit oder ohne Meinungsfreiheit stattgefunden hatte. Im September 1952 wandte sich der Parteisekretär der

HUB Werner Tzschoppe direkt an die Zentrale Parteikontrollkommission (ZPKK), um über die »bedenkliche Konzentration von Genossen aus der westlichen Emigration« zu klagen, die zu so vielen »Einzelheiten und Situationen« an der Universität beitrügen, dass er »unmöglich länger schweigen« könne.

Bei den Juristen führte das Zusammenleben von stalinistischen und nicht-stalinistischen Genossen zu einem anfänglichen Leben-und-leben-Lassen, das nicht lange anhalten konnte. West-Berlin gehörte noch zur Nachbarschaft. Jurastudenten (und bestimmt auch Dozenten) gingen regelmäßig am Kurfürstendamm ins Kino, und als bei den HUB-Juristen ein parteiloser Assistent in politische Schwierigkeiten kam, rieten ihm die Kollegen fürsorglich zur Republikflucht.

Für eine Weile hatte die Juristische Fakultät der HUB noch bürgerlich anmutende kulturelle Ambitionen: 1952 können Jurastudenten nicht nur Russisch, sondern auch Französisch und Latein lernen; 1953 kommen Literaturvorlesungen hinzu; 1955 brauchen Doktoranden, jetzt nach sowjetischem Vorbild »Aspiranten« genannt, noch das kleine Latinum zur Promotion. Auch der Ehrgeiz der HUB-Juristen sucht nach Auslauf. Im Dezember 1951 beschließen sie, immer am ersten Montag jedes Monats in einer Sitzung von 15.30 bis 18 Uhr »wissenschaftliche Fragen« zu erörtern, »um die Fakultät zu einem wirklich wissenschaftlichen Gremium zu gestalten«. In den Veröffentlichungen meiner Protagonisten im Jahrgang 1951 der *Neuen Justiz* berufen sie sich auf sehr unterschiedliche Schutzheilige: Hermann Klenner zitiert neben Marx gern Hegel, Fichte oder Heinrich Heine; Alfons Steiniger (jetzt Dekan) huldigt Stalin; und Hans Nathan (zu der Zeit noch im Ministerium der Justiz, ab 1952 Professor an der HUB) schreibt, wie alle Jahre, mehr als ein Dutzend fachmännische Urteilsbesprechungen, in denen er die nötigen Gesetzesparagrafen zitiert.

Aber nach dem Eintreffen der Nachwuchsjuristen (Hermann Klenner, Bernhard Graefrath, Hans Kleine und Rudolf Schneider) an der HUB im Wintersemester 1951 wird die Stimmung an der Fakultät zunehmend politisch aufgeladen. Wissenschaftliche Auseinandersetzungen werden schärfer. In Forst Zinna waren sich einige der *young Turks* mit Ulbrichts Chefideologen Karl Polak so in die Haare geraten, dass es zu regelrechten Zusammenstößen kam. Als an der HUB Uwe-Jens Heuer 1953 als 26-Jähriger vom Staatssekretariat für Hochschulwesen mit der Ausarbeitung einer marxistischen Vorlesung »Deutsche Staats- und Rechtsgeschichte« beauftragt wird und das Resultat seiner Arbeitsgruppe mit dem bürgerlichen Rechtshistoriker Gerhard Buchda (gelegentlicher Gastdozent aus Jena) diskutiert, werden die Gespräche so heftig, dass einer von Heuers Mitarbeitern sich nach West-Berlin absetzt, um derartigen Auseinandersetzungen in Zukunft zu entgehen. Nach der Wende erzählte Heuer, wie »weit überlegen« er sich damals Buchda gegenüber gefühlt habe. »Wir meinten, den Marxismus begriffen zu haben«, und wollten nun »so viel wie möglich von dem neuen Wissen [in unsere Arbeit] hineinpacken«.[70] Viele junge Leute waren noch überzeugte Stalinisten. Sie stießen sich nicht an der forcierten Kollektivierung der Landwirtschaft, hielten die Normerhöhungen, die dem 17. Juni vorausgingen, für »hart, aber notwendig«,[71] waren durch die Niederschlagung des Aufstands »nicht tiefgreifend« beunruhigt[72] und fanden 1956 sogar Entschuldigungen für den Einmarsch sowjetischer Truppen in Ungarn.[73] Die Verhaftung und Verurteilung Wolfgang Harichs ging an den jungen Juristen »ohne merkliche Reflexionen« ihrerseits vorbei.[74] Schließlich baute man den Sozialismus auf, und wo gehobelt wird, da fallen Späne.

Aber weil sie selbstbewusste und aufsässige junge Leute waren, die ihre eigenen Meinungen hatten, müssen sie sich am Stalinismus auch gestoßen haben. Im Februarheft 1952 konnte Hermann Klenner noch einen Aufsatz »Über unser staatswissenschaftliches Kulturerbe« in der *Neuen Justiz* veröffentlichen, der Gutes über bürgerliche Wissenschaftler sagte. Mit der Gründung der Zeitschrift *Staat und Recht* 1952 an der Deutschen Verwaltungsakademie »Walter Ulbricht« (später Deutsche Akademie für Staat und Recht, auch mit dem Beinamen Ulbricht) gab es bald eine zweite juristische Zeitschrift in der DDR. Aber *Staat und Recht* war ein echtes Kind des Stalinismus und auf die Einhaltung der »Linie« ausgerichtet. Die *Neue Justiz* lernte zunehmend, vorsichtiger zu sein. Der Raum für wissenschaftliche Auseinandersetzungen schrumpfte. Schon im Oktober 1952 hatte die Fakultät entschieden, »alle faschistischen Bücher« vom Lesesaal ins Magazin zu bringen und dort möglichst verschlossen aufzubewahren.

Es wird nicht nur »faschistische« Literatur gewesen sein, um die es ging. Die Klassiker der bürgerlichen Rechtswissenschaft (etwa die kanonischen Lehrbücher von Enneccerus oder der Reichsgerichtsrätekommentar) stammten alle noch aus der Weimarer Zeit. Auch wenn sie unter Hitler Neuauflagen mit nazistischen Einschüben erhalten hatten, waren sie immer noch Fundkammern für juristisches Wissen, das in der DDR noch lange nötig war, um rechtliche Zusammenhänge zu verstehen. Ebendiese Zusammenhänge zwischen dem noch geltenden Recht der DDR und seinen Weimarer Vorfahren durften jetzt nicht mehr wahr sein. Es war die bürgerliche Rechtsdogmatik, die man im Oktober 1952 in den Keller brachte.

Spätestens im Winter 1952 wurden die geplanten monatlichen »wirklich wissenschaftlichen« Diskussionen der HUB-Juristen aus dem Vorjahr zu ideologischen Exerzitien umfunktioniert. Die Fakultät diskutierte jetzt – wie Dekan Steiniger im Frühling 1953 stolz berichtete – alle vier Wochen ihre wissenschaftlichen Probleme »auf der Grundlage der Arbeit Stalins ›Die ökonomischen Probleme des Sozialismus in der UdSSR‹«. Manche dieser Diskussionen klingen noch gutwillig und bemüht, wie eine Sitzung am Institut für Zivilrecht im April 1953 zum Thema »Das Verhältnis der ökonomischen Gesetze zu den juristischen Gesetzen, gezeigt am Beispiel der unbedingten Übereinstimmung des Charakters der Produktivkräfte mit den Produktionsverhältnissen auf dem Gebiet der Landwirtschaft seit 1945 in der DDR«. Die »Diskussionsgrundlage« war vom Hilfsassistenten Joachim Göhring (damals 22 Jahre alt und später Juraprofessor an der HUB) und einem Studiengenossen erarbeitet worden. Weil die Debatte »noch zu keiner abschließenden Verallgemeinerung« führte, beschloss die Runde, sich im Mai »noch einmal eingehend mit dem Thema zu beschäftigen«. Ich kann mir nicht denken, dass bei der Diskussion viel herauskam.

Das übernommene bürgerliche Recht und seine Gesetze spielten noch immer eine so große Rolle im Arbeitsleben der HUB-Juristen, dass vielen unter ihnen marxistische Spekulationen über Recht nicht nur unfamiliär, sondern geradezu phantastisch vorkommen mussten. So gab es, scheint mir, zwei Strömungen an der Fakultät, die sich schlecht auf einen intellektuellen Nenner bringen ließen: ehrgeizige Spekulationen zum ML, vor allem bei den jungen Staatsrechtlern, und pragmatisches Sich-durch-den-Alltag-Wursteln bei den Kollegen, die notgedrungen große Teile des bürgerlichen Zivil- und Strafrechts unterrichten mussten, auf die die DDR noch jahrelang nicht verzichten konnte. Die Theoretiker durften die jüngste Parteilinie nicht verletzen; die Pragmatiker durften die bürgerliche Systematik, auf der die geltenden Gesetze ja noch beruhten, nicht unkritisch legitimieren. Beide Gruppen mussten vorsichtig mit ihren Argumenten sein. Kein Wunder, dass die Parteileitung der Juristen 1953 den »unkämpferischen Geist« der Fakultät bemängelte. Das politische Klima lud nicht zu kämpferischen Auseinandersetzungen ein.

Und dann, am 5. März 1953, stirbt Stalin. Nach einer langen Schrecksekunde berichtet das *Neue Deutschland* am 7. März von seinem Tod. Einige jüngere Juristen an der HUB gestanden später, von dem Ereignis ernsthaft erschüttert gewesen zu sein. Die Akten reflektieren weniger den Schmerz als die plötzliche Verunsicherung der Genossen. Im März 1953 und in den Monaten danach tagt die Parteileitung der Juristen mindestens einmal in der Woche in langen, vier- bis fünfstündigen Sitzungen, um zu beraten, wie es weitergehen soll. Hermann Klenner und andere *young Turks* sind bei fast allen Sitzungen dabei. Die Diskussionen wirken ein wenig ruderlos. Verschiedene Vorschläge schwirren herum: Verbindungen »zu ehrlichen westdeutschen SPD-Mitgliedern aufzunehmen«; die Agitprop-Arbeit »konkreter, persönlicher, unmittelbarer und beständiger« zu machen; die FDJ durch einen Austausch der Mitgliedsbücher zu überprüfen (ein Plan, der »wegen des allgemeinen Geredes« abgebrochen wird). Man streitet sich um die richtige Reaktion auf Stalins Tod: Warum hat die Fakultät nur einen so kleinen Strauß geschickt? Vielleicht sucht man nach ideologischer Ehrlichkeit: Jedenfalls wird im April 1953 Professor Steiniger von der Parteigruppe wegen seines »übersteigerten Pathos und Radikalismus« kritisiert und verspricht, sich zu bessern. Im Mai 1953 beschließt die Parteileitung, dass Parteiunterlagen nicht mehr mit nach Hause genommen werden dürfen, sondern im Stahlschrank in der Universität aufbewahrt werden müssen.

Die Hauptaufgabe der GO Rechtswissenschaft sei jetzt »die konsequente Durchführung der vom ZK gestellten Aufgaben«, hatte jemand auf einer Leitungssitzung der Juristen kurz nach Stalins Tod gesagt. Aber was hieß das? Die politische Lage in der DDR war ungewiss und schwankte zwischen Normerhöhungen und dem Neuen Kurs. Am 20. Mai 1953 beschließt die GOL der Juristen, »mit der Universitätsleitung Rücksprache zu nehmen, um die richtige Formulierung des Beschlusses unseres Zentralkomitees festzustellen«. Ging es um den drakonischen ZK-Beschluss zur Normenerhöhung vom 13./14. Mai?

Als vier Wochen später, beim Aufstand am 17. Juni, ostdeutsche Arbeiter auf die Straßen gehen, um gegen ihre Regierung zu protestieren, halten sich die HUB-Juristen so gut es geht aus den Verwirrungen heraus. In einem Gewerkschaftsbericht vom 23. Juni 1953 über die Ereignisse heißt es: »An der Juristischen Fakultät wurde zwar das Vertrauen zur Regierung ausgesprochen, aber die Kritik, die geübt wurde, war keine offene und ehrliche, sondern mehr eine neutrale.« Ihren Studenten des dritten Studienjahrs, die sich über die »schönfärberischen Berichte« über die Ereignisse in den ostdeutschen Zeitungen beklagen, gibt die Parteileitung der Juristen, darunter Hermann Klenner und Uwe-Jens Heuer, ebenfalls eine ausweichende Antwort. Am 17. Juni seien zwar »einzelne Gesetzesverletzungen aufgetreten«, sagen sie. Aber »es kann nicht unsere Aufgabe sein, an die einzelnen Organe heranzutreten«.

Alle Mitglieder der Fakultät, ob überzeugte oder nur mitläuferische Marxisten, müssen den Tod Stalins nicht nur als Verunsicherung, sondern auch als Erleichterung empfunden haben. Der Druck zur politischen Anpassung schien abzunehmen. 1954 und 1955 waren Jahre der Arbeit an den ersten DDR-eigenen juristischen Lehrbüchern, und die Fakultät schien sich mit ihrer Facharbeit genügen zu wollen. Ich finde den Vorwurf in den Akten, dass kaum jemand unter den Juristen die *Einheit* lese. Auf einer GOL-Sitzung im November 1953 werden die Sünden des Lehrkörpers aufgezählt: »Nichtbeachtung der Parteibeschlüsse«, »ungenügende Kritik und Selbstkritik«, nicht genug »Wachsamkeit«, »ideologisch-politische Sorglosigkeit und Versöhnlertum«. Die GOL beschließt, die Fakultät durch Parteigruppen in den einzelnen Bereichen zu überwachen.

Der ungewisse Zustand hält bis zum Februar 1956, als Nikita Chruschtschow auf dem XX. Parteitag der KPdSU die Verbrechen Stalins und seinen Personenkult ans Licht bringt. Die Übersetzung von Chruschtschows »Geheimrede« findet sehr bald den Weg von West- nach Ost-Berlin. Ich kann nicht sagen, wie sehr die Enthüllungen die gläubigen Marxisten an der Fakultät beunruhigten und aus der Bahn warfen. Es schien kaum denkbar, nach dem XX. Parteitag noch ohne Zweifel Kommunist zu sein. Alfons Steiniger gab sich gelassen: Er nahm in seinem Arbeitszimmer das Stalin-Porträt von der Wand und sagte: »Der gehört jetzt nicht mehr zu den Klassikern.«[75] Es blieben immerhin noch eine Reihe von Klassikern übrig, an die man sich halten konnte. Über Hermann Klenner berichtete ein inoffizieller Mitarbeiter (IM) der Stasi an der Fakultät, er habe den Boden unter den Füßen verloren. Aber Klenner schrieb auch, erlöst vom Druck des Stalinismus, zwei Aufsätze, für die er zwar bald in Schwierigkeiten kam,[76] aber in denen das neue Gefühl der Erleichterung und »intellektuellen Befreiung«[77] durchscheint, das nach dem Stoß des Diktators von seinem Sockel alle Mitglieder der Juristischen Fakultät der HUB empfunden haben müssen.

Uwe-Jens Heuer erzählt in seiner Autobiografie von »aufbrausenden Diskussionen« unter den Kollegen nach dem XX. Parteitag. »Es war nun offenbar möglich, unterschiedliche Ansichten zu vertreten.«[78] Schon im März 1956 versuchte die SED zwar auf der 3. Parteikonferenz, die DDR gegen das Tauwetter in der Sowjetunion abzuschotten, aber sein Einfluss wurde durch die Ereignisse in Ungarn und in Polen im Herbst 1956 eher noch verstärkt. Jedermann an der HUB hörte den RIAS und wusste, was im Ostblock los war. HUB-Jurastudenten beschwerten sich in einer Resolution, das *Neue Deutschland* informiere sie nicht über die Ereignisse in Polen. Gläubige Marxisten sahen eine neue Art von Sozialismus am Horizont aufziehen. Bernhard Graefrath unternahm mit Studenten eine Studienreise nach Jugoslawien und erzählte in der Fakultät nach seiner Rückkehr, dass dort »jeder sagen und schreiben kann, was er will, auch gegen den Sozialismus«. Die Parteileitung der HUB (die Parteileitung!) ordnete an, die Ausweiskontrolle in den Universitätsgebäuden abzuschaffen. Bei den Juristen schlug Professor Nathan vor, den obligatorischen Russischunterricht durch fakultative Russischklassen zu ersetzen. Am 22. Oktober 1956, einen Tag vor den ersten Berichten über die Unruhen in Ungarn, beschloss der Wissenschaftliche Rat der Fakultät, die vor vier Jahren im Magazin verschlossene (nunmehr »westdeutsch« genannte) juristische Fachliteratur aus dem Keller heraufzuholen und im Lesesaal den Studenten zugänglich zu machen.

Im Anschluss an die Sitzung unterhalten sich ein paar Kollegen über die Reichweite ihrer Entscheidung. Professor Alfons Steiniger fragt Uwe-Jens Heuer (noch ohne Titel), wo denn jetzt die Grenzen des Meinungsstreites liegen. »Im Strafgesetzbuch«, sagt Heuer. Sein Kollege Bernhard Graefrath (gerade promoviert) ist etwas vorsichtiger: »Und im Parteistatut.« Jetzt, wo man gerade angefangen habe, zu diskutieren, solle man nicht schon Fragen nach den Grenzen stellen, sagt Heuer.[79]

Für die Partei ging es nicht nur um westliche Literatur und Redefreiheit. Nach einem warnenden Bericht der ZK-Abteilung Wissenschaft gibt es im Herbst 1956 an ostdeutschen Universitäten vorwiegend unter Historikern, Medizinern und Juristen »vereinzelte und sehr vorsichtige« Forderungen nach »personellen Veränderungen« in der SED. »Wir brauchen einen Gomulka!«, habe Bernhard Graefrath an der Berliner Juristischen Fakultät gesagt. Ein Stasi-Bericht meldet »Feindtätigkeit an der Juristischen Fakultät« der HUB. Die ZK-Abteilung Wissenschaft hält es für »zweckmäßig«, an den Universitäten »die tägliche Verbindung mit den für unsere Bereiche verantwortlichen Genossen der Sicherheit zu gewährleisten«.

An der HUB beginnt die Parteiattacke auf die leidenschaftlichen ideologischen Diskussionen am Institut für Gesellschaftswissenschaften, die im Dezember 1958 mit langen Gefängnisstrafen für die Aufsässigsten unter den ML-Experten enden. Im Winter 1956/57 wird der Druck eines Artikels von Hermann Klenner, der für die Gültigkeit von Gesetzen auch deren Veröffentlichung verlangt, vom Zentralkomitee verhindert; der Aufsatz erscheint erst 1990, kurz vor ihrem eigenen Ende, in der Zeitschrift *Staat und Recht*. Ein zweiter post-stalinistischer Artikel Klenners, 1957 in einer Festschrift zum 40. Jahrestag der Oktoberrevolution erschienen und deutlich von Sympathien für Gewaltenteilung getragen, wird Anlass zum Beginn eines Feldzugs der Partei gegen »opportunistische und revisionistische Auffassungen« in der ostdeutschen Rechtswissenschaft und dient später als Hauptbeweisstück für die Verdammung Klenners auf der Babelsberger Konferenz.

Der anhaltende Druck der SED tut seine Wirkung. Im Sommer 1957 ist das kurze Tauwetter an der rechtswissenschaftlichen Fakultät der HUB zu Ende. In zwei Erklärungen geben die Grundorganisation und die Parteileitung des »Lehrkörpers« im Juni 1957 übereinstimmend die vielen Fehlentwicklungen der letzten Jahre zu: »keine parteimäßigen Diskussionen«, unzureichende »Verbindungen zur Praxis«, »politische Abstinenz«, »kein systematisches Studium des ML«. Zwei Dozenten, die in der Parteigruppe des Instituts für Staats- und Verwaltungsrecht der Fakultät durch ihre Reden »größten Wirrwarr« angerichtet haben, erhalten Parteiverfahren. Das Institut wird auf Anordnung des Zentralkomitees geteilt: Ein Institut für Staats- und Rechtstheorie überlebt; die Verwaltungsrechtler werden dem Institut für Zivilrecht zugeordnet, wo sie weniger gefährlich sind. Im September 1957 berichtet die ZK-Abteilung Wissenschaft an ihren Chef Kurt Hager: »Die ideologische Situation bei den Juristen hat sich verbessert und die entscheidenden ideologischen Fragen sind geklärt.« Aber es herrscht eine Art von Friedhofsstille an der Fakultät: Es gebe »kaum eine Diskussion, nur Zustimmung«. Im April 1958 folgt die berüchtigte Babelsberger Konferenz.

Die Konferenz beendete, für alle sichtbar, das Tauwetter in der Rechtswissenschaft der DDR. Aber es ging Walter Ulbricht in Babelsberg nicht nur um die Befestigung der eigenen Macht, sondern auch um Glaubensfragen. Er brauchte Macht, um in der DDR eine Art von Sozialismus zu erschaffen, für den das Wort »Utopie« zu groß und glänzend scheint, aber bei dem es trotzdem um den Wunschtraum einer besseren Gesellschaft ging: eine fast altväterlich anmutende Versorgungsgesellschaft, in der die Bürger »sicher, warm und trocken« leben würden, anders als im Kapitalismus keine Straftaten mehr zu begehen brauchten, an Selbstverwaltungsaufgaben beteiligt sein würden, und ohne klassenkämpferische Konflikte in der didaktischen und fürsorglichen Umarmung der Partei friedlich zusammenleben würden.

Die Babelsberger Konferenz sollte das Fundament für Ulbrichts Zukunftspläne legen. Die Abschaffung der Gewaltenteilung sollte das Recht zu einem nicht mehr in Frage gestellten Machtinstrument der Partei und des Staates machen. Ulbrichts verdammende Philippika in Babelsberg sollte der juristischen Elite der DDR, die ihm zu Füßen saß, ihr bisheriges »revisionistisches« und »formalistisches« (in anderen Worten »bürgerliches«) Rechtsverständnis austreiben und sie zur Entwicklung einer »sozialistischen Rechtswissenschaft« befähigen. Und diese »sozialistische Rechtswissenschaft« sollte helfen, die Grundlage für eine neue Justizverwaltung zu legen, in der »Recht« nicht mehr der Lösung antagonistischer Konflikte, sondern der Schaffung eines harmonischen gesellschaftlichen Zusammenlebens dienen würde.

Es war ein ehrgeiziges Programm. Auf einer Sekretariatssitzung am 9. Juni 1958, zwei Monate nach der Babelsberger Konferenz, erklärte Genosse Singer von der Parteileitung der HUB: »Ohne Zweifel hat man an den Universitäten allerorts begriffen, daß die Partei die Macht hat. Aber ob das richtig verstanden wird, ist dabei die Frage.« Die Frage war berechtigt. War »Macht« genug, um eine Gesellschaft umzukrempeln? Würden Anpassungsbereitschaft und Furcht ausreichen, um die ostdeutschen Juristen, mit denen die Partei in der Vergangenheit eigentlich nie zufrieden gewesen war, zu erfolgreichen Konstrukteuren einer neuen Rechtsordnung zu machen, die diese Gesellschaft zusammenhalten sollte?

Mit dem Tod des Präsidenten Wilhelm Pieck am 7. September 1960, zweieinhalb Jahre nach Babelsberg, schien die Gelegenheit gekommen, um den ersten Anlauf zu Ulbrichts neuer Gesellschaft zu wagen. Fünf Tage nach Piecks Tod wurde sein Präsidentenamt durch einen neuen kollektiven »Staatsrat« ersetzt, Vorsitzender Walter Ulbricht, der jetzt in seiner neuen

Doppelrolle als Staats- und Parteichef so viel Macht hatte, dass er sich die Schaffung einer neuen Rechtspflege zutrauen konnte. Karl Polak, eins der 16 Mitglieder des neuen Staatsrats, würde ihm zur Seite stehen. Am 4. Oktober 1960 präsentierte Ulbricht seine »Programmatische Erklärung« vor der Volkskammer, in der er die Rolle der Justiz in einer warmen und kooperativen Erziehungsgesellschaft beschrieb, in der niemand zum Gesetzesbrecher werden musste. Die Programmatische Erklärung war gekoppelt mit einer weitreichenden Amnestie für Strafgefangene mit kurzfristigen Freiheitsstrafen.

Der zweite Schritt folgte bald. Am 30. Januar 1961 führte der Staatsratsbeschluss über die weitere Entwicklung der Rechtspflege in der DDR die Unterscheidung zwischen Gesetzesbrechern ein, die nur gelegentlich gestrauchelt waren und vom Kollektiv rehabilitiert und wieder aufgenommen werden konnten, und »Feinden der Arbeiter-und-Bauern-Macht«, gegen die die Gesetze der DDR »zum Schutz der sozialistischen Gesellschaft [...] mit aller Härte« angewendet werden müssten. Dann kam der Mauerbau. Er warf Ulbrichts Pläne nicht aus der Bahn. Am 4. April 1963 folgte als dritter Schritt seiner Justizreform der Staatsratserlass »Über die grundsätzlichen Aufgaben und die Arbeitsweise der Organe der Rechtspflege«, der die Details eines von der Gesellschaft selbst verwalteten Justizsystems festlegte: Wahl der Richter durch die örtlichen Volksvertretungen, Einbeziehung der Bevölkerung in die Rechtspflege, Verhandlungen »geeigneter« Strafverfahren in Lokalterminen am Arbeitsplatz des Angeschuldigten, öffentliche Ankläger und Verteidiger, bedingte Verurteilungen, Kollektivbürgschaften in Strafverfahren etc.

Zusammen sollten die Drohungen von Babelsberg und die Versprechungen der Rechtspflegeerlasse eine neue Welt erschaffen. Sie sollten das alte abstrakte, kühle, konfliktorientierte bürgerliche Recht durch ein konkretes, harmonisches und kooperatives gesellschaftliches Recht ersetzen. Wie dieses Recht in der Praxis beschaffen sein und funktionieren sollte, war wahrscheinlich auch Ulbrichts ideologischem Berater Polak nicht sehr klar. Karl Polak bevorzugte Schwarz-Weiß-Vergleiche und Entweder-oder-Argumente. Was er verächtlich als »Handwerkelei«[80] bezeichnete, war ihm nicht wichtig. »Das war kein Jurist, der konnte keinen Rechtsfall lösen«, sagte Polaks Babelsberger Opfer und lebenslanger Kritiker Karl Bönninger einmal über ihn. Aber meine HUB-Protagonisten und ihre Kollegen in der DDR waren Juristen. In der Vergangenheit hatten sie an einer sozialistischen Weltverbesserung nicht viel Interesse gezeigt. Wie würden sie mit der Rechtspflege-Gesetzgebung zurechtkommen?

Die Abschaffung der Gewaltenteilung konnte sie nicht sonderlich erstaunen. Schon vor Babelsberg hatte es in der DDR praktisch keine Gewaltenteilung mehr gegeben. Die wenigen der noch in der ersten Verfassung der DDR von 1949 vorgesehenen Verwaltungsgerichte waren bald wieder abgeschafft worden; das Oberste Gericht hatte die Zuständigkeit der ordentlichen Gerichte für verwaltungsrechtliche Streitigkeiten verneint; und jeder wusste, dass man in der DDR weder die staatliche Verwaltung noch die Partei verklagen konnte. Es waren eher die Deutlichkeit und die Brutalität der Entmachtung ihrer Wissenschaft als die Attacke auf das Verwaltungsrecht, die in Babelsberg für die Juristen so erschreckend waren.

Aber die Forderung Ulbrichts an ostdeutsche Rechtswissenschaftler, ihren bisherigen bürgerlichen Positivismus durch eine marxistisch fundierte und argumentierende Rechtswissenschaft zu ersetzen, musste ihnen als eine Quadratur des Kreises erscheinen. Die ZK-Abteilung Wissenschaft hatte unmittelbar nach der Babelsberger Konferenz als deren wichtigstes Ergebnis bezeichnet, dass »der Dialektische Materialismus nicht länger als Spezialfach neben der Fachwissenschaft gelehrt werden kann, sondern als grundlegende Lehre alle Gebiete der Wissenschaft in der DDR durchdringen muß«. Die Forderung reichte weiter als bis in das ehemalige Verwaltungsrecht. Meine Protagonisten durften nicht mehr »fachwissenschaftlerisch« denken. Sie sollten die bürgerlichen Normen und Verfahrensweisen, mit denen sie noch immer lange arbeiten mussten, bis zu ihrer Abschaffung im Lichte des Dialektischen Materialismus neu interpretieren. Hieß es, dass sie ihren Studenten nicht mehr den Unterschied zwischen Schuldrecht und Deliktsrecht oder zwischen direktem und bedingtem Vorsatz erklären durften? Was für Konzepte und gedankliche Strukturen ließen sich an die Stelle der geordneten, präzisen, formalen, systematischen und auf Routine ausgerichteten Begriffswelt der Juristen setzen? Was für eine professionelle Sprache blieb ihnen noch? 1960 gab Hans Nathan auf einer Sitzung der neuen »Kommission für Staats- und Rechtswissenschaft« des Politbüros auch einmal zu, dass er und seine Kollegen Ulbrichts Referat in Babelsberg falsch verstanden hatten: »rein äußerlich«, als »ein Rezept« zur Ausarbeitung neuer Vorlesungen, und nicht »als ein Rezept, um mit Hilfe der Babelsberger Konferenz zunächst an uns selbst zu arbeiten«, um so die neuen Vorlesungen überhaupt entwerfen zu können. »Genossen, ich habe mir lange überlegt, wie kann man uns den Vorwurf machen, wir wollten der Parteiführung nicht folgen. Wir wollten schon; wir haben es nur nicht richtig verstanden und haben uns wohl auch nicht die genügende Mühe gegeben, es zu verstehen.« Nathans Zugeständnis klang nicht danach, als ob er von sich und seinen Kollegen viel Besserung erwartete.

Vor allem für die überzeugten Marxisten an der Fakultät musste der Auftrag zur Verschmelzung von Marxismus und Rechtswissenschaft unerfüllbar sein. Die marxistischen Klassiker hatten alles Recht als Klassenrecht verstanden, als Instrument der Ausbeutung, als notwendig ungerecht, weil selbst gleiches Recht für alle den sehr unterschiedlichen Bedürfnissen der Menschen nicht gerecht werden konnte, und waren überzeugt davon, dass Staat und Recht absterben müssten, bevor man im Kommunismus vom Reich der Notwendigkeit ins Reich der Freiheit gelangen würde. In der Sowjetunion beschrieb der brillanteste Rechtstheoretiker des Marxismus, Jewgeni Paschukanis, in seiner *Allgemeinen Rechtslehre und Marxismus* von 1924 (deutsch 1929) alles Recht als notwendiges Instrument zur Koordinierung gegensätzlicher Interessen auf dem Markt und damit als eine essenziell bürgerliche Institution. Paschukanis stützte seine These von dem unvermeidlichen Widerspruch zwischen Recht und Sozialismus vor allem auf Marx und Lenin. Er wurde unter Stalin 1937 wegen seines »Rechtsnihilismus« liquidiert. Karl Polak und Walter Ulbricht lebten und arbeiteten damals als Flüchtlinge vor Hitler und Verehrer Stalins in der Sowjetunion.

Wie Stalin sahen beide das Recht als wichtiges Machtinstrument und Werkzeug der Partei. Die Babelsberger Konferenz sollte ostdeutschen Rechtswissenschaftlern nicht nur ihr bürgerliches Vertrauen in die Gewaltenteilung austreiben, sondern auch ihren marxistischen Flirt mit jedem »Rechtsnihilismus«. Paschukanis blieb bis zum Ende in der DDR non grata. Hermann Klenner kam im Tauwetter wegen eines Paschukanis-Zitats in Schwierigkeiten. Noch 1981 scheiterte ein Plan von Karl Mollnau und Karl-Heinz Schöneburg (inzwischen beide Professoren), eine deutsche Ausgabe von Paschukanis' *Allgemeiner Rechtslehre* in der DDR herauszubringen, an »Papiermangel«. Das »Absterben« von Staat und Recht in einer kommunistischen Zukunft verschwand aus der rechtswissenschaftlichen Debatte in der DDR. »Ich glaube nicht, dass noch irgendjemand ernsthaft daran geglaubt hat«, sagte der HUB-Strafrechtler Ulrich Dähn in einem Postwendegespräch mit einem westdeutschen Kollegen.[81]

Aber wenn weder die Argumente der Klassiker noch bürgerliche Argumente zur Verfügung standen – wie sollten meine Protagonisten das in der DDR gelehrte und praktizierte Recht marxistisch legitimieren? Sie sollten eine »sozialistische Rechtswissenschaft« begründen. Wo gab es so etwas? Sie sollten in ihrer Arbeit »die Gesetzmäßigkeiten der weiteren Entwicklung« deutlich machen. Welche Gesetzmäßigkeiten? Die einzige genauere Anweisung dafür (obwohl »genauer« nicht das richtige Wort ist), wie ein DDR-Rechtswissenschaftler nach Babelsberg umdenken und neu lehren sollte, finde ich in einem Aktenband des Ministeriums der Justiz von 1962, in dem auch ein Bericht über ein Symposium liegt, das in Karl-Marx-Stadt unter dem Motto stattfand: »Der Student ist kein Gefäß, das man füllen muß, sondern eine Fackel, die es zu entzünden gilt«. Der Bericht nennt keinen Namen eines Verfassers und kein Datum. Hier ist, was er zu der Aufgabe, eine marxistischen Rechtswissenschaft zu entwickeln, zu sagen hat: »Ohne inhaltliche Verarbeitung der philosophischen Erkenntnisse vom Widerspruch, vom Klassenkampf, von der erreichten politisch-moralischen Einheit des Volkes in der DDR, von der Kausalität, vom Abstrakten und Konkreten und den anderen philosophischen Kategorien führt die Lehre und das Studium unseres Rechts notwendig zum Positivismus und zur bürgerlichen Unwissenschaftlichkeit.«

Ich weiß nicht, wie und warum das glühende Statement in die Akten des Justizministeriums gelangte. Vielleicht zur Abschreckung, denn die Juristen im Ministerium dachten anders. Im selben Aktenband wie der Bericht über das Symposium in Karl-Marx-Stadt liegt auch der Entwurf eines neuen juristischen Studienprogramms, das wieder einmal »die Einheit der Ausbildung in den Grundlagen des Marxismus-Leninismus und der spezifischen juristischen Ausbildung sichern soll«. Der Staatssekretär des Justizministeriums, an seinem roten Stift erkenntlich (die Ministerin schreibt in Grün), hat neben den Vorschlag ein dickes »Wie!« an den Rand geschrieben – nicht mit einem Fragezeichen, sondern mit einem Ausrufungszeichen, das die Unmöglichkeit des Unterfangens deutlich machen soll.

Die HUB-Juristen lösen das Babelsberger Dilemma dadurch, dass sie nicht erfüllbare ideologische Aufgaben an andere weiterreichen. Als sie 1960 den Auftrag erhalten, eine »Entwicklungsvorlesung« auszuarbeiten, die über die ersten drei Semester hinweg den Studenten in einer Art sozialistischer Heilsgeschichte den unaufhaltsamen Marsch der DDR-Justiz in eine menschlichere und gerechtere Gesellschaft demonstrieren soll (eine Idee

Karl Polaks), schiebt man die Arbeit dem Oberassistenten Weiß von der Abteilung Marxismus-Leninismus zu, dessen Vorschläge auf vielen Sitzungen zwischen 1960 und 1962 von der Fakultät verrissen werden. Die Sprache bei diesen Sitzungen, in denen Fakultäts- und Parteileitung immer neue Fehler des Verfassers attackieren, benutzt marxistische Vokabeln. Aber die Sprecher klingen wie Leute, die ihren Argumenten selbst nicht trauen. Obwohl die Vorlesung bereits ab 1960 gehalten wird, reißt die Kritik nicht ab: Weiß' Entwurf sei durch »Faktologie, Positivismus und Empirismus« belastet; er habe »die Einheit von historischer und logischer Betrachtung« nicht gelöst; Theorie dürfe »nicht mit dem Ablauf der geschichtlichen Ereignisse« identifiziert werden. Aber niemand kann sagen, wie man es besser machen soll. Im Studienjahr 1962/63 ist die »Entwicklungsvorlesung« aus dem juristischen Vorlesungsprogramm verschwunden. Das Projekt ist aufgegeben worden. Auch die Gesellschaftswissenschaftler bezeichnen es am Ende als undurchführbar.

Das dritte und wichtigste Ziel Ulbrichts nach der Babelsberger Konferenz - sein Plan, gestützt auf die Gewalteneinheit, eine »sozialistische Menschengemeinschaft« zu begründen, in der beides, Staat und Recht, in der Gesellschaft aufgehoben und so zum Mittel der Selbstbestimmung des Volkes werden sollte - wurde (wie wir in der zweiten Geschichte sahen) von meinen Protagonisten an der HUB als offensichtlich »unjuristisch« und sie daher nicht betreffend beiseitegeschoben. Schlimm genug. Aber folgenreicher für Ulbrichts Pläne (und für meine Suche nach dem sozialistischen Glauben meiner Protagonisten) war die Tatsache, dass sie auch die utopischen Hoffnungen, die Ulbrichts Rechtspflegereform angetrieben hatte, nicht erkannten. Die Babelsberger Konferenz war für sie zu sehr mit Einschüchterung und Unterdrückung verbunden, um hinter ihr Hoffnungen vermuten zu lassen.

Meine Protagonisten waren nicht die Einzigen, die blind waren für Ulbrichts Streben nach einer neuen sozialistischen

Gerechtigkeit. In Westdeutschland wurden seine Pläne zur Justizreform weder vor noch nach der Wende zur Kenntnis genommen. Auf einem Post-1989er-Symposium zur Babelsberger Konferenz in Kiel spricht niemand von ihnen.[82] Aber in der DDR von 1963 wird die Rechtspflege-Gesetzgebung als »großangelegte Konzeption«[83] mit viel Fanfaren in Szene gesetzt. In mehr als 80 000 Veranstaltungen mit rund 2,5 Millionen Teilnehmern werden ostdeutsche Bürger über die Neuerungen in ihrem Justizsystem belehrt.[84] Justizministerin Hilde Benjamin reist selbst durch die Republik, um die Gerichte über ihre neue erzieherische Rolle aufzuklären. In den Akten der Kreisgerichte tauchen handgeschriebene Entwürfe für die »Zielstellung« erzieherischer Verfahren auf. Kreisrichter laden »gezielte Öffentlichkeiten« zu Zivil- und Strafverfahren ein, die aus Personen bestehen, die ihrerseits aus der Verhandlung etwas lernen sollen.

Trotz all des Brouhaha ist es nicht verwunderlich, dass die HUB-Juristen Ulbrichts Zukunftspläne gar nicht zu bemerken schienen. Ich fragte nach der Wende einmal Hermann Klenner, warum er nie etwas über Ulbrichts Rechtspflegereform geschrieben habe. »Weil ich ihr nicht glaubte«, war die Antwort. Es gab in der Rechtspflege-Gesetzgebung auch nichts, an das man glauben konnte. Ulbrichts »sozialistische Menschengemeinschaft« beschrieb eine Erziehungsdiktatur, in der Außenseiter nicht geduldet waren, Verantwortungsgefühl im Kollektiv stattfand und der ostdeutsche Bürger nicht aus eigenem Antrieb zuliefen, sondern zu der sie von der Partei zusammengetrommelt werden mussten. Der Mauerbau erleichterte das Zusammentrommeln. So konnte Ulbricht, nur einen Monat nach dem 13. August 1961, der DDR-Bevölkerung in einer Fernsehansprache am 15. September versichern, dass die Programmatische Erklärung auch nach dem Bau des »Schutzwalls« unverändert gültig sei.[85] Mehr als das: Parteiintern war man sich darüber einig, dass die Abschottung des Landes »günstigere Möglichkeiten für die Entwicklung unserer Rechtspflege« geschaffen hatte als zuvor.[86] Ulbrichts utopische »Menschengemeinschaft« musste von einer Mauer zusammengehalten werden. In ihr wehte nichts von dem Wind der Freiheit und Selbstverwirklichung, der für diejenigen unter den HUB-Juristen, die sich noch als Marxisten definierten, die Utopie der Klassiker so hoffnungsvoll erscheinen ließ.

Die kognitive Dissonanz zwischen Ulbricht und den DDR-Rechtswissenschaftlern führte manchmal zu Skandalen. Hier ist ein Beispiel: Am 21. Dezember 1961 findet im DDR-Justizministerium eine gemeinsame Sitzung der StGB-Grundkommission mit namhaften Strafrechtlern statt. Justizministerin Hilde Benjamin ist auch dabei. John Lekschas (gerade von der Universität Halle an die HUB gekommen) und Joachim Renneberg (DASR) halten gemeinsam ein Referat über die Ursachen der Kriminalität in der DDR. Es ist ein beliebtes Thema unter sozialistischen Strafrechtlern, und die Referenten geben die Standardantwort: Die in der DDR noch begangenen Straftaten sind eine Folge des Klassenkampfes und seiner Relikte wie Egoismus, Individualismus, Gesellschaftsblindheit oder Feindschaft gegenüber dem Sozialismus. Keiner der Zuhörer sieht irgendetwas Unbotmäßiges in dieser wohlbekannten These. So bleiben auf der Sitzung »die falschen Auffassungen der Genossen Lekschas und Renneberg unwidersprochen«, und der Vortrag wird im Februarheft 1962 der *Neuen Justiz* veröffentlicht.

Aber dann bricht ein Sturm der Parteikritik über den Referenten aus. Was hatten sie falsch gemacht? Sie hatten nicht beachtet, dass seit dem Staatsratsbeschluss vom Januar 1961 in der »sozialistischen Menschengemeinschaft« der DDR niemand mehr zum Verbrecher werden musste und dass das DDR-Strafrecht daher zwischen »antagonistischen Straftaten« von Klassenfeinden und »nicht antagonistischen Straftaten« von DDR-Bürgern, die nur gestrauchelt und eben nicht Feinde des Sozialismus waren, zu unterscheiden hatte. In anderen Worten: Lekschas und Renneberg hatten Ulbrichts Utopie von der »sozialistischen Menschengemeinschaft« nicht ernst genommen. Mit der

Behauptung vom Klassenkampfcharakter aller Straftaten in der DDR hatten sie die schon erreichten qualitativen Veränderungen der DDR-Gesellschaft geleugnet und damit »Zweifel an der von der Partei verfolgten Linie« bekundet. Und dass eine Gruppe von Elitevertretern der ostdeutschen Strafrechtswissenschaft bei ihrer Sitzung im Dezember 1961 gar nicht gemerkt hatte, dass der Lekschas/Renneberg'sche Vortrag Walter Ulbrichts Pläne für die Vergesellschaftung der ostdeutschen Justiz so sträflich außer Acht ließ, zeigte, dass auch sie von der Rechtspflege-Gesetzgebung kaum Notiz genommen hatten. Sie hatten alle wie Juristen reagiert, nicht wie Genossen. Genau das gibt John Lekschas in einem demütigenden Schuldbekenntnis auf einer Sitzung des Wissenschaftlichen Beirats des Staatssekretariats für Hoch- und Fachschulwesen, dem er am 19. Juli 1962 wegen seiner Verfehlung zur Rede stehen muss (und dessen Vorsitzender er übrigens ist), auch zu: Er habe die Parteibeschlüsse nur oberflächlich studiert und sie »nicht als Ergebnis einer hohen theoretischen Leistung, sondern als ›Tagespolitik‹ betrachtet«. Und Joachim Renneberg, auf derselben Sitzung: »Wir haben den ganzen Inhalt und die Tiefe des Auftrags nicht begriffen.«

Ich nehme an, dass alle im Raum wussten, dass John Lekschas und sein Kollege Joachim Renneberg mit ihrem Mea-culpa gelogen hatten. Ein Lekschas-Schüler beschrieb seinen Lehrer nach der Wende als »schlitzohrig« und besonders talentiert dafür, mit schwierigen Parteifunktionären umzugehen: »Es ist erstaunlich, was er denen alles verkaufen konnte.«[87] Auch die anderen Teilnehmer an der Sitzung werden Ulbrichts Rechtspflegepolitik kaum als »hohe theoretische Leistung« betrachtet haben. Niemand hegte utopische Hoffnungen für sie. Ulbrichts Reformpläne waren das Produkt eines machtbesessenen Landesvaters, der wie manche andere Väter auch für seine Landeskinder das Beste wollte, solange sie bereit waren, das zu tun, was er für das Beste hielt. Alle verstanden, dass John Lekschas' und Joachim Rennebergs Lügen das Bußgeld waren, das sie zahlen mussten, um in den Schoß der Partei zurückzukehren. Wahrscheinlich hatten die meisten anderen Mitarbeiter des Wissenschaftlichen Beirats in ihrem eigenen Leben ähnliche große oder kleine Lügen benutzt, um politische Fehltritte wiedergutzumachen.

Der Druck der Parteibefehle und die Lügen, die nötig waren, um Dissonanzen mit der Partei wieder auszubügeln, forderten einen hohen Preis. Sie machten es ostdeutschen Rechtswissenschaftlern in den Jahren nach Babelsberg schwer, nachdenkliche und gute Arbeit zu tun. Am sichersten war es, nichts zu schreiben, weil – so in einer dünnen Akte zur »Einschätzung« der Zeitschrift *Staat und Recht* – »die nichts geschrieben haben, eher unter dem Regen durchkommen«. Die Parteileitung der HUB-Juristen wusste sehr wohl, dass es der Zwang zur Linientreue war, der den intellektuellen Ehrgeiz und den Diskurs unter den Kollegen erlahmen ließ.

Auf einer Sitzung im August 1959 besprechen die Genossen die Probleme. »Schweigen ist nicht nur ein Zeichen von Unkenntnis, sondern von nicht einverstanden sein«, sagt jemand. »Neben den ›Schweigern‹ sind es die ›Zustimmer‹, die [...] gefährlich sind«, sagt Johannes Gerats. »Die entscheidende Frage bei der Kaderentwicklung ist das Mitdenken und Weiterentwickeln.« In welche Richtung? Ein Stasi-IM berichtet, dass Günter Rohde (später Professor an der HUB, damals noch Aspirant) seine Meinungsschwierigkeiten so beschrieben habe: »Ich hatte früher mal linke Abweichungen [es klingt wie eine Krankheit]. Jetzt habe ich Angst, vielleicht nach rechts auszuschlagen, so halte ich mich mit meinem politischen Urteil zurück, da ich nicht weiß, ob ich richtig denke.« Der junge Mann (damals noch keine 30) wird nicht nur für die Nachwuchskader gesprochen haben.

Vor allem Dekan Hans Nathan, der unverstellt bürgerlichste unter den Genossen, auch der am meisten respektierte und der am wenigsten um Anpassung bemühte, muss von der Sprachlosigkeit seiner Fakultät beschämt gewesen sein. Im November 1960 hält er zur 150-Jahr-Feier der HUB einen Vortrag über die Geschichte der Juristischen Fakultät, in dem er auch die großen Berliner Juristen aus dem 19. und 20. Jahrhundert, allen voran Savigny, die ihnen gebührende Rolle spielen lässt.[88] Vielleicht ermutigt durch die Euphorie des Jubiläums und durch den Anklang, den der Vortrag fand, spricht Nathan einen Monat später auf einem Treffen mit dem Leiter der ZK-Abteilung Wissenschaft Johannes Hörnig über die intellektuelle Unsicherheit der HUB- Juristen.

Auch die Abteilung Wissenschaft war mit der Ängstlichkeit und Passivität ihrer Juraprofessoren unzufrieden. Vielleicht versuchte Nathan in der Unterhaltung, die Schwierigkeit seiner Kollegen zu erklären, mit dem in der DDR vielfach noch geltenden bürgerlichen Recht arbeiten zu müssen und damit ständig in Gefahr zu sein, sich dem Vorwurf des Revisionismus auszusetzen. Auf jeden Fall beklagt er, dass das Verhältnis der DDR »zu den großen Leistungen der bürgerlichen Wissenschaft sektiererische Züge trage«. Zur Erklärung: »Sektiererisch« stand in diesen Jahren für exaltierte Linksabweichungen des Marxismus, »dogmatisch« für verknöcherte Rechtsabweichungen, »revisionistisch« für bürgerlich-reaktionäre Zurückgebliebenheit, und alle wussten, wie schwer es war, in diesem Minenfeld der Irrtümer den neuen sozialistischen Anforderungen von Ulbrichts Programmatischer Erklärung gerecht werden.

Karl-Heinz Schöneburg (Forst-Zinna-Absolvent und Staatsrechtler an der DASR), auch anwesend bei der Unterhaltung, widersprich Nathans Verteidigung der bürgerlichen Tradition: Es sei »unwissenschaftlich«, Leistungen des nicht-marxistischen Staatsdenkens trotz ihres Klassencharakters auf eine sozialistische Gesellschaft übertragen zu wollen. Darauf Johannes Hörnig (bis zur Wende Leiter der Abteilung Wissenschaft): Nein. Der Sozialismus könne von »allen bedeutenden Köpfen der deutschen Wissenschaft, die wir irgendwie brauchen können«, etwas lernen. Hörnig (von Haus aus gelernter Schlosser) wird mit seiner Antwort keine bestimmten juristischen Vorstellungen verbunden haben. Aber Hans Nathan muss an die Begrifflichkeit und Systematik des bürgerlichen Rechts gedacht haben, die die Verschwommenheit des DDR-Rechtsdenkens präzisieren und disziplinieren könnten. Jedenfalls regt Hörnig die Bildung einer Arbeitsgruppe zur Ausarbeitung eines Papiers über die staats- und rechtswissenschaftlichen Traditionen an, die von Nathan gebildet und geleitet werden soll und zu deren zehn Mitgliedern *(there is safety in numbers)* auch der vor kurzem aus seiner Verbannung im Oderbruch zurückgekehrte Hermann Klenner gehört. Die Gruppe arbeitet im Sommer 1961 nach den Entwürfen von Schöneburg und Klenner 14 Thesen aus, die mit Billigung des ZK und einem kritischen, aber diskussionsbereiten Vorwort der Redaktion im Maiheft 1962 von *Staat und Recht* veröffentlicht werden.

Der Plan, bürgerliches Rechtsdenken zu einem offen akzeptierten Objekt der juristischen Debatte zu machen, war ein Wolkenkuckucksheim-Projekt, das nicht gelingen konnte. Die Thesen durften nicht sagen, was der DDR-Rechtswissenschaft wirklich fehlte: eine robuste Rede- und Forschungsfreiheit, in der kein Argument, bürgerlich oder nicht, schon wegen seiner ideologischen Provenienz tabu war. Sie beschrieben kein spezifisches bürgerliches Rechtsinstitut, keine Methode, kein Verfahren als auch im Sozialismus bewahrenswert, sondern verteidigten nur in weitschweifenden Allgemeinplätzen »alle progressiven Erkenntnisse der Menschheit«. Der einzige klare Hinweis auf etwas, das DDR-Juristen vom Westen lernen könnten – »konkrete Tatsachenforschung« –, bezog sich nicht auf das bürgerliche »Erbe«, sondern auf neue westdeutsche Forschungsrichtungen und wurde bereits im nächsten Halbsatz der »Thesen« wieder in Frage gestellt. Die Forderungen der Autoren waren viel zu vage und ihre Ziele viel zu sorgfältig versteckt, um irgendeinem ostdeutschen Rechtswissenschaftler neuen schöpferischen Mut zu machen.

Aber sie waren immer noch »revisionistisch« genug, um heftigen politischen Anstoß zu erregen. Der Vorschlag der »Erbethesen«, Einsichten berühmter Juristen der Vergangenheit, von Klasseneinflüssen gereinigt, wie nützliche Werkzeuge an spätere Generationen weiterzugeben, abstrahierte Recht vom Staat und damit von der Geschichte des Klassenkampfes. Die Thesen beruhten auf der in Babelsberg verdammten Überzeugung von einer »Spezifik« des Rechts, das, unabhängig vom Staat, seinen eigenen internen Regeln folgt. Sie leugneten die von Ulbricht postulierte Einheit von Recht und Staat und damit die oberste Verpflichtung von Rechtswissenschaftlern, Parteibeschlüsse durchzusetzen. Hans Nathan (wie hatte seine Kollegin Grandke ihn beschrieben: als »durch und durch bürgerlich«?) blieb noch eine Weile optimistisch. Zwar seien ihm die Einwände gegen die Thesen »geradezu unverständlich«. Aber es sei »nur gut, über sie zu diskutieren«, schrieb er am 2. Juni 1962, noch hoffnungsvoll, an Karl-Heinz Schöneburg. Aber zu einer wirklich offenen Diskussion unter den DDR-Juristen kam es nicht. Die Thesen waren zu brisant, um die Art von Debatten in Gang zu bringen, die nach den Plänen von Hans Nathan und Johannes Hörnig die ostdeutsche Rechtswissenschaft neu beleben sollten.

Stattdessen wurde der »Erbestreit« zu einer Auseinandersetzung zwischen der ZK-Abteilung Wissenschaft (die ihre Wissenschaftler öfters in Schutz nahm) und der Abteilung Staats- und Rechtsfragen (die unter ihrem Leiter Klaus Sorgenicht vor allem auf Parteikontrolle hielt). An der HUB verursachte die Veröffentlichung in *Staat und Recht* zwar, so ein Stasi-Bericht, »große Aufregung« unter den Genossen. Aber man war auch der Meinung, dass die Thesen »politisch untragbar« seien. Schon im Juni 1962 beauftragte der Wissenschaftliche Rat der Fakultät drei jüngere, ungeniertere Genossen, die schon bei der Verdammung Klenners nach der Babelsberger Konferenz mitgeholfen hatten, sich in einem Aufsatz kritisch mit ihnen auseinanderzusetzen. In den Mitgliederversammlungen der Genossen Dozenten wurde über die »Erbethesen« nicht gesprochen. Offene Kritik und Meckern, so wieder ein Stasi-Bericht, fanden nur »im Gang und in Pausengesprächen« statt. Ich habe den Eindruck, dass meine Protagonisten der Konfrontation der zwei ZK-Abteilungen mit der ängstlichen Spannung von Zuschauern bei einem Boxkampf zusahen. Wer von den beiden Kombattanten würde gewinnen?

Die Abteilung Staats- und Rechtsfragen gewann. Der politische Zeitgeist war auf ihrer Seite. Ein unsigniertes Papier der Abteilung vom Sommer 1962 nannte die Thesen »ausgesprochen revisionistisch« und warf ihnen vor, »den Klassenkampf zu negieren und im Ergebnis der ideologischen Koexistenz das Wort zu reden«. Bald rückte auch die Abteilung Wissenschaft von ihrem Schützling Nathan ab: Er sei in »evolutionistischen und zum Teil idealistischen« Vorstellungen über »nationale Traditionen« befangen. Im Dezember 1962 nannte Karl-Heinz Schöneburg (zwar Nathans Mitautor, aber auch Professor an der DASR in Babelsberg und damit Klaus Sorgenicht und der von der Akademie herausgegebenen Zeitschrift *Staat und Recht* verpflichtet) die Thesen »wissenschaftlich unhaltbar«. Sorgenicht selbst forderte schon im Juli 1962 in einem Brief an Genossen Plenikowski vom Ministerrat, dass *Staat und Recht* für die Veröffentlichung der Thesen eine Strafe brauche: »Die Zeitung muß erst einmal ihre Mängel beseitigen und beginnen, eine richtige Arbeit zu tun.« So wurde den Herausgebern das Geld für eine geplante Arbeitskonferenz zum zehnjährigen Bestehen ihrer Zeitschrift gestrichen. Sie versprachen (jetzt unter der Leitung von Karl-Heinz Schöneburg), man werde in Zukunft »den Meinungsstreit nicht mehr dem Selbstlauf überlassen«.

Der »Erbestreit« fand im Sommer 1962 statt, in dem Sommer, in dem John Lekschas von der HUB und Joachim Renneberg von der DASR wegen ihrer Missachtung für Ulbrichts Rechtspflegeutopie in Schwierigkeiten gerieten. Bei den Juristen an der HUB muss in diesen Monaten ein Gefühl des Belagerungszustandes geherrscht haben. Ihr wissenschaftlicher Spielraum wurde immer enger. Auch innerhalb der Fakultät war umstritten, wie weit man gehen durfte. Das wird im Protokoll einer Ratstagung vom

20. Juni 1962 sichtbar, auf der ebendiese Frage diskutiert wird. Über dem Protokoll steht handschriftlich das Wort »Entwurf«, und es mag nur durch ein Versehen in die Akten geraten sein. Das »Erbethema« (vielleicht zu explosiv im Juni 1962) wird mit keinem Wort erwähnt. Auch so zeigt das Dokument, wie sehr der Druck von außen eine Gruppe auch innerlich beschädigen kann.

Es geht, unter anderem, um den Meinungsstreit an der Fakultät. Uwe-Jens Heuer, jung, energisch und als Wirtschaftsrechtler nicht so betroffen von den augenblicklichen Skandalen, beklagt sich darüber, dass seine Aufsätze nicht von *Staat und Recht* veröffentlicht werden. Er will, dass er auch außerhalb der HUB gehört wird. John Lekschas, gerade gebranntes Kind, erklärt, es gehe doch darum, »daß der Meinungsstreit in der Fakultät selbst entwickelt« wird. Hans Nathan widerspricht: Der Meinungsstreit müsse »an die Öffentlichkeit dringen. Wenn man das verhindert, wird den Verfassern von Publikationen der Mut genommen.« Dr. Schröder, einer von den Jungen: »Es gibt Dinge, die man nicht mehr diskutieren sollte. Wer die Konzeption von Babelsberg angreift, greift die Partei an. Wir müssen das diskutieren, was die Partei uns zeigt.« John Lekschas: »Dennoch müssen wir uns eine eigene Meinung bilden.«

Eine wissenschaftliche Meinung im Verborgenen und ohne Echo in der Außenwelt? Ich kann mir nicht vorstellen, dass ein so fähiger und stolzer Mann wie John Lekschas von der intellektuellen Enge an der Fakultät nicht bedrückt war. Bernhard Graefrath jedenfalls war es. 1956, im Tauwetter, hatte er noch begeistert von seinen Eindrücken in Jugoslawien erzählt, wo jeder seine Meinung sagen dürfe, auch wenn sie der Parteilinie zuwiderlief. Jetzt, 1963 und nunmehr Dekan, der eine aussichtslose Diskussion seiner Fakultät über Ungarn und Polen abbrechen möchte, wird er zornig, als alle weiterreden. »Nun, worüber wollt ihr denn eigentlich diskutieren, was gibt es hier zu diskutieren, es gibt nichts zu diskutieren!«, schreit er (nach einem »operativen«

Bericht des MfS) seine Kollegen an. Zu dieser Zeit ist in der Fakultät die Rede davon, dass »die Rechtswissenschaft bald keinen Gegenstand mehr haben werde«.

So gibt es wirklich nichts Theoretisches zu diskutieren, das nicht zu Ärger und Unannehmlichkeiten führen würde. Der kritische wissenschaftliche Diskurs unter den HUB-Juristen (jedenfalls soweit es aus den Akten ersichtlich ist) verstummt. Wer über etwas schreibt, das die Justizpolitik der SED berühren könnte, beschränkt sich auf vage, banale und unumstrittene Aussagen. Auf Konferenzen wird Wohlbekanntes und Parteikonformes wiederholt. Eine »wissenschaftliche Tagung« der HUB-Juristen im Frühling 1962 wird von einem internen Stasi-Informanten so beschrieben: »Ohne wissenschaftlichen Wert. 50 Personen verließen vorzeitig den Saal.« Im Januar 1966 schreibt Dekan Graefrath in seinem Jahresbericht über den »Stand der wissenschaftlichen Arbeit 1965«: »Es gibt eigentlich keine zielgerichtete theoretisch-ideologische Arbeit [an der Fakultät], die auf die Weiterentwicklung der Rechtswissenschaft in der DDR von Einfluß wäre.«

Auch die Partei wusste, dass ostdeutsche Rechtswissenschaftler (wenn sie nicht rechts- oder linksabweichlerische Fehler machten) vorwiegend langweilige und politisch lahme Arbeit taten. Der III. Hochschulreform von 1968, die die alte Kollegialverfassung der Fakultäten durch eine strikt hierarchische Machtstruktur ersetzte, gelang es trotz »massenpolitischer Arbeit« zu ihrer Propagierung nicht, dem wissenschaftlichen Diskurs an der Juristischen Fakultät der HUB neues Leben einzuhauchen. Meine Protagonisten hielten sich lieber an das, was sie selbst als ihre Arbeit ansahen: unterrichteten ihre Studenten, schrieben die Lehrbücher, die ihnen aufgegeben waren (in den 1960er Jahren vor allem auf relativ unpolitischen und technischen Gebieten wie Familienrecht, Erfinderrecht und Urheberrecht), produzieren Aufsätze, juristische Broschüren für den Hausgebrauch und politische Pamphlete aller Art, und verbrachten mehr Zeit, als ihnen lieb war, mit der Unterstützung der Gesetzgebungsarbeit des Justizministeriums.

Manchmal – vor allem bei der sehr lange dauernden Arbeit am Entwurf des neuen sozialistischen Zivilgesetzbuchs für die DDR – kam es zwar auch zu Debatten, die (so zwei HUB-Professoren nach der Wende) »teilweise mit verletzender Schärfe geführt« wurden.[89] Aber der Ausgang dieser Debatten wurde nicht von den Argumenten der Beteiligten, sondern von der Partei bestimmt. Die Auseinandersetzungen fanden nicht auf einem ebenen Spielfeld statt. Ihre Schärfe war »verletzend«, nicht, weil meine Protagonisten robuste Diskussionen liebten, sondern weil es die Karriere eines Autors tatsächlich beschädigen konnte, auf der falschen Seite eines Problems zu argumentieren. Für die Beteiligten galten unterschiedliche Spielregeln. Ernsthafte Kritiker der Parteivorschläge sagten am besten gar nichts oder setzten sich Maßregelungen von oben aus. Vorsichtige Kommentatoren schrieben in ihrer »Code-Sprache für Eingeweihte«, die Gleichgesinnten klarmachte, was sie dachten, aber die die Partei nicht wahrnahm und die sie daher auch nicht erzürnen konnte. Linientreue Genossen enthüllten die Fehler der Abweichler mit ungezügelter Kritik. Die »Debatte« selbst folgte dem Hin und Her der Parteibeschlüsse. Die 23-jährige Geschichte der Arbeiten am ZGB zum Beispiel wurde immer wieder durch politische Sinnesänderungen der SED (oder der sowjetischen Freunde) in neue Richtungen gelenkt, denen sich alle Teilnehmer an der Debatte anpassen mussten.

Ähnliche Beschränkungen galten für den wissenschaftlichen Austausch unter Kollegen. 1966 beschließt die Fakultät einen »Plan für ideologische Diskussionen« zur Belebung des gemeinschaftlichen Arbeitslebens. Aber derartige Veranstaltungen führen nur selten zu etwas, das wie eine richtige Auseinandersetzung mit Rede und Gegenrede aussieht. Im Mai 1967 gibt es bei einer Ratssitzung über »die Bedeutung des sozialistischen Rechts als Teilsystem im Gesamtsystem der sozialistischen Gesellschaft« zehn Kurzbeiträge verschiedener Institute, aber keine Debatte. Was von den Referaten einzelner Kollegen in den Sitzungsprotokollen festgehalten ist, klingt oft so verschwommen und schablonenhaft, dass ich hinter der Undeutlichkeit Absicht vermute. Karl Mollnau zum Beispiel (mehr zum Widerspruch bereit als viele andere Kollegen) sagt im Juni 1966 in einem Vortrag über das »Wesen des sozialistischen Rechts«: »Zwischen dem sozialistischen Staat und dem sozialistischen Recht besteht eine wesensmäßige Einheit.« Und: »Parteibeschlüsse machen die objektiven Erfordernisse der gesellschaftlichen Entwicklung bewußt.« In der Übersetzung heißt das, was Karl Mollnau, vermute ich, lieber nicht geradezu sagen wollte: dass die Partei nicht Unrecht haben kann. Zwar sagt er am Ende seiner Ausführungen auch, und diesmal mit Nachdruck: »Merken Sie sich dabei aber, daß Parteibeschlüsse selbst keine Rechtsnormen enthalten.« Für diesen Schlusssatz wird er Mut gebraucht haben. Aber was ist das für eine Wissenschaft, in der man für derartige Sätze mutig sein muss?

Aus den Akten wird deutlich, dass die Partei nicht an Meinungsvielfalt, sondern an Meinungseinheit interessiert ist. Im Mai 1966 erklärt Klaus Sorgenicht auf einer Sitzung an der DASR: »Genossen, wir sind ja gar nicht dagegen, daß ihr euch mit der Westliteratur beschäftigt, aber die Frage ist doch, zu welchem Zweck [...]. Nur derjenige [soll] die Materialien bekommen, der den Auftrag hat, dagegen Stellung zu nehmen, sonst niemand.« 1968 verteidigt Justizminister Kurt Wünsche die Entscheidung der Partei, Hermann Klenners und Karl Mollnaus Lehrbuch *Rechtstheorie des Sozialismus* nicht zu veröffentlichen (und Klenners neue »Arbeitsstelle« an der Akademie der Wissenschaften zu schließen): »Lehrbücher, die [...] absolut gesicherte marxistisch-leninistische Grunderkenntnisse in Frage stellen, brauchen wir nicht.« Und zu dem Einwand, dass durch die Zurückweisung derartiger falscher Ansichten »wertvolle schöpferische Potenzen unfruchtbar werden könnten«: »Ganz im Gegenteil.« Das Ziel der Entscheidung sei, »vor Irrtum und damit unfruchtbarem Verschleiß zu bewahren«.

So weit der Spielraum für den wissenschaftlichen Diskurs unter den HUB-Juristen in den letzten Ulbricht-Jahren. Was folgt für ihre politischen und wissenschaftlichen Überzeugungen? Ihre Vorsicht beim Verfassen wissenschaftlicher Texte zeigt, dass meine Protagonisten sich der Beschränkung ihrer Meinungsfreiheit sehr wohl bewusst waren. Die Babelsberger Konferenz war zu brutal gewesen, um ihnen Vertrauen in die Leitung ihrer Wissenschaft durch die Partei einzuflößen; sie lernten allenfalls Gehorsam; keinen Glauben. Die Beschäftigung der HUB-Juristen mit dem Marxismus-Leninismus, die in den Anfangsjahren der DDR oft noch von gutem Willen und Wissensdurst getrieben schien und die nach Babelsberg auf Druck von oben an der Fakultät erneut in Angriff genommen wurde, war von zu vielen Tabus umstellt und zu sehr von der Partei gesteuert, um die intellektuelle Neugier der Berliner am Leben zu erhalten. »Wir können uns nicht auf die Initiative der Genossen Wissenschaftler verlassen«, heißt es schon 1959 in einem Brief des Staatssekretariats für Hoch- und Fachschulwesen über die Organisierung des ML-Unterrichts. »Wir müssen aus den Zufälligkeiten herauskommen.« Bei Seminaren für ein »systematisches Klassikerstudium« unter den Kollegen gab es »Anwesenheitslisten«, um zu kontrollieren, wer vielleicht schwänzte. 1962 gab die Fakultät die »Theorievorlesung« der HUB-Juristen an die Deutsche Akademie für Staats- und Rechtswissenschaft in Babelsberg ab; »man könne das nicht selber machen«. Vor allem konnten die HUB-Juristen nicht den dialektischen Materialismus mit ihrer juristischen Begrifflichkeit zu einer Denkweise verschmelzen, die der Partei zu Diensten gewesen wäre. Auch in den Honecker-Jahren, als die SED noch immer auf die marxistische Legitimierung von Parteibeschlüssen drängte, mussten selbst treue Diener der Partei die Erfolglosigkeit ihrer Bemühungen eingestehen. »Wir finden die theoretische Klammer nicht«, sagte ein Kollege auf einer Besprechung 1977. »Wir kriegen die Dialektik vom Allgemeinen und Konkreten noch nicht hin«, sagte Professor Erich Buchholz. Niemand kriegt sie bei den Juristen hin.

Manchmal finde ich den Vorwurf gegen die HUB-Juristen in den Akten, dass sie sich über ihre eigenen politischen Überzeugungen Illusionen machten. Vielleicht »glauben [sie], auf dem Boden des DiaMat zu stehen«, aber müssen erst einmal lernen, »wie tief sie im Rechtsformalismus steckten«, heißt es 1960 in einem Bericht der ZK-Abteilung Wissenschaft. Hans Nathan, der in seinen Tagen als Busfahrer in Manchester den Kommunismus vielleicht wirklich lieben gelernt hat, gibt das auch zu. Er sei »alt«, sagt er 1960 (er ist 60), und »zurückgeblieben«. »Jetzt, wo es sich darum handelt, das sozialistische Recht zu schaffen, kommen wir nicht mit.«

Manchmal entdecke ich allerdings in sonst völlig parteikonformen Schriften Passagen, die Ulbrichts Sozialismus weit vorauszueilen scheinen und mich vermuten lassen, dass manche HUB-Juristen, trotz der Enge ihrer wissenschaftlichen Gegenwart, immer noch an eine unbegrenzte Zukunft glaubten. In einem fast absurd parteitreuen Aufsatz von John Lekschas (dem »Schlitzohr«) über das Jurastudium an der HUB vom November 1968, zum Beispiel, steht ein Satz, der ehrlich klingt – nicht als Beschreibung einer reglementierten Gegenwart, sondern als Zukunftsvision. Lekschas schreibt von »der revolutionären marxistischen Dialektik, die keinen Stillstand, keine Ruhepause, keinen Selbstlauf, keine Passivität oder Inaktivität, kein apolitisches Beiseitestehen oder Zuschauen kennt«,[90] und man spürt intellektuelles Feuer in den Worten. In der ČSSR war zu dieser Zeit gerade der Prager Frühling niedergeschlagen worden. Aber auch der sowjetische Einmarsch in Prag wird nicht den Zukunftsglauben aller HUB-Juristen ausgelöscht haben. Ich denke, 1968 glimmte es noch unter der Asche.

Aber im Alltag der Parteibeschlüsse war in den 1960er Jahren an der Fakultät von Engagement nicht viel zu spüren. Sie wurden im besten Fall routinemäßig ausgeführt: »sofort«, »formal« und »fachbezogen«, aber ohne innere »Aneignung« der dahinterstehenden Ziele. Ulbrichts Utopie einer »sozialistischen Menschengemeinschaft« schien den HUB-Juristen noch weniger überzeugend, wenn es darum ging, sich auch in ihrem täglichen Arbeitsleben mit Angehörigen anderer Lebensbereiche zu verbrüdern. Schon bald nach der Babelsberger Konferenz von 1958 gab es zum Beispiel Bemühungen an ostdeutschen Universitäten, sozialistische Solidarität dadurch zu beweisen, dass man das akademische Schreibtischleben mit einem volksnäheren, praktischeren, gesünderen Arbeitsleben verband, in dem sich auch ein Professor gelegentlich mit körperlicher Arbeit die Hände schmutzig machte. Anfang 1959 schloss die Humboldt-Universität einen Patenschaftsvertrag mit dem Kreis Seelow (rund 70 Kilometer von Berlin entfernt), der Wissenschaftler und Landleute voneinander lernen lassen sollte. Weil ich Berichte über das Projekt nur in Akten aus dem Jahre 1959 finde, nehme ich an, dass es sich nicht lange am Leben hielt. Ein »praktischer Tag«, den HUB-Studenten in Seelow verbringen sollten, hatte nicht viel Sinn, weil sie vier bis sechs Busstunden brauchten, um dorthin zu kommen. Arbeitseinsätze von drei zusammenhängenden Tagen, die die Studenten halb mit körperlicher Arbeit und halb mit politischer Arbeit verbringen sollten – zum Beispiel damit, Diskussionen im Dorf über »Offenställe« zu organisieren (eine neue Idee Chruschtschows) oder Landfrauen zum Eintritt in die LPG zu bewegen –, schienen auch die Bürger von Seelow zu verärgern. Die Berliner Professoren vermuteten, dass »ihre Studenten in Seelow im Urlaub sind«; die Kreisleitung der HUB beschuldigte die Juristische Fakultät, »keine ernsthafte Orientierung auf das Projekt« zustande zu bringen. Was aus dem Plan meiner Protagonisten wurde, eine einjährige wissenschaftliche Kollektivarbeit über »staats- und rechtswissenschaftliche Fragen des sozialistischen Dorfes« mit den Studenten zu unternehmen, kann ich nicht sagen. Auch über die körperliche Arbeit der Professoren selbst (bis auf vereinzelte Einsätze von Nachwuchskadern bei den »Erntesommern«) finde ich nichts in den Akten. Über »Pausengymnastik«, auch eine Post-Babelsberger Neuerung, stolperte ich bei meiner Archivarbeit nur einmal – sie wird noch seltener stattgefunden haben. »Was sollen wir denn noch alles tun?«, hieß es bei den Juristen. An Walter Ulbrichts »sozialistischer Menschengemeinschaft« hatten sie kein Interesse.

Mit Erich Honeckers Machtübernahme im Mai 1971 verloren Glaubensfragen für ostdeutsche Rechtswissenschaftler an Bedeutung. Honeckers »Einheit von Wirtschaftspolitik und Sozialpolitik« verlangte nicht mehr innere Anteilnahme und ideologischen Eifer bei der Befolgung von Parteibeschlüssen, sondern gab sich mit ihrer gehorsamen Ausführung zufrieden. Ulbrichts menschenverbessernde Utopien fielen zunehmend in Vergessenheit. Worte wie »Revisionismus« oder »Dogmatismus« wurden immer weniger gebraucht. 1973, nach Ulbrichts Tod, verlor die Babelsberger Akademie ihren Beinamen »Walter Ulbricht«. Niemand nahm 1975 Anstoß daran, als das endlich fertiggestellte neue Zivilgesetzbuch der DDR in § 78 (Wegfall der Geschäftsgrundlage) oder § 92 (positive Vertragsverletzung) auch Rechtsfiguren enthielt, die aus dem »bürgerlichen Erbe« der Rechtsprechung des Reichsgerichts stammten. 1976 wurden Ulbrichts »Zehn Gebote der sozialistischen Moral« aus dem Parteiprogramm der SED gestrichen. Im DDR-*Lehrbuch des Staatsrechts* von 1977 findet sich im Sachregister nichts mehr zur Babelsberger Konferenz oder zu Ulbrichts Rechtspflegepolitik.

Ein ostdeutscher Rechtswissenschaftler musste sich bei seiner Themenwahl und seinen Argumenten auch unter Honecker an enge Regeln halten. Aber während unter Ulbricht vor allem die politische Linie und das ideologische Engagement eines Wissenschaftlers stimmen musste, durfte er oder sie in den Honecker-Jahren der Partei nicht offen widersprechen, ihr keine äußeren Schwierigkeiten machen und sie nicht blamieren, vor allem nicht dem Westen gegenüber. Heinz Püschel wäre 1976 wegen seiner Verteidigung von Autorenrechten gegenüber dem Verlag nicht in Verlegenheit gekommen, wenn sein Aufsatz nicht zum Anlass für einen »Hetzartikel« gegen das neue ZGB im West-Berliner *Tagesspiegel* geworden wäre. Im selben Jahr wurden 80 000 bereits gedruckte Exemplare einer neuen Textausgabe des DDR-Strafgesetzbuchs eingestampft (in einem Land, das unter chronischem Papiermangel litt!), weil zu den darin enthaltenen Nebengesetzen das nie aufgehobene »Gesetz zum Schutze des Friedens« von 1950 gehörte, das von »der Kriegspropaganda der anglo-amerikanischen Imperialisten und ihrer Helfershelfer« sprach und für das die DDR jetzt nicht mehr bekannt sein wollte. Und 1986 gelang es der Zeitschrift *Staat und Recht*, von den 8000 Heften der Dezemberausgabe 7950 Exemplare noch in der Weihnachtszeit zurückzurufen, weil auf dem Umschlag aus Versehen in einem Aufsatztitel von der »konservativen Menschenrechts-Philosophie der DDR« (anstatt »der BRD«) die Rede war. Der Honecker-Regierung ging es um praktische Erfolge und um internationale Anerkennung, nicht um Glauben.

Das befreite meine HUB-Protagonisten von der Last, ihre fachliche Arbeit gleichzeitig als ideologische Hommage an die Partei zu präsentieren. Allmählich lockerte und entspannte sich der juristische Diskurs an der Fakultät. Es war nicht leicht (und auch nicht ratsam) für die HUB-Juristen, den anerzogenen Wunsch, mit einer Arbeit politisch nicht anzuecken, abzuschütteln. Bei allem, was im Druck erschien, war Vorsicht immer noch geboten. Auch in den Honecker-Jahren war es anstrengend, von einem Fauxpas wieder »zurückzurudern«.[91] Aber bei Debatten innerhalb der Parteileitung (wo die politisch Verantwortlichen der Sektion unter sich waren) wurde »die Spanne der vertretenen Meinungen breiter: von ›es ändert sich ja sowieso nichts‹ bis zur ›konstruktiven Diskussion‹«. Der Monatsbericht der GOL Rechtswissenschaft vom November 1975 lobt, dass die Auseinandersetzungen unter den Genossen »reger und auch offener geworden sind«.

Allmählich erstreckt sich die Forderung nach mehr Offenheit und Ehrlichkeit von der Parteileitung auch auf die Fakultätssitzungen. Im März 1981 kommt es zu einer »erweiterten Dienstbesprechung« der Sektion, in der eigentlich die Idee eines Kollegen beraten werden soll, das Hauptprüfungsfach »Staatsrecht« (das die Studenten nicht besonders zu lieben scheinen) durch Arbeits- oder LPG-Recht zu ersetzen. Der Vorschlag führt zu einer scharfen Auseinandersetzung über die Rolle der Partei in Fakultätsdebatten. Gleich zu Beginn der Diskussion kritisiert Professor Wippold den Plan als »nicht parteigemäß« und eine »politische Herabsetzung« des Staatsrechts. GOL-Sekretär Professor Göhring, zur Ordnung rufend: Dieser Einwand »fördere nicht die Klärung des Problems«. Darauf Wippold: Aber Staatsrecht sei »die zentrale Disziplin« der Rechtswissenschaft. Göhring: Darum gehe es nicht. Es gehe darum, dass die »Verdächtigung einer Meinung als politisch falsch« befremden müsse. Im Laufe der leidenschaftlichen (und im Protokoll festgehaltenen!) Diskussion stellt sich heraus, dass fast alle Kollegen auf Göhrings Seite stehen. Professor Rohde: Wippolds Position »führe zu einer Lage, die keine Diskussion mehr zuläßt oder außerordentlich erschwert«. Professor Puls: Bei politischen Anschuldigungen »könne es passieren, daß diejenigen gestärkt werden, die keine Veränderungen wollen«. Dozent Petersen: Wenn ein Genosse sage, »daß eine Konzeption nicht die Linie des Zentralkomitees übernehme, sei keine Meinungsäußerung mehr möglich«. Professor Göhring zum Schluss, beschwichtigend: »Das Gespräch hat zur Klärung beigetragen und wird die weitere Arbeit erleichtern.«

Ich weiß nicht, was am Ende aus dem Prüfungsfach Staatsrecht geworden ist. An der Juristischen Fakultät der HUB jedenfalls war das Problem der Parteieingriffe in die wissenschaftliche Debatte noch lange nicht geklärt. Im Juli 1985 greift die Arbeitsrechtlerin Wera Thiel es in einer GOL-Sitzung, in der es auch um »den Maßstab für das zukünftige Handeln« der Sektion geht, wieder auf. »Mit den bisherigen Vorstellungen geht es nicht mehr weiter«, sagt sie. Wir müssen »neue Vorstellungen entwickeln« und »unsere Position durchdenken«. Und an die Mitglieder der GOL gewandt: »Die Parteileitung muß sich zunehmend Gedanken machen um eine fruchtbare Arbeitsatmosphäre.« Professor Michas, auch Arbeitsrechtler, will sich lieber an bewährte Regeln halten: »Die erste Frage muß heißen: Genossen, wie trägt jeder persönlich zur Verwirklichung der Parteibeschlüsse bei?« Aber Frau Thiel kommt auf das Thema zwei Monate später zurück, als die GOL »parteiwidrige Veröffentlichungen« an der Fakultät untersuchen soll: »Welche Verantwortung hat die Parteileitung für die Wissenschaftsproduktion?« In anderen Worten: Darf für uns, als GOL, die politische Korrektheit der Veröffentlichungen unserer Kollegen überhaupt ein Thema sein? Einer der anwesenden Dozenten sagt: »Es kann doch nur darum gehen, daß eine politische Atmosphäre besteht, in der die Aufmerksamkeit auf die Verantwortung für Veröffentlichungen gelenkt wird.« Wenn ich den Vorschlag richtig interpretiere, hieß das: Wir sollten entspannt genug sein, um die politische Legitimität eines Forschungsvorhabens dem Verantwortungsgefühl jedes Einzelnen zu überlassen.

Dazu kam es natürlich nicht. Bis zum Ende der DDR bestand die SED darauf, die Linientreue ihrer Wissenschaftler zu überwachen und, wenn nötig, mit Druck von oben durchzusetzen. Ich habe nicht den Eindruck, dass meine HUB-Protagonisten in diesen Jahren gegenüber der Partei Befürchtungen hatten, die man noch als »Angst« beschreiben müsste. Zwar konnte die SED einem Wissenschaftler immer noch viel Ärger machen. Vor allem Staatsrechtler und Rechtstheoretiker, in deren Schriften es um die Legitimität der Macht ging, sahen Grund zur Sorge. Zum Beispiel listetet das Staatsrechtslehrbuch der DDR von 1977, wie üblich, zu Beginn auf einer Innenseite alle Namen seiner 20 Autoren auf. Aber die Liste identifiziert nicht, wie bei Lehrbüchern sonst auch üblich, den individuellen Autor jedes Abschnittes im Buch. Auch unter Honecker war Staatsrecht ein so heikles

Thema, dass keiner der Verfasser auf sich allein gestellt dem denkbaren Missfallen der Partei an dem Geschriebenen ausgesetzt sein wollte. So suchten die Autoren Schutz in der Anonymität des Kollektivs. Trotzdem glaube ich nicht, dass die HUB-Juristen in den 1980er Jahren noch befürchten mussten, wegen eines professionellen Fehltritts ihr Lehramt zu verlieren.

Als die Wende kam, hatte die Partei, so scheint mir, zusammen mit der Furcht ihrer Wissenschaftler auch ihren Respekt verloren. Der wichtigste Bestandteil ihres politischen Glaubens – der Marxismus-Leninismus – war seit Anbeginn der DDR von der Partei mit Beschlag belegt und im Interesse der Partei verwaltet worden. Spätestens seit der Reinigung des Instituts für Gesellschaftswissenschaften an der HUB und den Verhaftungen von Heinrich Saar und Herbert Crüger im Dezember 1958 muss die SED die Legitimation für ihre Interpretationsmacht über den ML verloren haben. Schon nach der Babelsberger Konferenz im Februar 1958 wird meinen Protagonisten klar geworden sein, dass der ML für die Partei keine wahre Lehre, sondern ein Mittel war, um im Auf und Ab der jeweiligen Parteibeschlüsse der eigenen Macht unbestreitbare Autorität zu verleihen.

Ich weiß nicht, was in den letzten Jahren der DDR vom Marxismus der Klassiker im Bewusstsein mancher HUB-Juristen überlebte. Dass sie nicht an die SED-Version des Marxismus glaubten, zeigte sich schon an den zahlreichen ideologischen Missverständnissen zwischen der Partei und ihren Juraprofessoren. Manche Errungenschaften der Gesellschaftspolitik der SED werden viele HUB-Juristen befürwortet haben: die größere Einkommensparität der Bürger als in Westdeutschland; den Zugang zu Universitäten auch für Arbeiterkinder; die energische Frauenförderung. Aber was ihre eigene juristische Arbeit anbetraf, muss die Partei meinen Protagonisten bestenfalls wie ein ungeliebter und schlechtestenfalls wie ein böswilliger Vormund vorgekommen sein, der seine Zöglinge nicht erwachsen werden ließ. Eine Art SED-Vernakular mit gelegentlichen ML-Akzenten blieb, wie Französisch am Hofe Friedrich des Großen, bis zum Ende die Regierungssprache des Systems. Aber untereinander sprach man an der Fakultät lieber Juristisch. Ulbrichts »sozialistische Menschengemeinschaft« war als Utopie so wenig überzeugend, dass sie ihren Erfinder nicht überlebte. Honeckers Plan, die Partei durch wirtschaftliche und soziale Erfolge zu legitimieren, verblasste im Vergleich zur westdeutschen Marktwirtschaft. Was meine HUB-Protagonisten in den 1980er Jahren noch vom Marxismus-Leninismus glaubten, mussten sie mit ihrem eigenen Verstand und ihrer Treue zu den Klassikern abmachen. Die SED war nur noch die Partei, die an der Macht war. Sie war kein Leitbild mehr.

Aus den Akten der Honecker-Jahre kann ich auch ablesen, wie bestimmte Erfahrungen der HUB-Juristen den Verfall der moralischen Autorität der SED beschleunigten. Bei manchen Themen muss ich mehr spekulieren als bei andern. Zum Beispiel: Hat die Tätigkeit der Stasi an der Fakultät den Ruf der Partei zunehmend beschädigt? Ich fand in den Akten mehr und andere Stasi-Informanten in der Sektion Rechtswissenschaft, als ich erwartet hatte. Allerdings sind meine Stasi-Informationen zur HUB unvollständig. Das BStU-Archiv, in dem ich für dieses Buch nach Informationen suchte, war ein Alptraum für eine Forscherin. Man konnte nicht selbst suchen: keine brauchbare Kartei, kein Computer-Suchprogramm, keine Findbücher und angeblich auch keine Möglichkeit, von IM-Decknamen auf die bürgerlichen Namen der Informanten (und umgekehrt) zu schließen. Mangels der üblichen Hilfsmittel ist man auf die Unterstützung von Angestellten angewiesen, die einem oft inkomplette oder nutzlose Akten auf den Tisch legen.

So habe ich im BStU-Archiv nur wenige IM-Karrieren an der Sektion Rechtswissenschaft verfolgt. »Soll auf der Basis von Überzeugung gewonnen werden«, heißt es meistens in den Instruktionen des MfS. Aber alle scheinen aus ihren eigenen Motiven IM geworden zu sein. Annemarie Helmbrecht war 49 Jahre alt, als sie 1956 angeworben wurde: von einer Vergangenheit in Hitlers KZ und Gefängnissen verwundet, alleinstehend, geschieden, eine Tochter in Westdeutschland, an der Fakultät unbeliebt. Sie wollte menschliche Anerkennung. »Nicht an Geld interessiert, aber möchte, daß man ihren Geburtstag nicht vergißt«, schrieb ihr Führungsoffizier über sie. Wera Thiel unterschrieb ihre Verpflichtungserklärung als 16-jährige Schülerin am 17. März 1953, zehn Tage, nachdem das *Neue Deutschland* von Stalins Tod berichtet hatte, und scheint von dem romantischen Patriotismus eines Teenagers motiviert gewesen zu sein. Sie wählte den Decknamen »Roland« (der mit Schwert und Schild auf vielen nord- und ostdeutschen Marktplätzen steht) und als Kennwort »KuBa« (für den Lyriker Kurt Barthel, der 1949 seine »Stalin-Kantate« schrieb). John Lekschas wurde 1954 geworben; 1956 zeitweilig auf Eis gelegt, weil er keine nützlichen Kontakte mehr habe, aber war 1967, nunmehr als Sektionsdirektor, im Hinblick auf die »komplizierte Situation« an der HUB wieder zur Mitarbeit bereit. Um seine Fakultät besser durch »komplizierte Situationen« steuern zu können? Wer weiß. Ich habe nicht gründlich genug in den Stasi-Akten geforscht, um das beurteilen zu können. Vor allem für Völkerrechtler (wie Professor Edith Oeser, 1968 angeworben) oder andere, die als »Reisekader« ins westliche Ausland fahren wollten, bedeutete die Stellung als IM auch, dass sie ein Recht auf Ausstellung des »operativen Dokuments« erhielten, das sie für ihre Arbeit brauchten: einen Reisepass. Hans Pogodda zum Beispiel (Professor für ausländischen und internationalen Rechtsschutz und in den 1970er Jahren Parteisekretär der Sektion, angeworben 1961) hatte jahrzehntelang Dauerpässe für West-Berlin und für Auslandseinsätze in Algerien und Afghanistan.

Nicht alle inoffiziellen Mitarbeiter blieben der »Firma« treu. Wera Thiel gelang es, 1964 als IM ausrangiert zu werden. »Es kommt nichts dabei heraus«, sagte sie. Edith Oeser durfte 1986 wegen Familiensorgen die Mitarbeit fallen lassen. Am längsten blieb Hermann Klenner auf seinem Posten als IM. Er hatte, nach Jahren der eigenen Beobachtung durch das MfS, der Stasi 1968 seine Mitarbeit selbst angeboten, weil er mehr eigenen Einfluss auf sein Leben haben wollte. Ursprünglich wollte Klenner nur herausfinden, wer schuld daran war, dass ihm im Prager Frühling seine Arbeitsstelle an der Akademie der Wissenschaften weggenommen worden war. Dann, als Reisekader auf den Geschmack gekommen, baute er mit Berichten über westliche Politiker, westliche Wissenschaftler und wissenschaftliche Konferenzen in aller Welt eine glänzende internationale Karriere auf: Gastprofessuren in den USA, Japan und Australien, Mitglied der DDR-Menschenrechtskommission und Leiter der DDR-Delegation bei der UN-Kommission in Genf, für viele Jahre Mitglied des Präsidiums der Internationalen Vereinigung für Rechts- und Sozialphilosophie, eine lange Bibliografie zu Themen der Rechtsphilosophie und -geschichte und viele Orden und Ehrenzeichen. »Er glaubte, mit dem Teufel aus einer Schüssel essen zu können«, sagte nach der Wende ein Kollege über Klenner. Vielleicht konnte er es. Aber die gemeinsamen Mahlzeiten mussten bezahlt werden. Wenn Klenner im Ausland die DDR vertrat und über seine Auslandsreisen an das MfS berichtete, musste er seinen kritischen Verstand und seine scharfe Zunge zu Hause lassen und das sagen oder schreiben, was seine Auftraggeber hören wollten. Er wollte seinen Reisepass ja nicht verlieren. Die Stasi war stolz auf Hermann Klenner; er war einer ihrer glänzendsten Vertreter. Als 1986 Klenners Wahl in den Vorsitz der UN-Menschenrechtskommission scheiterte, weil seine alte Mitgliedschaft in der NSDAP durch einen Artikel in der *Welt* zutage gekommen war, schob das MfS die Schuld für das Debakel nicht Klenner, sondern den Machenschaften Israels zu, das die internationale Anerkennung der DDR verhüten wolle.

Ich habe keine Daten darüber, ob die Stasi-Mitarbeiter an der HUB ihre heimlichen Berichte als ein moralisches Armutszeugnis für den Sozialismus und eine Belastung ihres eigenen Gewissens empfanden. Die Nicht-IMs unter den Kollegen scheinen sich jedenfalls über die Staatssicherheit nicht viele Gedanken gemacht zu haben. Sie hatten die Stasi ja auch sonst im Hause: als von der Stasi delegierte Jurastudenten und als Gastdozenten von der Stasi-Hochschule in Potsdam-Eiche, denen sie gern unbeliebte Vorlesungen wie das Politische Strafrecht überließen. Alle wussten, dass es unter ihnen Kollegen gab, die dem MfS über ihre Ansichten und ihr Verhalten berichteten. Jeder wusste, mit welchen Kollegen man offen sprechen konnte. Die Nicht-IMs in der Sektion Rechtswissenschaft scheinen den Berichten der IMs unter ihnen nicht viel mehr Bedeutung beigemessen zu haben als meine amerikanischen Kollegen dem akademischen Klatsch und den Gerüchten, die an jeder Universität grassieren. »Machte mir nichts aus«, sagte ein so unverfälschter Mann wie Professor Karl Bönninger aus Leipzig (auch ein Babelsberger Opfer) einmal zu mir, als er davon erzählte, wie es in DDR-Zeiten immer so merkwürdig in seinem Telefon geklickt habe. Vielleicht hatten meinen Protagonisten sich im Laufe der DDR-Geschichte einfach damit abgefunden, beobachtet und überwacht zu werden, so wie sich heute die Einwohner Londons damit abfinden, bei ihren Gängen durch die Innenstadt von Hunderten von Sicherheitskameras fotografiert zu werden. Es war eine Sache der Gewohnheit.

Natürlich wird diese Beschreibung auch nicht annähernd dem Phänomen Staatssicherheit gerecht. Für potenzielle »Republikflüchtige«, für Ausreiser und Ausreißer aller Art, war die Stasi eine giftige Spinne, in deren Netz sie leicht gefangen werden konnten. Aber DDR-Juraprofessoren wollten in der Regel nicht weglaufen, sondern zu Hause bleiben. Wie eine Humboldt-Kollegin mir einmal nach der Wende erklärte: »Wer in der DDR Jurist wurde, wollte dazugehören.« Wer dazugehören wollte, brauchte sich über die Stasi nicht viele Gedanken zu machen. Wer nicht dazugehören wollte, hatte Grund zur Angst. So wird in einem Stasi-Bericht von 1958 der Report eines IM unter den Juristen dafür gelobt, dass er es möglich machte, »einige Verhaftungen vorzubereiten«. Hat der IM die Folgen seiner Berichterstattung überhaupt bemerkt? Vielleicht bereut? Hat Professor Wera Thiel (mir aus den Akten als kritische und selbstkritische Vertreterin der Fakultät bekannt) der Stasi den Rücken gekehrt, weil sie – so eine Meldung der Stasi selbst – ihre Arbeit als IM nur »sinnlos« oder auch, weil sie sie unehrenhaft fand? Ich weiß es nicht. In dem Phänomen Stasi waren die elterlichen Züge des Sozialismus (in dem die braven Kinder auf die ungezogenen Geschwister aufpassten) mit den totalitären Herrschafts- und Unterdrückungsmethoden der SED so verfilzt, dass ich die Motive der Beteiligten nicht entwirren kann. Immerhin bin ich ziemlich sicher, dass die Anwesenheit der Stasi an der Sektion Rechtswissenschaft den politischen Glauben meiner Protagonisten nicht entscheidend untergrub.

Aber in den Honecker-Jahren gab es zunehmend Ereignisse, die auch ein treuer Jünger der Partei nicht mehr als eine Frage der Gewohnheit abtun konnte. Eins der wichtigsten war die Biermann-Ausbürgerung im November 1976. Im Frühjahr 1976 war an der HUB die politische Vergatterung von Professor Heinz Püschel für seine leichtsinnige Verteidigung von Autorenrechten noch dem bekannten Muster gefolgt: Honecker entrüstete sich über den Kommentar zu Püschels Aufsatz im West-Berliner *Tagesspiegel;* die offizielle Verurteilung von Püschel durch die eigenen Kollegen, ein Parteiverfahren und mehrere rituelle Schuldbekenntnisse des Verfassers folgten, danach legten sich die Wellen wieder. Püschels Position innerhalb der Fakultät stand nicht in Frage. Aber dass Wolf Biermann nach einer von der SED genehmigten Konzerttour in Westdeutschland nicht wieder in die DDR hereingelassen wurde, sah wie die hinterhältige Verstoßung eines Kindes durch seine eigenen Eltern aus. Die Entscheidung widersprach dem Solidaritätsgefühl und dem gesellschaftlichen Verantwortungsbewusstsein eines Sozialisten. Reuige Sünder konnten sonst doch immer nach abgebüßter Strafe in den Schoß der SED zurückkehren. Mit der Verbannung

Biermanns kompromittierte die SED sich selbst. Dieser Partei konnte man nicht glauben.

An der Sektion Rechtswissenschaft war das Unverständnis über den Entzug von Biermanns Staatsangehörigkeit bei den Studenten größer als unter ihren Lehrern. Aber zwei Fälle der Auflehnung von Studenten, die ich in den Akten fand, müssen auch die damit beschäftigten Dozenten beschämt haben. In beiden Fällen argumentierten die Studenten so, wie ihre Lehrer es sich eigentlich von sich selbst und ihren Schülern hätten wünschen sollen. Harry Baufeld, Forschungsstudent und Seminarleiter im Fachbereich Urheberrecht, hatte einigen Studenten in der Straßenbahn erzählt, dass er Biermanns Auftritt im westdeutschen Fernsehen selbst gesehen habe und einiges von der Kritik Biermanns an der DDR berechtigt sei. Bodo Ranke, Jurastudent im dritten Studienjahr, hatte sich geweigert, eine Anti-Biermann-Resolution der FDJ zu unterschreiben.

Beide müssen endlose Aussprachen über sich ergehen lassen, in denen sie das Recht auf eine eigene Meinung verteidigen. Man müsse Biermanns Auftritt selbst gesehen haben, um ihn zu beurteilen, sagt Baufeld. Man müsse »Fakten« anerkennen und auch in komplizierten Diskussionen »offen« sein. Baufeld muss drei »Erklärungen« abgeben, alle in eiliger und krakeliger Handschrift und zunehmend mit Rückziehern geschrieben, bis die Angelegenheit nach zwei Monaten mit einer diplomatischen Zusammenfassung von Heinz Püschel, Baufelds Bereichsleiter und selbst gebranntes Kind, zu den Akten gelegt wird. Harry Baufeld darf weiter studieren.

Bodo Ranke ergeht es nicht so gut. Er ist nicht SED-Mitglied, wäre eigentlich auch gern Schriftsteller und vertritt seine Sache mit der Hartnäckigkeit eines Einzelgängers, der auf andere innere Stimmen hört als seine Studienkameraden. Sei er der Meinung, dass man sich als zukünftiger Staatsfunktionär bei grundsätzlichen Entscheidungen der Partei- und Staatsführung der Stimme enthalten dürfe? »Er sei der Meinung, daß er nicht genug über Biermann wisse.« Habe er Vertrauen zur Partei- und Staatsführung? »Ja, aber auch zu mir.« Glaube er nicht den Berichten, die im *Neuen Deutschland* stehen? »Er könne das nicht überprüfen.« Könne man mit seiner Haltung Staatsfunktionär und Richter werden? »Gerade der Jurist müßte aus seiner Sachkunde heraus politische Fehler grundsätzlicher Art erkennen.« Bodo Ranke bekommt als Nicht-Genosse kein Parteiverfahren, sondern wird in einem Disziplinarverfahren als »ungeeignet« für das Richteramt zum 31. März 1977 exmatrikuliert. Er hält sich vorübergehend mit Arbeit an einer Kinokasse und in einem Buchladen über Wasser und findet dann einen Ort zum Schreiben als Stipendiat im Neubrandenburger Literaturzentrum, das, wie sich nach der Wende herausstellt, von Stasi-Informanten durchsetzt war, die die Stipendiaten und das, was sie schrieben, überwachen sollten.[92] Jahrzehnte später erzählte mir ein Humboldt-Absolvent, damals Student und inzwischen schon lange Rechtsanwalt, dass es der Biermann-Fall war, der ihn als jungen Mann davon überzeugte, dass jeder Bürger Hilfe braucht, wenn es um die Verteidigung seiner Rechte geht.

Die SED versagte auch in anderen Fällen, in denen ihre Funktionäre Großzügigkeit und menschliches Mitgefühl statt ängstlicher Linientreue hätten zeigen sollen. 1980 kommt es zu einer Tragödie bei den HUB-Juristen, weil die Fakultät einer hartherzigen Entscheidung ihrer Parteileitung nicht zu widersprechen wagt. Im November 1979 flüchten die zwei Kinder eines Juradozenten nach West-Berlin. Die »staatlichen Organe« argwöhnen, dass bei einem Einbruch zur Zeit des »Verrats« der Kinder (wie Republikflucht jetzt genannt wird) auch Parteidokumente aus der Wohnung der Eltern gestohlen worden seien. Der Vater erleidet einen Nervenzusammenbruch. Noch während er im Krankenhaus liegt, berät die Parteileitung der Juristen am 13. November 1979 über das Parteiverfahren, mit dem der Vater für die Flucht seiner Kinder zur Verantwortung gezogen werden soll. »Nur, wenn es der Genosse gesundheitlich übersteht«, sagt jemand. Es muss ihm sehr schlecht gegangen sein. Viele GOL-Mitglieder zögern und schlagen mildere Reaktionen vor. »Keine Parteistrafe, sondern nur eine Mißbilligung«, lautet ein Vorschlag. Nur »parteiliche Maßnahmen«, sagen andere, kein »Verfahren«. Der Parteisekretär besteht auf »Wachsamkeit«. Der Genosse soll »zu einer parteilichen Wertung« seiner Rolle bei der Straftat seiner Kinder veranlasst werden. Ein Gast bei der Beratung - von der HUB-Kreisleitung? - suggeriert, dass »der Abschluß dieser Angelegenheit dem Genesungsprozeß des Kranken förderlich sein werde«. Die GOL beschließt »in Abstimmung mit dem behandelnden Arzt«, ein Parteiverfahren durchzuführen und über die gegenwärtige Besprechung »unbedingt Stillschweigen zu bewahren«.

Am 4. Februar 1980 wird der Kranke nach monatelanger »nervenärztlicher Behandlung« gesundgeschrieben. Ich weiß nicht, ob es noch zu dem Parteiverfahren kam. Am 7. April 1980 begeht der Vater Selbstmord. Der Parteisekretär braucht mehr als eine Woche, bis er der Fakultät vom Tod ihres Kollegen berichtet. In einer vierstündigen Sitzung am 5. Mai 1980 ergießt sich der Zorn der HUB-Juristen über ihren Parteichef. Wie konnte es zu der Tragödie kommen? Einige Fakultätsmitglieder wollen die Vertrauensfrage stellen. Der GOL-Sekretär versucht, sich zu rechtfertigen: Das Verschweigen von Westkontakten sei eine schlimme Parteiverfehlung, und über die Reaktion darauf wurde doch abgestimmt. Ein Verteidiger des Parteisekretärs sagt: »Hat der Genosse schwere Schuld auf sich geladen? Nein.« Mir ist beim Lesen des Protokolls nicht klar, ob die GO auf ihren 1. Sekretär so böse ist, weil er so lange brauchte, bis er sie über den Tod ihres Kollegen informierte, oder weil er sie dazu überredete, einer unmenschlichen Entscheidung zuzustimmen. War es nicht auch ihre Entscheidung? Professor Wera Thiel sagt: »Ich fühle mich schuldig. Dies darf nicht wieder vorkommen. Jeder muß dann, wenn er Bedenken hat, etwas sagen. Es ist legitim, diese Frage nochmal aufzuwerfen.« In anderen Worten: Wir dürfen bei moralischen Entscheidungen nicht auf die Partei hören, sondern müssen unserem eigenen Gewissen folgen.

Solange es sie gab, wollte die SED, dass ihre Jünger der Partei nicht nur gehorchten, sondern ihr auch vertrauten und ihre Leitung in allen Dingen anerkannten. Noch 1984 spricht Professor Erich Buchholz auf einem deutsch-sowjetischen Seminar über Juristenausbildung von der »weltanschaulichen Festigkeit und Überzeugtheit«, die sozialistische Juristen brauchten, die »jederzeit und unter allen Bedingungen [...] die Politik der Partei vertreten« müssen. Er spricht über ein Vertrauen, das bereits erschüttert war. Das wusste auch die Partei. Ich entdecke in den Akten, dass es schon 1983 möglich war, der SED-Mitgliedschaft an der HUB durch hartnäckiges Nichterscheinen bei Parteiversammlungen zu entkommen: Das führte zur Streichung von Leuten, auf die die Partei sich ohnehin nicht verlassen konnte, statt zum Ausschluss. 1985 ordnete die Kreisleitung der HUB in den Parteiorganisationen aller Fakultäten »persönliche Gespräche« mit den Genossen an, die nicht in Protokollen festgehalten werden dürfen (weil die SED den Argwohn ihrer Kinder kennt) und die Parteimitgliedern Gelegenheit zu »Hinweisen, Vorschlägen und Kritiken« geben sollen, um sie der Partei wieder näherzubringen. Es war zu spät. Nach der Wende fragte ich Professor Grandke, die HUB-Familienrechtlerin, was sie in diesen Tagen noch geglaubt habe. »Jedenfalls glaubte ich, dass es keinen Sinn habe, nach drüben zu gehen«, sagte Frau Grandke. Sie konnte nicht mehr sagen, woran sie glaubte; nur noch, woran sie nicht glaubte: an die westdeutsche Version des Kapitalismus.

Der jungen Generation an der Sektion Rechtswissenschaft war es zunehmend gelungen, ihrer politischen Erziehung und Indoktrinierung (auch mit Hilfe ihrer Professoren) auszuweichen. Ein Stasi-Bericht zu »einigen politisch-ideologischen Problemen an der Sektion Rechtswissenschaft« vom Januar 1985 meldet, dass an der Fakultät der Marxismus-Leninismus »fast völlig losgelöst« von der juristischen Fachausbildung behandelt werde. »Haltungs- und Verhaltensweisen« blieben beim Jurastudium »fast völlig unberücksichtigt«. In den Parteiorganisationen der Studenten herrsche ein falsches »Demokratieverständnis«. Mitgliederversammlungen im dritten Studienjahr würden »nur noch formal und unter miserabler Disziplin durchgeführt«. Seit Ende der 1970er Jahre gab es zunehmend Gegenstimmen und manchmal auch Kampfabstimmungen bei FDJ-Entscheidungen. In der GOL erzählt man sich, dass die Studenten kleine Bleistifte zu FDJ-Wahlen mitbrächten, um auf Wahlzetteln Streichungen vorzunehmen. Schon 1981 hatten FDJ-Vertreter im dritten Studienjahr mehr Meinungsaustausch zwischen Parteileitungen und Parteiorganisationen gefordert, weil jetzt »die objektiven/subjektiven Bedingungen für freie Meinungsäußerung gegeben seien«. »Was heißt das?«, fragt Professor Kurzhals verblüfft, als die Geschichte in einer Sitzung der GOL Rechtswissenschaft erwähnt wird. Das Problem sei inzwischen gelöst, beruhigt Professor Buchholz.

Es sieht nicht danach aus. Ostdeutsche Jurastudenten wollen nicht mehr Funktionäre, sondern nur noch Juristen werden. Sie sind der Meinung, dass ihre Ausbildung erst im zweiten Studienjahr beginnt, wenn sie den wissenschaftlichen Grundunterricht und den ML weitgehend hinter sich gelassen haben. Die Fakultät macht sich »keine Illusionen über die Haltung unserer Studenten«. Als zum 40. Jahrestag der Befreiung 20 FDJ-Vertreter abgeordnet werden, um eine Veranstaltung zu füllen, erscheinen nur vier - »weil sie jetzt zum Teil selbst entscheiden«, ob sie kommen oder nicht. »Darauf muß reagiert werden«, sagt Professor Michas auf einer GOL-Sitzung im Mai 1985. Aber wie? Auch in ihrer Freizeit machen die Studenten, was sie wollen. 1983 kommt es zu einem Skandal an der HUB, weil sieben Studenten (darunter Juristen) in der Disco des großen Studentenwohnheims am Ostbahnhof einen schwunghaften Handel mit illegalem Alkohol betrieben und die 12 000 Mark Gewinn »gerecht« unter den Organisatoren verteilten. »Sie haben den Club bewirtschaftet wie einen

Privatbetrieb«, stellt jemand auf einer GOL-Sitzung der Juristen im November 1983 fest. Aber es kommt zu keiner Strafe. Der Staatsanwalt lehnt es ab, die Sache zu verfolgen; die »Beweislage sei ungünstig«. Er hat genug mit illegalen Automärkten und anderen Schwarzgeschäften in der DDR zu tun.

Vor allem bei der »Lenkung« nach dem Studienabschluss machen die Studenten zunehmend Schwierigkeiten. Die Zulassungen zum Jurastudium (und allen anderen Studienfächern) waren in der DDR sorgfältig geplant, um nur die Zahl von Nachwuchskadern auszubilden, die die SED im Planjahr ihrer Graduierung auch tatsächlich anstellen wollte. Die meisten der rund 220 Juraabsolventen der HUB sollen Richter und Staatsanwälte werden. Viele wären lieber Rechtsanwalt geworden, der juristische Beruf, der die größte Unabhängigkeit vom Staat (und auch das meiste Geld) versprach. Aber nur sehr wenige Rechtsanwaltsstellen standen zur Verfügung.

Nach der Wende spreche ich mit Bernd Hohmann, der sich nach Abschluss seines Studiums 1987 strikt geweigert hatte, Staatsanwalt irgendwo in der DDR-Provinz zu werden. Die HUB drohte, sein Diplom zu widerrufen. Zunächst hatte Herr Hohmann Glück und fand Arbeit im Staatssekretariat für Kirchenfragen (was die HUB ihm durchgehen ließ). Aber das Staatssekretariat setzte ihn vor die Tür, als sich herausstellte, dass es einen Lenkungsdeserteur beherbergt hatte. Herr Hohmann hatte noch einmal Glück: Man brauchte Nachwuchskader an der HUB und ein Professor akzeptierte ihn als Doktorkandidaten. So arbeitete er zur Wendezeit an seiner Dissertation über »Die Werte-Jurisprudenz des Bundesverfassungsgerichts«. Und was hielten Sie von Ihrem Forschungsgegenstand? »Tolles Gericht!«, sagt Bernd Hohmann, und wir müssen beide lachen: über den ungezügelten Enthusiasmus in seiner Stimme und über die erstaunlichen Wege der Geschichte, die mich mit meinen Fragen und ihn mit dieser Antwort in seinem Rechtsanwaltsbüro in Berlin-Mitte, nun wirklich wieder in der Mitte Berlins, zusammenführten.

SCHLUSSFOLGERUNGEN

Ich habe in diesem Buch die Juristische Fakultät der Humboldt-Universität im Sozialismus und ihr Verhältnis zur Partei, so genau es mir gelang, über die 43 Lebensjahre der Fakultät hinweg beobachtet und drei (widersprüchliche) Porträts von ihr gezeichnet. Ich habe die Beratungen der HUB-Juristen verfolgt, ihren Strategien im Umgang mit der SED nachgeforscht, ihre Zusammenstöße mit der Partei beschrieben, ihren Reformversuchen zugesehen. Ich glaube, die beruflichen Überzeugungen meiner Protagonisten, ihre wissenschaftlichen Instinkte, ihre Vorlieben und Abneigungen bei unseren vielen Begegnungen in den Archiven besser kennengelernt zu haben, als wenn ich mich auf das Lesen ihrer wissenschaftlichen Veröffentlichungen beschränkt hätte. Papier ist geduldig. Die meisten theoretischen Arbeiten, die DDR-Juristen im Sozialismus schrieben, waren von der Schere im Kopf zurechtgeschnitten und hatten selbst für die Partei (die mit ihren Juristen nie zufrieden war) nicht viel Gewicht. Ich suchte nicht nach rechtswissenschaftlichen Spekulationen, sondern nach dem tatsächlichen Einfluss (wenn es ihn denn gab), den Recht und Juristen auch in einer Diktatur haben können.

Meine Leser mögen die drei widersprüchlichen Geschichten unterschiedlich interpretieren. Hier sind die Schlussfolgerungen, die ich selbst aus meiner Arbeit ziehe:

Waren die DDR-Juristen, in Bernd Rüthers' Terminologie, im Sozialismus ebenso »ideologieanfällig«[93] wie ihre Vorgänger in

Hitlers Drittem Reich? Man sollte das Wort Ideologie nicht für so unterschiedliche Begriffssysteme benutzen wie den rassistischen und emotionalen Führerwahn der Nazis und das komplexe und philosophisch ausgefeilte Gedankengebäude des Marxismus-Leninismus. Der Nationalsozialismus war ein Kult, der um seine Anhänger nicht mit Argumenten warb, sondern mit dem verführerischen Größenwahn seines Götzen. Der Marxismus-Leninismus lässt sich allerdings, selbst in der banalen Propagandaversion der SED, als Ideologie beschreiben. Aber meine HUB-Protagonisten waren an der Geschichtsanalyse des Marxismus nicht besonders interessiert. Sie waren nicht »ideologieanfällig«, sondern eher ideologieunbegabt.

Oft verstanden sie nicht einmal, was die Partei von ihnen wollte. Es gelang ihnen nicht, die Thesen und Prinzipien des Marxismus-Leninismus auf ihre juristische Arbeit anzuwenden, geschweige denn, eine marxistisch-leninistische Jurisprudenz zu entwickeln. Die meisten von ihnen mussten zum Studium des ML immer wieder angehalten werden. Die Großartigkeit der marxistischen Versprechen, ihre ungenaue Verortung in der Zukunft, die Fragwürdigkeit der Partei, die sie vertrat, und der spekulative Charakter der Argumente widersprachen der Genauigkeit und dem banalen Ordnungssinn ihres juristischen Handwerks. Die Partei war sich der ideologischen Unzuverlässigkeit ihrer Juristen sehr wohl bewusst. Unter Walter Ulbricht rissen die Vorwürfe gegen meine Protagonisten, dass sie »Formalisten«, »Positivisten« und »Revisionisten« seien, nicht ab. Unter Erich Honecker verblassten die ideologischen Ansprüche der SED an ihre Rechtswissenschaftler und machten Platz für praktische Hoffnungen auf die Nützlichkeit des Rechts als »Triebkraft« und der DDR-Juristen als Experten für die Ausnutzung dieser »Triebkraft« unter der Kontrolle der Partei.

Die HUB-Juristen waren zu keiner Zeit politische Widerständler. Wie die meisten Menschen waren sie in der Regel keine Helden, sondern zeigten, je nach Charakter und Gelegenheit, eine Mischung aus Anpassung, Ausweichen und Mut. Wie vor ihnen viele berühmte Juraprofessoren unter Hitler (die einem sehr viel verbrecherischen Herrn dienten, als Ulbricht oder Honecker es waren) benutzten sie in ihren Schriften so viel Parteijargon, wie ihnen nötig erschien, um ihre Argumente den Erwartungen ihrer Auftraggeber anzupassen. Mir scheint sogar, dass meine Protagonisten geschickter darin waren, ihr Mäntelchen nach dem Wind zu hängen, als die Angehörigen mancher anderen Fakultäten. Als Experten in Verwaltungsfragen verstanden sie es besonders gut, politische Konformität zu organisieren und im Kollektiv zu erledigen, lästige Ergebenheitsbeweise ihren Assistenten und Studenten zuzuschieben und so mit verhältnismäßig wenig persönlichem Einsatz einen guten politischen Eindruck zu erwecken. Aber wenn es bei Gesetzgebungsarbeiten oder bei technischen Problemen auf fachmännische Antworten ankam, argumentierten sie in der Regel wie Juristen, nicht wie Genossen. Als in den Honecker-Jahren »Recht« und »Rechte« in der DDR zunehmend gesellschaftsfähig wurden, wurde auch die Sprache der Juristen offener und direkter. Zu allen Zeiten stand ihnen ihr Beruf näher als die Partei.

Dienten die HUB-Rechtswissenschaftler einem Unrechtsstaat? Auch das Wort Unrechtsstaat ist zu ungenau, um die Arbeit zu tun, die seine Anhänger ihm aufladen wollen. Rechtsstaat ist ein technischer Begriff: Er bezeichnet einen Staat, in dem nicht nur die Bürger, sondern auch der Staat mit seinen drei Gewalten (Legislative, Exekutive und Judikative) dem Recht unterworfen sind und gerichtlich zur Verantwortung gezogen werden können. Unrechtsstaat ist ein Schimpfwort, das den so gescholtenen Staat beschuldigt, Recht und Gerechtigkeit mit Füßen zu treten. Die Verteidiger des Wortes nutzen die Tatsache, dass im Deutschen die Worte Recht und Gerechtigkeit sprachlich eng verwandt sind und daher suggerieren, dass Recht und Rechtsstaat notwendig auch Gerechtigkeit zur Folge haben. Im Englischen haben die Worte *law* (Recht, Gesetz) und *justice*

(Gerechtigkeit) sprachlich nichts miteinander zu tun und erlauben solche Illusionen nicht. Auch in einem Rechtsstaat gibt es Unrecht. Auch in einem Nicht-Rechtsstaat kann es Gerechtigkeit geben. Wahrscheinlich ist in einem Rechtsstaat Gerechtigkeit ein wenig leichter durchzusetzen als in einem Nicht-Rechtsstaat, weil Bürger gegen Rechtsbrüche des Staates (oft mühseligen und teuren) Schutz bei den Gerichten suchen können. Jedenfalls war die DDR, auch als Nicht-Rechtsstaat, kein Staat, der Recht und Gerechtigkeit mit Füßen trat.

Es gibt ein kleines Buch, noch 1990 in der DDR erschienen, zur Rolle des Rechts im Dritten Reich, in dem das Wort Unrechtsstaat zu Recht benutzt wird: Felix Eckes *Die braunen Gesetze. Über das Recht im Unrechtsstaat.*[94] Wer das Buch durchblättert, wird Drittes Reich und DDR nicht mehr in einem Atemzug vergleichen wollen. Hitler brauchte Recht zur Machtergreifung und -befestigung, zur frühen Ausschaltung möglicher Gegner (zum Beispiel durch das Gesetz zur Wiederherstellung des Berufsbeamtentums von 1933, das rund zwei Millionen jüdische und/oder liberale Beamte ihrer Posten enthob), zur Durchsetzung seines Rassenwahns, zur Entmachtung der Justiz (die die Kontrolle über Straftaten von NSDAP etc. verlor), zur Errichtung von Sondergerichten, zur Kriegsvorbereitung und manchmal, so hat man den Eindruck, einfach nur zur Verhöhnung von Recht und Gerechtigkeit. Zwei Tage *nach* dem »Röhm-Putsch«, den Hitler 1934 zum Anlass nahm, um rund 100 der Illoyalität verdächtige SA-Angehörige ermorden zu lassen, erließ der Reichstag ein nur aus einem Satz bestehendes Gesetz, das diese »Maßnahmen« als »Staatsnotwehr für rechtens« erklärte. Nach der »Kristallnacht« von 1938 machte eine »Verordnung zur Wiederherstellung des Straßenbildes« die jüdischen Geschäftsleute, die Opfer des Terrors geworden waren, für die Aufräumarbeiten verantwortlich und zog ihre etwaigen Versicherungsentschädigungen zu Gunsten der Staatskasse ein. Für das alltägliche Funktionieren der Gesellschaft verließ Hitler sich weitgehend auf die (wenn nötig, faschistisch interpretierten oder ergänzten) bürgerlichen Gesetzbücher aus der Kaiserzeit (BGB, ZPO, StGB, StPO) und auf die Institutionen von Weimar.

Ernst Fraenkel analysierte dieses Nebeneinander von rechtlicher Willkür und banalem Alltagsrecht in seinem Buch *Der Doppelstaat:* 1936 in wissenschaftlicher Untergrundarbeit in Hitlers Drittem Reich begonnen, nach der Rettung des Manuskripts in einem französischen Diplomatenkoffer und Fraenkels Flucht in die USA 1938 zu Ende geschrieben, 1940/41 in englischer Übersetzung in New York veröffentlicht und erst 1974 in einer Rückübersetzung aus dem Englischen in Deutschland erschienen.[95] Fraenkel beschreibt Hitlers »Doppelstaat« so, wie er ihn als jüdischer Rechtsanwalt und Wissenschaftler im Dritten Reich erlebte: als brutalen »Maßnahmenstaat«, dessen Gesetze und Entscheidungen allein auf dem »Führerwillen« gegründet sind, und als dessen bürokratischen Zwilling, den weitgehend von Weimar übernommenen »Normenstaat«, dessen Alltagsentscheidungen so lange von Recht und Gesetz bestimmt sind, wie es dem Maßnahmenstaat passt. Die Grenze zwischen beiden Staatsformen ist flexibel und durchlässig und kann jederzeit vom Maßnahmenstaat überschritten werden, wenn seine politischen Ziele es erfordern. Aber dem Maßnahmenstaat ist auch daran gelegen, dass der Normenstaat das geordnete Zusammenleben der Bürger organisiert und dadurch dem Maßnahmenstaat für seine despotischen Ziele die Hände freihält.

In ihren Anfangsjahren, in denen es der SED um eine schnelle und grundlegende Veränderung der ostdeutschen Gesellschaft ging, sahen viele drakonische Maßnahmen der Partei wie eine an den Nationalsozialismus erinnernde Machtergreifung aus. Die neue Verfassung der DDR von 1949 war nur die Vortäuschung einer Verfassung. Die (von der Sowjetunion unterstützten) Waldheimer Prozesse, in denen 1950 tatsächliche und mutmaßliche Naziverbrecher in Schnellverfahren zu hohen Strafen verurteilt wurden, verletzten alle Regeln des Strafprozessrechts. Der Missbrauch einer Verfassungsbestimmung zur Bestrafung der »Boykotthetze« oder die parteiliche Auslegung von Generalklauseln des noch gültigen Bürgerlichen Gesetzbuches waren typisch für die Methoden eines Maßnahmenstaates.

Aber schon bald bewegte sich die Rechtsentwicklung in der DDR in eine sehr andere Richtung als die, die der Nationalsozialismus eingeschlagen hatte. Hitler hasste Juristen und war in den zwölf Jahren seiner Herrschaft nie an der Schaffung eines eigenen Rechtssystems interessiert. Sein Regime begann mit SA-Krawallen in den Straßen, schickte zunehmend Recht und Gesetz zum Teufel und endete in grenzenlosen Massenmorden. Dagegen forderte Walter Ulbricht schon auf der 2. Parteikonferenz von 1952 die Schaffung eines eigenen sozialistischen Rechtssystems.[96] Es gibt viele Erklärungen dafür, warum die ostdeutsche Rechtsgeschichte einen so anderen Weg nahm als die des Nationalsozialismus. Das Dritte Reich raste von Anfang an dem Abgrund zu; die DDR lebte 40 Jahre und hatte Zeit zu gründlichen Veränderungen. Die meisten SED-Spitzenfunktionäre hatten selbst im KZ, Gefängnis oder im Exil unter Hitlers Gewaltherrschaft gelitten und wollten ihm nicht ähnlich sein. Die Teilung Deutschlands führte auch dazu, dass die DDR sich gegenüber der BRD als das bessere Deutschland legitimieren wollte; dazu musste das verhasste bürgerliche Recht so bald wie möglich durch ein eigenes Rechtssystem ersetzt werden. Der Sozialismus glaubte an die Erziehbarkeit des Menschen, auch durch Recht.

In den Ulbricht-Jahren ging es dem Recht der DDR vor allem um die Durchsetzung von Parteibeschlüssen, die Abgrenzung zum Kapitalismus, den Schutz gegen Feinde und Kritiker, die Umkrempelung der Wirtschaft und das geordnete Zusammenleben der Bürger. In den 1950er Jahren erschienen die ersten juristischen Lehrbücher in der DDR und in den 1960er Jahren wurden so wichtige Gesetze wie das Gesetzbuch der Arbeit (1961), das Familiengesetzbuch (1965) und das Strafgesetzbuch (1968) erlassen.

Auch unter Honecker ging es dem DDR-Recht immer noch um die Durchsetzung von Parteibeschlüssen. Aber die Mittel, ostdeutsche Bürger zur Mitarbeit im Sozialismus zu bewegen, wurden entspannter: weniger Kontrollen und Drohungen, mehr Anreize und Belohnungen. 1974 erließ das Politbüro den Beschluss »Die nächsten Aufgaben zur Entwicklung des sozialistischen Rechts sowie zur Festigung und weiteren Entwicklung des Rechtsbewußtseins der Werktätigen« und DDR-Rechtswissenschaftler waren fast bis zur Wende damit beschäftigt, darüber nachzudenken, wie ostdeutsche Bürger zur freiwilligen Einhaltung der Gesetze bewogen werden könnten. 1975 erschien das neue ZGB, das in dem Erziehungsprozess eine wichtige Rolle spielen sollte. Und in den allerletzten Jahren der DDR erweiterten sich die Reformen vom Schutz von Verbraucherrechten auf den Schutz von Bürger- und Menschenrechten. 1987 wurde die Todesstrafe abgeschafft; im selben Jahr erklärte das Oberste Gericht Homosexuelle zu gleichberechtigten Bürgern im Sozialismus; und 1988 erließ die Volkskammer ein (noch unvollkommenes) Gesetz zum Rechtsschutz der Bürger gegenüber der sozialistischen Verwaltung. So wuchs der »Normenstaat« der DDR von Jahr zu Jahr.

Recht wurde wichtiger im Alltag seiner Bürger. Im Dritten Reich war mit dem Auswuchern des Maßnahmenstaats und dem Sichtbarer-Werden von Terror und Gewalt das Interesse der Bevölkerung am Recht gesunken. Trotz der Ausschaltung ihrer jüdischen Konkurrenten schon 1933 hatten die verbliebenen deutschen Rechtsanwälte weniger Arbeit als zuvor. Die Zahl der Zivilprozesse ging zwischen 1932 und 1939 von 8,2 auf zwei Prozesse pro 100 Einwohner zurück.[97] Für die Kriegszeit habe ich keine Zahlen, aber ich nehme an, dass die meisten Menschen in diesen Jahren andere Sorgen hatten.

In der DDR dagegen wuchsen das Interesse der Bürger an ihren Rechten und die Bereitschaft, sich für ihre Rechte einzusetzen, von Jahr zu Jahr. Die Zahl der Zivilrechtsklagen in der

DDR, die am Ende der Ulbricht-Herrschaft auf rund 30 000 im Jahr gesunken war, stieg unter Erich Honecker auf 66 999 Zivilrechtsverfahren im Jahr 1987.[98] Die Zahl der Eingaben - lange Zeit bevorzugtes Rechtsmittel in einer Wirtschaft, in der Geld nicht viel zählte und man von der Generosität des Versorgungsstaats abhängig war - schoss in die Höhe. Die neuen Gesetzbücher der Honecker-Jahre wurden, kaum erlassen und noch warm vom Druck, zu Bestsellern in der DDR. Vom neuen *ZGB* (1975) wurden mehr als zwei Millionen Exemplare (in einem Land mit 16,8 Millionen Einwohnern) verkauft; vom neuen *Arbeitsgesetzbuch* (1977) 2,3 Millionen Exemplare (in einem Land, in dem es 7,3 Millionen Arbeitsverhältnisse gab). 1978/79 wurden bei den Rechtsauskunftsstellen der Kreisgerichte rund 87 500 Auskünfte zum Arbeitsrecht eingeholt. DDR-Bürger wollten ihre Rechte kennen.

Und der sozialistische Staat tat sein Bestes, um ihre Rechtskenntnisse zu fördern. In den 1970er Jahren tauchte Rechtsunterricht in den Lehrplänen für Schüler und Lehrlinge auf. 1976 erschien im Staatsverlag der DDR der erste Band der Serie *Recht in unserer Zeit;* eine Reihe von bürgerfreundlichen Broschüren, die in lebensnaher Sprache und durch Illustrationen aufgeheitert ostdeutsche Leser über Rechtsfragen des Alltags informieren sollten. 1979 organisierten DDR-Richter, -Staatsanwälte und -Notare so viele »rechtspropagandistische Veranstaltungen«, dass rund zwei Millionen Bürger »angesprochen« wurden. 1981 debütierte die Serie *Alles, was Recht ist* im ostdeutschen Fernsehen. Die Zahl der Vorträge zum Thema Recht im Programm der URANIA (Gesellschaft zur Verbreitung wissenschaftlicher Kenntnisse) stieg von 19 845 im Jahr 1970 auf 39 229 im Jahr 1980.[99]

Zwar war das sozialistische Rechtssystem, an dem die DDR lange arbeitete, fast bis zum Ende weniger an *Recht* als an *Ordnung* interessiert. Es ging der »Rechtspropaganda«, der »Rechtsdisziplin«, der »Rechtserziehung« und dem »Rechtsbewußtsein«, von denen zunehmend die Rede war, in erster Linie nicht um den Gebrauch von Recht als eine Methode zur Lösung von Konflikten, sondern als Instrument, um die Erfüllung gesellschaftlicher Aufgaben voranzutreiben. Die Partei hoffte, durch die Vermittlung guter Rechtskenntnisse schon von Kindheit an ihre Bürger zu einem »rechtlichen, gesellschaftsmäßigen Verhalten« zu erziehen. Kenne das Recht und handele dementsprechend, war das Motto.

DDR-Bürger sahen die Sache anders. Sie nutzten das Recht für ihre eigenen Zwecke. Empirische Untersuchungen der Rechtsbewusstseins-Forscher zeigen zum Beispiel, dass junge Arbeiter in der DDR weit mehr über ihre eigenen Rechte wussten als über ihre Verpflichtungen gegenüber dem Betrieb. Sie kauften das *Arbeitsgesetzbuch* nicht, um besser und rationeller arbeiten zu können, sondern um etwas über Prämien oder Kündigungsregelungen zu erfahren. Die Herausgeber der populären Reihe *Recht in unserer Zeit* passten sich den Interessen ihrer Leser an. 1976 hatte der erste Band der Serie auf die Frage seines Titels »Macht und Recht – Einheit oder Gegensatz?« noch die übliche Antwort gegeben: »Das sozialistische Recht entspricht den Interessen der Werktätigen.«[100] In den 1980er Jahren wurden die Themen praktischer (»Vertrauensvoll zum Rechtsanwalt«, 1982)[101] und dringlicher (»Rechtssicherheit – garantiert für jeden«, 1985).[102] Die Bürger wussten, was sie wollten. Aber die Akademiker kamen mit ihrer wissenschaftlichen Behandlung des Themas Rechtsbewusstsein nicht voran.

Manche DDR-Rechtswissenschaftler merkten selbst, dass ihre Losung »Kenne das Recht und handele dementsprechend« oft auf taube Ohren fiel. Sie wollten über ein System hinauskommen, das den Schutz subjektiver Rechte vor allem als Belohnung eines Bürgers für sein gesellschaftliches Wohlverhalten verstand. Ich finde Zitate, die verraten, dass nach Meinung der Verfasser nicht nur Verbraucherrechte, sondern, ganz allgemein verstanden, die Autonomie des Einzelnen besonderen Schutz verdient. 1978, zum Beispiel, verlangen zwei HUB-Juristen in einem Aufsatz über die Rolle der Gerichte bei der Rechtserziehung, dass Verhandlungen in einer Atmosphäre der »sorgsamen Wahrung der Würde und Rechte der Bürger [und] der sachkundigen, präzisen Bearbeitung ihrer Angelegenheiten« stattfinden, um den Teilnehmern die Gewissheit zu geben, dass »Rechtssicherheit, Gesetzlichkeit und Gerechtigkeit« gewährleistet sind.[103] Ihre Forderung ähnelt der Antwort amerikanischer Soziologen auf die Frage »Why people obey the law?«: weil sie von seiner Legitimität überzeugt sind und davon, dass ein Richter ihnen wirklich zugehört hat.[104]

Wie fügt sich die Entwicklung in der DDR in Ernst Fraenkels Beschreibung einer Diktatur als »Doppelstaat«? Als Fraenkel sein Buch 1936 im Dritten Reich »in einer Atmosphäre der Rechtlosigkeit und des Terrors«[105] zu schreiben begann, muss ihm Hitlers Maßnahmenstaat so gut wie unbesiegbar erschienen sein. Nach Fraenkels Flucht 1938 in die USA und dem Beginn von Hitlers Angriffskriegen 1939 wurde das Dritte Reich nur noch gewalttätiger und blutiger. Der Normenstaat, der Nazi-Deutschland innerlich zusammenhalten sollte, war nicht fähig, die Katastrophe aufzuhalten. Die flexible und schwache Grenze zwischen Maßnahmenstaat und Normenstaat schien sich unter Hitlers Machtmissbräuchen aufzulösen. Ernst Fraenkels Buch war Hitlers Drittem Reich auf den Leib geschrieben.

Passt es auch auf die DDR? Ja, weil auch in der DDR der Normenstaat der Unterstützung einer Diktatur und der Stabilisierung einer Einparteienherrschaft dienen sollte. Aber die Grenze zwischen beiden Staaten ist, auch aus Fraenkels Sicht, porös, und ich sehe keinen Grund, warum sie nicht nach beiden Richtungen durchlässig sein sollte. So sieht es sehr danach aus, als ob in den 40 Jahren DDR-Geschichte der Normenstaat zunehmend den sozialistischen Maßnahmenstaat verdrängte. Weil es dem Normenstaat um Recht und Ordnung geht, sind seine Mittel nicht Terror und Gewalt, sondern Rationalität, Routine, praktische Nützlichkeit, Selbstinteresse und seine Fähigkeit, Bürger, die gern in Ruhe ihren eigenen Angelegenheiten nachgehen, von seiner Überlegenheit zu überzeugen. Das Vordringen geschieht oft nicht durch plötzliche Einbrüche, sondern in kleinen, kaum sichtbaren Schritten. Ein Beispiel: Als die DDR in ihrer Eheverordnung von 1955 die »Zerrüttung« einer Ehe als einzigen Scheidungsgrund normierte, geschah das auch, um das Interesse des Staates an wirtschaftlich und erzieherisch erfolgreichen Ehen durchzusetzen. So konnte eine Ehe nur geschieden werden, wenn sie ihren Sinn »für die Ehegatten, die Kinder und die Gesellschaft« verloren hatte. 1965 fügte das neue Familiengesetzbuch dieser Bestimmung zwei kleine Worte hinzu: Die Scheidung war nun möglich, wenn die Ehe ihren Sinn für die Ehegatten, die Kinder und »daher auch« für die Gesellschaft verloren hatte. Die Worte waren im Entwurf des FGB noch nicht enthalten – es muss im Gesetzgebungsausschuss eine Debatte zum Vorrang persönlicher Gefühle in der Ehe über Staatsinteressen an der Ehe als Produktionseinheit gegeben haben. Praktisch machten die zwei eingefügten Worte keinen Unterschied, weil DDR-Gerichte schon seit einer Weile in ihrem Sinne zu entscheiden pflegten. Aber die Einfügung war symptomatisch für den langsamen Territoriumsgewinn des Normenstaates in der DDR.

An dieser wachsenden Verrechtlichung hatten alle Juristen in der DDR – Richter, Staatsanwälte, Rechtsanwälte, Notare, Juraprofessoren – wichtigen Anteil. Sie hatten Einfluss nicht durch Dissens und Widerstand, sondern durch die beharrliche Ausübung ihres Handwerks. Es gab ein paar mutige juristische Rebellen in der DDR, die durch die hartnäckige Verfolgung von Reformideen zu Veränderungen beigetragen haben mögen.[106] Aber mir geht es hier nicht um juristisches Heldentum, nicht einmal um Eigensinn, sondern um den zivilisierenden Einfluss, den die Institutionen des Rechts selbst in einer Gesellschaft haben können, die vorwiegend durch Macht regiert wird. Die DDR war kein Rechtsstaat. Aber sie war ein Staat, der Recht von Anfang an als nützlichen Hebel zur Umformung der Gesellschaft gebrauchen wollte.

Damit lud die Partei sich einen riskanten Gast ins Haus. Anders als Willkür operiert Recht mit voraussehbaren Regeln. Auch in einer Diktatur kann Recht eine Sprache bieten, in der ein Bürger seine Ansprüche artikulieren kann; ein Forum, auf dem er sie geltend machen kann; Argumente, mit denen er sie begründen kann; und einen Berufsstand, an den er sich wenden kann, wenn er Hilfe braucht. Recht ermutigt einen Bürger, sich als Rechtsinhaber zu definieren. Es ist sozusagen zugeschnitten auf Menschen, die weder besonderen Einfluss haben noch imstande sind, sich aus eigener Kraft zu verteidigen.

Die HUB-Juristen halfen, dem DDR-Recht wachsendes Gewicht zu geben. Sie schrieben Lehrbücher; unterrichteten zukünftige Richter und Staatsanwälte des Landes; halfen bei der Gesetzgebung; sagten der »Mittelmäßigkeit« ihrer wissenschaftlichen Arbeit den Kampf an; und hielten (so ein Stasi-Bericht über die Berliner Fakultät von 1985) die juristische Fachausbildung im Laufe der Jahrzehnte zunehmend von ideologischen Einflüssen frei. Sie trugen zur Professionalisierung ihres Berufes bei. Es war ihr Handwerk oder, wie Karl Polak die Arbeit von Juristen verächtlich nannte, ihre »Handwerkelei«,[107] die Recht sowohl für die Regierung der DDR als auch für ihre Bürger zunehmend nützlich machte. Ostdeutsche Juristen halfen, wie Salzpflanzen an einem durch hohen Wellengang bedrohten Strand, durch ihre tägliche Befestigung des Bodens, dem Maßnahmenstaat der DDR mehr und mehr Land abzugewinnen.

Es ist keine grandiose Ehrenrettung meiner Protagonisten, die ich hier vorschlage, aber eine wichtige. Recht produziert nicht notwendig Gerechtigkeit, aber es begrenzt Willkür und schafft auch in undemokratischen Staaten eine Ordnung, in der Gerechtigkeit möglich wird. Eine Gesellschaft, in der Juristen etwas zählen, ist besser als eine Gesellschaft ohne sie. Die DDR wurde nie zum »Rechtsstaat« im technischen Sinn des Wortes, weil die Partei nie bereit war, sich selbst der Macht des Rechts zu unterstellen. Aber sie bewegte sich auf den Rechtsstaat zu. Über das Tempo dieser Entwicklung kann man streiten.

Gilt, was ich hier als den zivilisierenden Einfluss von Alltagsrecht beschrieben habe, auch für den Normenstaat des Dritten Reiches? Offensichtlich gelang es ihm nicht, Hitlers von Anfang an außer Kontrolle geratenen Maßnahmenstaat zu stabilisieren. Sonst wissen wir nicht viel über ihn. Rechtshistoriker haben sich bisher vor allem mit dem Dritten Reich als Unrechtsstaat beschäftigt: mit dem Volksgerichtshof, den Sondergerichten, der Militärgerichtsbarkeit. So kennen wir zwar Hitlers »furchtbare Juristen«, aber kaum seine Amts- oder Landgerichtsrichter, die das Gros der Zivilrechtsfälle und der Strafrechtsfälle entschieden, die zu unpolitisch waren, um vom Maßnahmenstaat erledigt zu werden.

In der Bundesrepublik, in der das Justizpersonal des Dritten Reichs fast vollständig in die neue demokratische Rechtsordnung eingegliedert worden war, galt die politische Unauffälligkeit der ordentlichen Richter in den Nazi-Zeit lange als Beweis für ihre professionelle Unberührtheit durch die Gewalt und Willkür um sie herum. Vor allem die Zivilrechtspraxis, hieß es, sei eine Insel der »nationalsozialismusfreien Normalität« geblieben.[108] Es war eine nützliche Behauptung für Richter, die ihren guten Namen nicht verlieren wollten, weil sie zuvor schon unter Hitler gedient hatten.

Als dann in den 1980er Jahren eine Flut von Veröffentlichungen die Schrecken des Dritten Reichs ins allgemeine politische Bewusstsein rückte, begannen eine Reihe empirischer Untersuchungen zur Rechtsprechung einzelner Gerichte und Gerichtsbezirke im Dritten Reich, diese »Normalität« in Frage zu stellen. *... aber im Zivilrecht sind die Richter standhaft geblieben* lautet der ironische Titel einer sorgfältigen Studie zur Zivilrechtsprechung des Oberlandesgerichts Celle in den Hitler-Jahren, in der Rainer Schröder 1988 zeigte, dass das OLG dem Nationalsozialismus gegenüber durchaus nicht immer »standhaft« geblieben war. Ähnliche Untersuchungen zur Scheidungsrechtsprechung der Landgerichte Hamburg und Altona (1992)[109] oder zur Praxis des Oberlandesgerichtsbezirks Köln (2012)[110] in den Nazi-Jahren dienten der gleichen Absicht: die Vergesslichkeit und das gute professionelle Gewissen zu erschüttern, auf denen sich die Richter und Rechtsanwälte in der Bundesrepublik, von denen viele unter Hitler dienten, so lange ausgeruht hatten.

Es ging also um empirische Beweise von Schuld. Die Untersuchungen sollten belegen, dass auch Hitlers Zivilrichtern rassistische Argumente, der Blut-und-Boden-Mythos, die angebliche Verbundenheit von Volk und Führer, die Auslegung von Normen contra legem und die bombastische Sprache des Nationalsozialismus durchaus nicht fremd geblieben waren. Die Untersuchungen waren qualitativer, nicht quantitativer Art. Sie werteten nicht alle zur Verfügung stehenden Akten aus, sondern gründeten ihre Analysen auf einigen, nach bestimmten Gesichtspunkten ausgewählten Entscheidungen. Rainer Schröders Überlegungen, zum Beispiel, stützten sich auf »exemplarisches Material«,[111] das heißt, auf Entscheidungen, die er aus den 2080 Urteilen des OLG Celle zwischen 1933 und 1945 auswählte, weil sie besonders deutliche nationalsozialistische Züge trugen. Reginald Puerschel suchte in den vielen Hamburger Ehe- und Familienrechtsakten nach »auffälligen« Urteilen, um seine These von der »trügerischen Normalität« der Familienrechtsprechung im Dritten Reich zu begründen.[112]

Diese Methode schuf auch ein Problem für die Autoren. Sie wollten zeigen, dass die Zivilrechtsprechung unter Hitler durchaus nicht »normal« geblieben, sondern vom Nationalsozialismus vergiftet war, um so der »Penetranz des guten Gewissens«[113] der westdeutschen Justiz den Boden zu entziehen. Aber statistisch fielen die Urteile, auf die sich diese Fallstudien stützten, in der Rechtsprechung der betreffenden Gerichte kaum ins Gewicht. Rainer Schröders »exemplarische« Nazi-Urteile machten rund fünf Prozent des Arbeitsumfangs des OLG Celle aus.[114] Reginald Puerschels »auffällige« Nazi-Familienrechtsurteile in Hamburg und Altona, auf die sich seine Aussagen gründen, ergeben zusammen nicht mehr als drei Prozent der untersuchten Entscheidungen.[115] So brauchten die Verfasser zusätzliche Argumente, um die Richter der 95 Prozent unauffälliger Zivilrechtsentscheidungen nicht von ihrer Mitverantwortung für das Unrecht der Hitler-Jahre freizusprechen. Rainer Schröder beruft sich auf Ernst Fraenkels *Doppelstaat,* wenn er geltend macht, dass die »normale« Zivilrechtsprechung half, das Dritte Reich zu stabilisieren. Die Hamburger Forscher betonen die Propagandawirkung der von ihnen ausgewählten Entscheidungen zum Nazi-Ehegesetz: Auch eine geringe Zahl von Urteilen reichte aus, um deutlich zu machen, dass im NS-Staat Scheidungen die Produktion von rassisch wünschenswertem Nachwuchs fördern sollten.

Es ist wahrscheinlich, dass die wissenschaftliche Methode Rainer Schröders und seiner Kollegen in vergleichbaren Untersuchungen zur Unterschätzung der Zahl nazistisch verseuchter Urteile in ihren Samples beigetragen hat. Sie wählten für ihre Studien Entscheidungen aus, deren Beweisführung und Sprache deutlich den Einsatz »für Führer, Volk und Vaterland« verrieten. Aber auch eine in nüchternem Juristisch geschriebene Klageabweisung konnte einen Blockwart bevorzugen oder eine politisch verdächtige Partei benachteiligen. Der Anteil der jüdischen Prozessparteien wird im Dritten Reich von Jahr zu Jahr gesunken sein, womit eine Hitler dienende Justiz zunehmend weniger Anlässe zur Diskriminierung fand. Aber auch mit diesen Abstrichen, so scheint mir, bleibt in den zitierten Studien die Zahl der vom Nationalsozialismus nicht erkennbar beeinflussten Entscheidungen der ordentlichen Gerichte erstaunlich hoch und bedarf einer Erklärung.

Es braucht eine sehr genaue quantitative Studie, die einen statistisch verlässlichen Anteil *aller* Entscheidungen eines Gerichts untersuchten müsste, um herauszufinden, inwieweit seine

Urteile auf juristisch legitimen oder auf politisch motivierten und vom Gesetzestext nicht getragenen Überlegungen beruhten. Die Arbeitslast wäre enorm. Ich kenne nur eine kleine Studie dieser Art: Wolfgang Grunskys Aufsatz »Gesetzesauslegung durch die Zivilgerichte im Dritten Reich« in der *Kritischen Justiz.*[116] Der Aufsatz (Teil einer Ringvorlesung an der Universität Gießen im Wintersemester 1968/69 zum Thema »Nationalsozialismus und Recht«) benutzt ein Sample von 38 Zivilrechtsurteilen, bei denen eine der Parteien jüdisch (oder in einem Fall Zeuge Jehovas) war und die 1939/40 in der Zeitschrift *Deutsches Recht* veröffentlicht wurden. Grunskys Prämisse: Bei jedem Rechtsstreit, auch bei anscheinend eindeutigen Gesetzestexten, steht einem Richter ein gewisser Auslegungsspielraum zur Verfügung. Wolfgang Grunsky wollte untersuchen, in welchem Maße die Richter in den 38 Fällen diesen Spielraum zu Lasten oder zu Gunsten der politisch unliebsamen Partei benutzten. Sein Ergebnis: In 21 Fällen interpretierten die Richter Gesetzesbestimmungen, bei denen auch andere Interpretationen denkbar gewesen wären, zu Lasten der jüdischen Partei. In 14 Fällen wählte der Richter die für die jüdische Partei günstigere Auslegung der Gesetzessprache. Drei Urteile mischten günstige und ungünstige Interpretationen.

Ich weiß nicht, ob ich Grundskys Ergebnisse »normal« oder »anormal« finden soll. Ich hätte nicht gedacht, dass 1939/40, also in den (wie es damals für überzeugte Nazis aussah) siegreichsten Tagen des Dritten Reichs, jüdische Parteien sich noch an die Gerichte wandten, um Vertrags- oder Versorgungsansprüche einzuklagen oder Scheidungsklagen abzuwehren, und dass ihnen Nazi-Gerichte in immerhin 40 Prozent der Fälle Recht gaben. Grunsky unterschied in seiner Studie nicht zwischen Interpretationen von Nazi- und Weimarer Gesetzestexten: Die 60 Prozent antijüdische Entscheidungen mögen teilweise auch durch Post-1933er-Gesetze erklärbar sein. Der Aufsatz macht deutlich, wie wenig wir noch über den Normenstaat der Hitler-Jahre wissen. Der Verfasser jedenfalls behandelte sein Material wie ein ganz normales Rechtsprechungssample: Er gab kein Werturteil über die jeweiligen Normen ab, auf denen die Entscheidungen beruhten; er spekulierte nicht über die Motive der Richter und zog keine Schlussfolgerungen aus seinen Ergebnissen. Er machte nur geltend – wie mir scheint, zu Recht –, dass die Anzahl der projüdischen Entscheidungen in seinem Sample wahrscheinlich niedriger lag als bei unveröffentlichten Entscheidungen, weil *Deutsches Recht*, die wichtigste juristische Zeitschrift im Dritten Reich, in diesen Jahren kaum Toleranz gegenüber Juden propagieren wollte.

Die Herausgeber der *Kritischen Justiz* weigerten sich zunächst, Wolfgang Grunskys Aufsatz zu veröffentlichen. Man könne über Nazi-Urteile nicht schreiben, ohne sie in eine Theorie des Rechts im Faschismus einzubetten, die dessen Unrechtsfunktion deutlich mache. Der Aufsatz sei oberflächlich und unwissenschaftlich und zeige »keine Distanz der Methode zur NS-Weltanschauung«. Was die Herausgeber der *Kritischen Justiz* besonders irritierte, denke ich, war Grunskys resolute Beschränkung auf die Oberfläche seiner Daten. Es ging ihm nicht um Ideologie und nicht um Schuld. Er wollte die Ergebnisse von 38 Zivilrechtsprozessen registrieren, die jüdische und nicht-jüdische Parteien miteinander konfrontierten. Die *Kritische-Justiz*-Herausgeber reagierten auf Grunskys Aufsatz, wie wir heute darauf reagieren, wenn jemand geltend macht, dass Hitler immerhin die Autobahnen gebaut habe. Weil die *Kritische Justiz* mit der Universität Gießen einen Vertrag über die Veröffentlichung aller Beiträge der Ringvorlesung abgeschlossen hatte, erschien der umstrittene Aufsatz, mit einem warnenden Vorspruch der *Kritischen Justiz*, am Ende doch. Soweit ich sehen kann, hat Wolfgang Grunsky nie wieder etwas über Nazi-Recht geschrieben.

Aber meine eigenen Schlussfolgerungen in diesem Buch suggerieren, dass das Resultat der Grunsky-Studie vielleicht doch nicht so überraschend ist. Grunsky kümmerte sich nicht um die politischen Überzeugungen seiner Richter, sondern beobachtete sie, so genau er konnte, bei der Arbeit. Ich habe das Wachsen des Normenstaates in der DDR nicht mit dem politischen Widerstand meiner Protagonisten gegenüber den Machtansprüchen der SED begründet, sondern mit der zunehmenden Nützlichkeit ihres Handwerks in einer wirtschaftlich und ideologisch entspannter werdenden DDR. In Hitlers Drittem Reich war der Normenstaat nie in der Lage, dem Maßnahmenstaat Territorium abzugewinnen. Die Zuständigkeit der ordentlichen Gerichte gegenüber den schon im März 1933 eingerichteten Sondergerichten schmolz mit jedem Jahr. Aber solange sie noch Arbeit hatten, werden sich die ordentlichen Richter des Systems (gerade so wie ihre DDR-Nachfolger Jahrzehnte später) vor allem als Juristen definiert haben. Sie wollten ihren Beruf ausüben. Auch ein Maurer, der begeisterter Parteigenosse war, wird unter Hitler eine Wasserwaage und ein Senkblei benutzt haben, um eine gerade Wand zu bauen. Das Werkzeug der Nazi-Richter bestand aus Instituten, Begriffen, Methoden und den geltenden Gesetzestexten. Ich nehme an, dass sie ihr juristisches Handwerkszeug so sorgfältig und effizient benutzten, wie ihr Terminkalender, ihre Ausbildung, ihr Talent und die politischen Umstände es erlaubten. Sehr wenige Justizjuristen unter Hitler leisteten aktiven Widerstand.[117] Wenn wir heute im Nachhinein auf die Karrieren dieser Richter blicken, wird deutlich, dass ihre juristische Ausbildung und Technik die Konstanten waren, die sie vom Kaiserreich in die Weimarer Republik, das Dritte Reich und schließlich in die Bundesrepublik begleiteten und unter allen Regimen in den meisten Durchschnittsfällen »normale« Arbeit verrichten ließen.

Diese »Normalität« bedeutet nicht, dass Hitlers Richter »im Zivilrecht standhaft geblieben« wären. Die empirischen Studien von Autoren wie Rainer Schröder zeigen zwar gelegentliche Resistenz der Richter gegenüber Nazi-Neuerungen. Am OLG Celle und an anderen Obergerichten im Dritten Reich sperrten Richter sich gegen die Entformalisierung des bürgerlichen Vertragsbegriffs im Wirtschaftsrecht – vielleicht (wie Schröder vorschlägt), um die deutsche Wirtschaft, auf die Hitler angewiesen war, auf seiner Seite zu halten; vielleicht auch (wie ich vermute), weil sie sich nicht an der Verwässerung eines zentralen Instituts des bürgerlichen Rechtsdenkens beteiligen wollten. In Celle und in Hamburg wurden nationalsozialistische Begründungen einer Scheidungsklage fast ausschließlich von den Parteien geltend gemacht, nicht von den Richtern. Die Richter selbst schien das politische Auftrumpfen von Prozessparteien eher zu verärgern.

Aber wir wissen auch, dass schon in der Weimarer Republik die meisten deutschen Richter keine begeisterten Republikaner waren. Die Richter in Celle zögerten vor 1933, sich mit dem Nationalsozialismus zu identifizieren, aber nach der Machtergreifung traten sie »massenhaft«[118] der NSDAP bei. Ihre Beförderung hing auch von ihrer Einstellung zur »Bewegung« ab. Sie wendeten die neuen diskriminierenden Nazi-Gesetze und -Verordnungen mit der gleichen Selbstverständlichkeit an wie die Gesetzesparagrafen aus der Kaiserzeit. Die schlimmen Urteile, auf die sich die empirischen Untersuchungen stützten, waren nicht nur die Produkte einer kleinen Gruppe dem Faschismus besonders unterworfener Juristen eines Gerichts. In Celle konnten dieselben Richter unvoreingenommene, sachliche Entscheidungen und antisemitische Unrechtsurteile fällen. Und alle werden täglich viele Male den Arm zum Hitlergruß erhoben haben.

Umgekehrt – und noch beunruhigender – konnten auch die furchtbarsten Juristen des Dritten Reichs politische Gewissenslosigkeit mit juristischem Berufsstolz verbinden. Roland Freisler, 1922 Summa-cum-laude-Doktorand in Jena, der später als Präsident von Hitlers Volksgerichtshof mehr als 2000 Todesurteile unterschrieb, schrieb auch Artikel, in denen er betonte, wie wichtig es sei, die von Weimar übernommenen Gesetze streng einzuhalten.[119] Franz Schlegelberger, hoher Justizbeamter Hitlers, der 1947 im Nürnberger Juristenprozess wegen Verbrechen gegen die Menschlichkeit zu einer lebenslanger Gefängnisstrafe verurteilt wurde, lehnte 1932 die Rückwirkung von Strafgesetzen ab, weil sie zu einer »Verwirrung des allgemeinen Rechtsbewußtseins führen müsse«,[120] und war Hauptautor eines Kommentars zum Handelsgesetzbuch, dessen Ausgabe von 1974 man heute noch bei Amazon bestellen kann. Nazi-Juristen konnten beides sein: professionelle, penible Gesetzestechniker und Handlanger des Unrechtsstaates. Und selbst diejenigen, die nie ein Urteil fällten, dessen sie sich schämen mussten, haben, wie die meisten anderen Deutschen, die in den Hitler-Jahren Erwachsene waren, zu oft bei Nazi-Unrecht weggesehen, um ein gutes Gewissen behalten zu können.

Es wäre falsch, die dubiose »Normalität« der ordentlichen Rechtsprechung im Dritten Reich als eine bloße Tarnung von Nazi-Unrecht zu verdammen. In der DDR trug die Normalität des Rechtsgebrauchs zur wachsenden Verrechtlichung der ostdeutschen Version des Sozialismus bei. Der Fall des Dritten Reichs war durch nichts aufzuhalten. Aber in den Jahren vor dem Untergang wird die »Normalität« der Zivilrechtsprechung jedenfalls in den Fällen, die auf der Basis des übernommenen bürgerlichen Rechts entschieden wurden, zu akzeptablen Urteilen geführt haben. So konnte »Normalität« auch in bösen Zeiten Gerechtigkeit bewirken.

Aber das lag nicht daran, dass die ordentlichen Richter das Recht gegen die Übergriffe des Maßnahmenstaats verteidigt hätten. Es waren nicht die Richter, die das Recht bewahrten, sondern das Recht und die damit zusammenhängende Verfahrensdisziplin, die die Richter bei der Stange hielten. Das galt sogar für das diskriminierende neue Nazi-Recht, das seine Unrechtsziele definierte und damit innerhalb der gesetzlich vorgesehenen Grenzen hielt. Es war weniger gefährlich, im Dritten Reich von einem ordentlichen Gericht verurteilt zu werden als von einem Sondergericht, dessen Urteile auf reinem Ermessen beruhen konnten und gegen die es keine Berufung gab. Die ordentlichen Richter des Nazi-Normenstaats hielten nicht nur dem Maßnahmenstaat den Rücken frei, sondern schützten in vielen Fällen auch die

Rechte ordentlicher Bürger. Die wenigsten verdienen es, »standhaft« genannt zu werden. Aber alle konnten nützlich sein.

Ich weiß nicht, wie weit ich meine Leser mit meinen Argumenten überzeugen konnte. Aber ich will an dieser Stelle noch einmal zum Anfang meiner drei Geschichten zurückkehren, um ein Ereignis zu beleuchten, das wir jetzt besser beurteilen können als zuvor: die Suspendierung Eduard Kohlrauschs von seinem Amt als Dekan im Wintersemester 1947. Zur Erinnerung: Kohlrausch verlor sein Amt, weil er in einem Aufsatz zu Hitlers »Blutschutzgesetz« von 1935 einen Beschluss des Reichsgerichts kritisierte, der die Bestimmungen des Gesetzes auch exterritorial auf Verstöße im Ausland angewendet hatte und der damit, so Kohlrausch, gegen das strafrechtliche Analogieverbot verstieß. So weit, so gut.

Aber Kohlrausch hatte diesen Aufsatz in einer Sprache geschrieben, die Ziele des »Blutschutzgesetzes« durchaus zu billigen schien. Er war überhaupt eine schillernde Figur. Auch die vielen Unterstützungsbriefe jüdischer Kollegen, denen Kohlrausch geholfen hatte, den Nazis zu entkommen, ließen Fragen offen. Wieso kannte er Roland Freisler, den Präsidenten des Volksgerichtshofs, gut genug, um sich bei ihm (vergeblich) für Hans Litten einzusetzen? Weil er ein berühmter Mann mit vielen guten Beziehungen zu einflussreichen Personen war.[121] War Kohlrausch nicht auch so etwas wie ein »akademischer Antisemit«, der die »Entjudung« deutscher Universitäten befürwortet hatte?[122] Der Untersuchungsausschuss hätte Eduard Kohlrausch im Amt belassen, wenn er bereit gewesen wäre, sich für seinen »Blutschutz«-Artikel zu entschuldigen. Aber er war nur bereit, den Aufsatz zu bedauern. So zog sich die Untersuchung hin, und Eduard Kohlrausch starb im Januar 1948, bevor das Urteil über ihn gefällt werden konnte.

Heute erscheint es mir unbegründet und anmaßend, dass der Untersuchungsausschuss damals auf Kohlrauschs Entschuldigung für seinen »Blutschutz«-Artikel bestand. Unbegründet, weil Kohlrausch genau das getan hatte, was einem Juristen in Hitlers Normenstaat noch möglich war: auf der strikten Einhaltung des Gesetzestextes zu bestehen. Anmaßend, weil der Untersuchungsausschuss Kohlrausch vorzuwerfen schien, dass er dem Reichsgericht seine Verachtung für das »Blutschutzgesetz« nicht ins Gesicht geworfen hatte. Stattdessen hatte er seine Karten so geschickt gespielt, dass er das Dritte Reich nicht nur selbst verhältnismäßig ungeschoren[123] überlebte, sondern vielen jüdischen Kollegen bei der Flucht vor Hitler helfen konnte. Jemand, der so »standhaft« war, seinen jüdischen Hausarzt in seiner Speisekammer zu verstecken, als unerwarteter Nazi-Besuch klingelte, und der später seine gesellschaftlichen Beziehungen nutzte, um dem Arzt die Flucht nach Frankreich zu ermöglichen,[124] sollte sich nicht gegen den Vorwurf verteidigen müssen, Antisemit gewesen zu sein. Es ist uninteressant, ob Eduard Kohlrausch, wie viele Oberklassenvertreter seiner Generation, gesellschaftliche Vorurteile gegen Juden hatte oder nicht. Wenn er sie hatte, wurden sie durch sein eigenes Verhalten widerlegt.

Übrigens war Eduard Kohlrausch nicht der einzige Juraprofessor der Berliner Universität, der durch das »Blutschutzgesetz« in Schwierigkeiten kam. Professor Günter Brandt, der 1946 zur Juristischen Fakultät stieß, war ursprünglich Richter am Landgericht Berlin, verlor 1933 als »Mischling ersten Grades« sein Amt, hielt sich im Dritten Reich als Repetitor über Wasser und wurde 1940 von einem Nachbarn denunziert, weil er in seiner Wohnung eine Jüdin beherberge und »Rassenschande« treibe. Der Staatsanwalt eröffnete ein Untersuchungsverfahren wegen Verletzung des »Blutschutzgesetzes«. Aber Brandt, der seine Sache selbst vertrat, konnte anhand von Geburts- und Heiratsurkunden nachweisen, dass er Halbjude war und daher Rassenschande gar nicht begehen konnte. Sein Blut war bereits »verunreinigt«. Der Staatsanwalt stellte das Verfahren ein.[125]

Vielleicht war der Staatsanwalt im Falle Brandt froh, ein widerwärtiges Gesetz nicht durchsetzen zu müssen. Vielleicht freute er sich über die Arbeitsersparnis. Vielleicht ärgerte es ihn, gegenüber einem Juden den Kürzeren zu ziehen. Auf jeden Fall hielt er sich an den Wortlaut des Gesetzes. Das »Blutschutzgesetz« hat im Dritten Reich viel Unheil angerichtet. Aber als gesetztes Recht konnte es im ordentlichen Justizbetrieb des Hitler-Staates gelegentlich auch schützen. Recht, auch schlechtes Recht, von schlechten Richtern angewandt, ist besser als Willkür. Juristen, die Handwerker des Rechts, sind nicht Öl, sondern eher Sand im Getriebe des Unrechts.

ANHANG

Anmerkungen

1 Dazu Joachim Perels: Die Übernahme der Beamtenschaft des Hitler-Regimes, in: Kritische Justiz 37 (2004), 2, S. 186-193, hier S. 186.

2 Rainer Schröder: ... aber im Zivilrecht sind die Richter standhaft geblieben. Die Urteile des OLG Celle aus dem Dritten Reich, Baden-Baden 1988, S. 18.

3 Ingo Müller: Furchtbare Juristen. Die unbewältigte Vergangenheit unserer Justiz, München 1987.

4 Bernd Rüthers: Ideologie und Recht im Systemwechsel. Ein Beitrag zur Ideologieanfälligkeit geistiger Berufe, München 1992.

5 Inga Markovits: Besichtigung eines Minenfeldes: Zum deutschen Streit über die DDR-Erinnerung, in: Neue Politische Literatur 52 (2007), Heft 3, S. 375-385.

6 Vgl. Michael Stolleis: Juristenbeschimpfung, oder: Juristen, böse Christen, in: Theo Stammen/Heinrich Oberreuter/Paul Mikat (Hg.): Politik - Bildung - Religion. Hans Maier zum 65. Geburtstag, Paderborn 1996, S. 163-170.

7 Vgl. Helmut Klein (Hg.): Humboldt-Universität zu Berlin. Überblick 1810-1985, Berlin (DDR) 1985, S. 98.

8 Wolfgang Leonhard: Die Revolution entläßt ihre Kinder, Köln 1955, S. 440.

9 Holger Karitzky: Eduard Kohlrausch - Kriminalpolitik in vier Systemen. Eine strafrechtshistorische Biographie, Berlin 2002, S. 165.

10 Zu den Mitgliedern der Berliner Juristischen Fakultät in den frühen Nachkriegsjahren siehe Hans-Andreas Schönfeldt: Zur Geschichte der Rechtswissenschaft in der SBZ/DDR von 1945-1960, in: Heinz Mohnhaupt/Hans-Andreas Schönfeldt (Hg.): Normdurchsetzung in osteuropäischen Nachkriegsgesellschaften, Bd. 1: Sowjetische Besatzungszone in Deutschland - Deutsche Demokratische Republik (1945-1960), Frankfurt am Main 1997, S. 189-288; und Kristin Kleibert: Die Juristische Fakultät der Humboldt-Universität zu Berlin im Umbruch - Die Jahre 1948 bis 1951, Berlin 2010.

11 Der Tag vom 24. Mai 1948, zitiert nach: Klein: Humboldt-Universität (wie Anm. 7), S. 106.

12 Zitiert nach: Kleibert: Die Juristische Fakultät (wie Anm. 10), S. 29.

13 Elfriede Teumer: 30 Jahre sozialistische Hochschulreform - 30 Jahre marxistisch-leninistisches Grundstudium, in: Staat und Recht 30 (1981), S. 290 und 792.

14 Vgl. Marcus Mollnau: Hans Nathan - Ein Jurist von Geltung, in: Neue Justiz 54 (2000), S. 626-629.

15 Hildegard Heinze: Kriegsverbrecherprozesse in Waldheim, in: Neue Justiz 4 (1950), S. 250.

16 Gregor Schirmer: »Ja, ich bin dazu bereit«. Eine Rückblende, Berlin 2014, S. 106.

17 Erich Buchholz: Dem Unrecht wehren. Ein Berliner Jurist erzählt, Berlin 2006 S. 100.

18 Schirmer: »Ja, ich bin dazu bereit« (wie Anm. 16), S. 95.

19 Telefongespräch mit Hermann Klenner vom 8. Februar 2017.

20 Buchholz: Dem Unrecht wehren (wie Anm. 17), S. 102.

21 Vgl. Ralf Dreier/Jörn Eckert/Karl A. Mollnau/Hubert Rottleuthner (Hg.): Rechtswissenschaft in der DDR 1949-1971, Baden-Baden 1996, S. 116. Klenners Aufsatz wurde nach der Wende in: Staat und Recht 39 (1990), S. 372, veröffentlicht.

22 In: Staat und Recht im Lichte des Großen Oktober. Festschrift zum 40. Jahrestag der Großen Sozialistischen Oktoberrevolution, Berlin (DDR) 1957, S. 82 und 84.

23 Annemarie Helmbrecht: Professor Klenner und der Revisionismus, in: Neues Deutschland vom 26. Februar 1958, S. 4.
24 Karl A. Mollnau: Über die Wyschinski-Rezeption der Babelsberger Konferenz, in: Neue Justiz 45 (1991), S. 94–96.
25 Ralph Jessen: Akademische Elite und kommunistische Diktatur. Die ostdeutsche Hochschullehrerschaft in der Ulbricht-Ära, Göttingen 1999, S. 85.
26 Vgl. Mollnau in: Jörn Eckert (Hg.): Die Babelsberger Konferenz vom 2./3. April 1958, Baden-Baden 1993, S. 24.
27 Karl Polak: Zur Dialektik in der Staatslehre, 3., erw. Auflage, Berlin (DDR) 1963, S. 372.
28 Alle Zitate von der Babelsberger Konferenz entstammen dem Protokoll: Staats- und Rechtswissenschaftliche Konferenz in Babelsberg am 2. und 3. April 1958, Protokoll, VEB Deutscher Zentralverlag, Berlin 1958.
29 Karl-Heinz Schöneburg zitiert nach: Eckert: Die Babelsberger Konferenz (wie Anm. 26), S. 62.
30 Kurt Wünsche: Zur rechtswissenschaftlichen Forschung und zur Ausbildung der Juristen in der Rechtspflege, in: Neue Justiz 22 (1968), S. 679–681.
31 Heinz Püschel: Die Pflicht zur verantwortungsbewußten Rechtsausübung als Grundsatz des ZGB, in: Neue Justiz 30 (1976), S. 232 ff.
32 Der Tagesspiegel vom 4. Mai 1976.
33 Klein: Humboldt-Universität (wie Anm. 7), S. 98.
34 Kleibert: Die Juristische Fakultät (wie Anm. 10), S. 67.
35 Uwe-Jens Heuer: Im Streit. Ein Jurist in zwei deutschen Staaten, Baden-Baden 2002, S. 24.
36 Oberstes Gericht vom 20. August 1953, in: Neue Justiz 8 (1953), S. 654.
37 Hans Kleine: Die historische Bedingtheit der Astraktion von der causa (= Schriftenreihe des Deutschen Instituts für Rechtswissenschaft, Heft IV), Berlin (DDR) 1953.
38 Der Ausdruck stammt von Mirjan R. Damaska: The Faces of Justicea and State Authority, New Haven 1991.

39 Ein *caveat:* Das Geschriebene gilt nicht für die Beziehungen zwischen Bürger und sozialistischer Verwaltung. Einen Gerichtsschutz gegen die Verwaltung gab es erst ganz zum Schluss der DDR-Zeit (beschlossen durch Gesetz vom 14. Dezember 1988) und wurde kaum noch verwirklicht, siehe Joachim Hoeck: Verwaltung, Verwaltungsrecht und Verwaltungsrechtsschutz in der Deutschen Demokratischen Republik, Berlin 2003, S. 402–439; Michael Stolleis: Sozialistische Gesetzlichkeit. Staats- und Verwaltungsrechtswissenschaft in der DDR, München 2009, S. 156. Bis dahin konnte man sich gegen staatliche Eingriffe in individuelle Rechtspositionen nur durch interne Beschwerdeverfahren wehren. Aber die Streitigkeiten zwischen Bürgern und zwischen Bürgern und staatlichen Institutionen (wie Handelsorganisationen oder Wohnungsverwaltungen) unterlagen lange noch dem BGB.

40 Hans Gerats: Einige Fragen der Rechtswissenschaft und Rechtspraxis im Lichte der Arbeiten Stalins über den Marxismus und die Fragen der Sprachwissenschaft, in: Neue Justiz 5 (1951), S. 404–445.

41 Vgl. Inga Markovits: Sozialistisches und bürgerliches Zivilrechtsdenken in der DDR, Köln 1969, S. 27 ff.

42 Hans Nathan: Der Allgemeine Teil des Zivilrechts, in: Staat und Recht 5 (1956), S. 507–509, hier S. 507 (kursive Hervorhebung im Original gesperrt).

43 Sie erschien nach der Wende in: Eckert: Die Babelsberger Konferenz (wie Anm. 26), S. 41.

44 Polak: Zur Dialektik in der Staatslehre (wie Anm. 27), S. 382.

45 Aus der programmatischen Erklärung des Vorsitzenden des Staatsrates der DDR, Walter Ulbricht, vor der Volkskammer am 4. Oktober 1960, in: Neue Justiz 14 (1960), S. 665.

46 Beschluß des Staatsrates der DDR über die weitere Entwicklung der Rechtspflege vom 30. Januar 1961, in: Gesetzblatt DDR (GBl.) Teil I 1961, S. 3.

47 Erlaß des Staatsrates der DDR über die grundsätzlichen Auf-

gaben und die Arbeitsweise der Organe der Rechtspflege vom 4. April 1963, in: GBl. Teil I 1961, S. 21.

48 Dreier u. a.: Rechtswissenschaft in der DDR (wie Anm. 21), S. 353, Fn. 23.

49 Erich Buchholz/Walter Griebe: Die unterschiedliche Qualität der Verbrechenskategorien konkret untersuchen!, in: Neue Justiz 16 (1962), S. 344.

50 Statistisches Jahrbuch der Deutschen Demokratischen Republik 1989, Berlin (DDR) 1990, S. 399.

51 Karl A. Mollnau: Sozialistischer Rechtsstaat (Versuch einer Charakterisierung), in: Neue Justiz 43 (1989), S. 393-397, hier S. 393.

52 Wolfgang Weichelt: Sozialistische Verfassung - Grundrechte - Rechtsstaatlichkeit, in: Neue Justiz 43 (1989), S. 438-441, hier S. 438.

53 Dieter Segert: Das 41. Jahr. Eine andere Geschichte der DDR, Wien/Köln/Weimar 2008, S. 69.

54 Rainer Land: Eine demokratische DDR? Das Projekt »Moderner Sozialismus«, in: Aus Politik und Zeitgeschichte 11/2010, S. 13-17.

55 Michael Brie/Rainer Land/Hannelore Petsch/Dieter Segert/Rosemarie Will: Studie zur Gesellschaftsstrategie. Forschungsprojekt Sozialismustheorie. Humboldt-Universität zu Berlin, Berlin 1989.

56 Ebenda, S. 51.

57 Interview mit Rosemarie Will, in: Das Freischüssler, Ausgabe 14 (2006), S. 18-22

58 Der Aufsatz wurde erst nach der Wende veröffentlicht: John Lekschas/Harri Harland: Zu den Ursachen der Kriminalität in der DDR, in: Jörg Arnold (Hg.): Die Normalität des Strafrechts der DDR. Bd. 1: Gesammelte Beiträge und Dokumente, Freiburg i. Br. 1995, S. 456.

59 Kindschaftsrechtsreformgesetz vom 16. Dezember 1997, in: Bundesgesetzblatt (BGBl.) Jahrgang 1997 Teil I Nr. 84, S. 2942.

60 Bundesverfassungsgericht (BVerfG) vom 1. April 2008, BvR 1620/04.
61 Ernst Benda: Es kommt darauf an, eine Partei nicht zu wählen, in: FAZ vom 1. Februar 1996.
62 Heuer: Im Streit (wie Anm. 35), S. 19.
63 Kleibert: Die Juristische Fakultät (wie Anm. 10), S. 239.
64 Gespräch der Autorin mit Prorektor Dieter Klein am 21. Mai 2011.
65 Marx Engels Werke. Bd. 19, 4. Auflage, Berlin (DDR) 1973, S. 333.
66 5. Durchführungsbestimmung zur Verordnung über die Neuordnung des Hochschulwesens vom 4. August 1951, in: GBl. DDR 1951, S. 727.
67 Neues Deutschland vom 2. August 1956.
68 Vgl. Herbert Crüger: Verschwiegene Zeiten. Vom geheimen Apparat der KPD ins Gefängnis der Staatssicherheit, Berlin 1990.
69 Zitiert nach ebenda, S. 194.
70 Heuer: Im Streit (wie Anm. 35), S. 35.
71 Crüger: Verschwiegene Zeiten (wie Anm. 68), S. 145.
72 Heuer: Im Streit (wie Anm. 35), S. 43.
73 Ebenda, S. 51.
74 Schirmer: »Ja, ich bin dazu bereit« (wie Anm. 16), S. 111.
75 Hermann Klenner in einem Telefongespräch mit der Autorin am 8. Februar 2017.
76 Hermann Klenner: Zur ideologischen Natur des Rechts, in: Staat und Recht im Lichte des Großen Oktobers (wie Anm. 22), S. 82. »Gesetzgebung und Gesetzlichkeit«, der zweite Aufsatz, im Winter 1956 geschrieben, wurde erst nach der Wende in: Staat und Recht 39 (1990), S. 372, veröffentlicht.
77 Heuer: Im Streit (wie Anm. 35), S. 49.
78 Ebenda, S. 49.
79 Ebenda, S. 50.
80 Zitiert nach: Dreier u. a.: Rechtswissenschaft in der DDR (wie Anm. 21), S. 384.

81 Christian Rode: Kriminologie in der DDR. Kriminalitätsursachenforschung zwischen Empirie und Ideologie, Freiburg i. Br. 1996, S. B 14.

82 Eckert: Die Babelsberger Konferenz (wie Anm. 26).

83 Hilde Benjamin (Hg.): Zur Geschichte der Rechtspflege der DDR. Bd. 3: 1961–1971, Berlin (DDR) 1986, S. 49.

84 Ebenda, S. 46.

85 Neues Deutschland (B) vom 16. September 1961.

86 Information der Abteilung Staats- und Rechtsfragen vom 20. Juni 1962, in: Dreier u. a.: Rechtswissenschaft in der DDR (wie Anm. 21), S. 341–353.

87 Uwe Ewald in einem Gespräch mit Christian Rode, in: Rode: Kriminologie in der DDR (wie Anm. 81), S. D 20.

88 Vgl. Hans Nathan: Die Entwicklung der Juristischen Fakultät der Humboldt-Universität, in: Neue Justiz 14 (1960), S. 779–786.

89 Vgl. Joachim Göhring/Axel Dost: Zivilrecht, in: Uwe-Jens Heuer: Die Rechtsordnung der DDR. Anspruch und Wirklichkeit, Baden-Baden 1995, S. 475–515.

90 John Lekschas: 20 Jahre DDR – 20 Jahre Studium marxistisch-leninistischer Rechtswissenschaft, in: Staat und Recht 18 (1969), S. 1601–1615.

91 Norbert Frank im Gespräch mit der Autorin am 20. Mai 2011.

92 Vgl. Christiane Baumann: Ach du lieber Fallada. Stasi in der Provinz, in: Der Freitag vom 2. Juli 2004.

93 Rüthers: Ideologie und Recht im Systemwechsel (wie Anm. 4).

94 Staatsverlag der DDR, Berlin 1990.

95 Ernst Fraenkel: Der Doppelstaat, 4. Auflage, Hamburg 2019.

96 Vgl. Inga Markovits: Sozialistisches und bürgerliches Zivilrechtsdenken in der DDR, Köln 1969, S. 27 und 57.

97 Schröder: ... aber im Zivilrecht (wie Anm. 2), S. 514.

98 Statistisches Jahrbuch der Deutschen Demokratischen Republik 1988, Berlin (DDR) 1989, S. 399.

99 Statistisches Jahrbuch der Deutschen Demokratischen Republik 1985, Berlin (DDR) 1986, S. 405.

100 Karl A. Mollnau/Karl-Heinz Schöneburg/Wolfgang Weichelt: Macht und Recht - Einheit oder Gegensatz? (= Recht in unserer Zeit; 1), Berlin (DDR) 1976, S. 88.

101 Friedrich Wolff: Vertrauensvoll zum Rechtsanwalt (= Recht in unserer Zeit; 35), Berlin (DDR) 1982.

102 Hans-Joachim Heusinger: Rechtssicherheit - garantiert für jeden (= Recht in unser Zeit; 60), Berlin (DDR) 1985.

103 Kurt Wünsche/Kurt Ziemen: Zu den Aufgaben der Rechtsprechung bei der Entwicklung des sozialistischen Rechtsbewußtseins, in: Wissenschaftliche Zeitschrift der Humboldt-Universität 1978/1, S. 61-65.

104 Tom Tyler: Why People obey the Law, Princeton 1990.

105 Fraenkel: Der Doppelstaat (wie Anm. 95), S. 41.

106 Zum Beispiel Heinz Such (Wirtschaftsrecht) und Karl Bönninger (Rechtsschutz gegen die Verwaltung) in Leipzig oder Wolfgang Bernet (Rechtsschutz gegen die Verwaltung) in Jena.

107 Zitiert nach: Dreier u.a.: Rechtswissenschaft in der DDR (wie Anm. 21), S. 384.

108 Schröder: ... aber im Zivilrecht (wie Anm. 2), S. 17.

109 Reginald A. Puerschel: Trügerische Normalität. Die Rechtsprechung in Ehe- und Familienrechtssachen der Landgerichte Hamburg und Altona 1933-1939, in: Klaus Bästlein/Helge Grabitz/Wolfgang Scheffler (Hg.): »Für Führer, Volk und Vaterland ...« Hamburger Justiz im Nationalsozialismus, Hamburg 2019 (zuerst 1992), S. 382-431.

110 Hans-Peter Haferkamp/Margit Szöllösi-Janze/Hans-Peter Ullmann (Hg.): Justiz im Krieg. Der Oberlandesgerichtsbezirk Köln 1939-1945, Berlin/Münster 2012.

111 Schröder: ... aber im Zivilrecht (wie Anm. 2), S. 203.

112 Puerschel: Trügerische Normalität (wie Anm. 109), S. 402.

113 Schröder: ... aber im Zivilrecht (wie Anm. 2), S. 269.

114 Ebenda, S. 271.

115 Puerschel: Trügerische Normalität (wie Anm. 109), S. 429.

116 Kritische Justiz 2 (1969), S. 146.

117 Heiko Maas (Hg.): Furchtlose Juristen. Richter und Staatsanwälte gegen das NS-Unrecht, München 2017, enthält die Biografien von 17 Widerständlern.

118 Schröder: ... aber im Zivilrecht (wie Anm. 2), S. 274.

119 Roland Freisler: Recht, Richter und Gesetz, in: Deutsche Justiz 95 (1933), S. 694-696.

120 Felix Ecke: Die braunen Gesetze. Über das Recht im Unrechtsstaat, Berlin (DDR) 1990, S. 44.

121 Vgl. Karitzky: Eduard Kohlrausch (wie Anm. 9), S. 127 ff.

122 Anna-Maria von Lösch: Der nackte Geist. Die Juristische Fakultät der Berliner Universität im Umbruch von 1933, Tübingen 1999, S. 162 und 170.

123 Es waren schlimme Zeiten. Zu den absurden Mühen, die Eduard Kohlrausch hatte, sich nach einer Denunziation durch Studenten, er habe beim Hitlergruß die linke Hand verächtlich in der Hosentasche gelassen, wieder herauszureden, siehe Dieter Simon: Kohlrauschs Hand. Hinweise zum Wesen von Verstrickung, Göttingen 2013.

124 Karitzky: Eduard Kohlrausch (wie Anm. 9), S. 136, Fn. 273.

125 Kleibert: Die Juristische Fakultät (wie Anm. 10), S. 47.

Abkürzungen

AdW	Akademie der Wissenschaften
APO	Abteilungsparteiorganisation
ASR	Akademie für Staats- und Rechtswissenschaft der DDR
BDM	Bund Deutscher Mädel
BGB	Bürgerliches Gesetzbuch
BGBl.	Bundesgesetzblatt
BRD	Bundesrepublik Deutschland
BStU	Die Behörde des Beauftragten für die Unterlagen des Staatssicherheitsdienstes der ehemaligen DDR
BVerfG	Bundesverfassungsgericht
BvR	Registerzeichen des Bundesverfassungsgerichts
CARE	Cooperative for American Remittances to Europe
CDU	Christlich Demokratische Union Deutschlands
CIA	Central Intelligence Agency
DASR	Deutsche Akademie für Staats- und Rechtswissenschaft
DDR	Deutsche Demokratische Republik
DiaMat	Dialektischer Materialismus
DJV	Deutsche Justizverwaltung
DZfV	Deutsche Zentralverwaltung für Volksbildung
FAZ	Frankfurter Allgemeine Zeitung
FDJ	Freie Deutsche Jugend
FGB	Familiengesetzbuch
FU	Freie Universität
GBl.	Gesetzblatt
GO	Grundorganisation
GOL	Grundorganisationsleitung
HJ	Hitlerjugend
HUB	Humboldt-Universität zu Berlin
i.d.F.	in der Fassung
KL	Kreisleitung
KPD	Kommunistische Partei Deutschlands
KPdSU	Kommunistische Partei der Sowjetunion
KZ	Konzentrationslager

LPG	Landwirtschaftliche Produktionsgenossenschaft
MfS	Ministerium für Staatssicherheit
ML	Marxismus-Leninismus
MV	Mitgliederversammlung
ND	Neues Deutschland
NJ	Neue Justiz
NSDAP	Nationalsozialistische Deutsche Arbeiterpartei
OG	Oberstes Gericht
OLG	Oberlandesgericht
PL	Parteileitung
RIAS	Rundfunk im amerikanischen Sektor
SA	Sturmabteilung
SBZ	Sowjetische Besatzungszone
SED	Sozialistische Einheitspartei Deutschlands
SMAD	Sowjetische Militäradministration in Deutschland
SPD	Sozialdemokratische Partei Deutschlands
SPL	Sektionsparteileitung
StGB	Strafgesetzbuch
StPO	Strafprozessordnung
TU	Technische Universität
U.T.	University of Texas
VD	Vertrauliche Dienstsache
ZGB	Zivilgesetzbuch
ZK	Zentralkomitee
ZPKK	Zentrale Parteikontrollkommission
ZPO	Zivilprozessordnung

Personenregister

Das Personenregister entstand auf ausdrücklichen Wunsch des Verlages.
Es sollte nicht dazu benutzt werden, um neugierig nachzusuchen, was die Autorin über wen geschrieben hat. Wer dieses Buch richtig liest, wird merken, dass es ihr nicht um bestimmte Personen geht, sondern darum zu zeigen, wie sich Juristen in der DDR im Spannungsfeld zwischen Recht und Macht bewegten. Die Autorin wollte keine konventionelle Fakultätsgeschichte schreiben, die die 40-jährige Entwicklung einer akademischen Institution verfolgt. Stattdessen benutzt sie die Juristische Fakultät der Humboldt-Universität zu Berlin als Labor, in dem sie die Situation des Berufsstandes der Juristen in einer Diktatur unter die Lupe nehmen kann. Die Protagonisten dieses Buches sind nicht um ihrer selbst willen von Bedeutung, sondern als Vertreter der Haltungen und Denkweisen von Juristen in Konfrontation mit einer rechtsfeindlichen Macht. Was taugen Juristen in einer Diktatur? Bei dieser Fragestellung konnte die Autorin individuellen Persönlichkeiten nicht die ihnen gebührende Aufmerksamkeit widmen.

Die Autorin

Inga Markovits, Jahrgang 1937, studierte Rechtswissenschaften an der Freien Universität Berlin, wo sie auch promovierte, Politische Wissenschaften an der Cornell University, N. Y., wo sie ein Jahr als Ford International Fellow verbrachte, erhielt ihren Master von der Yale Law School und verbrachte ein Jahr als Stipendiatin des American Council of Learned Societies an der London School of Economics. Sie arbeitete als Attachée am Auswärtigen Amt in Bonn und an der Deutschen Botschaft in Tel Aviv, war Lecturer an der Stanford Law School, ging 1976 als Assistant Professor an die University of Texas Law School, wurde 1979 Full Professor und hält seit 1996 den »Friends of Jamail Regents' Chair in Law at the University of Texas«. Sie unterrichtete amerikanisches Familienrecht und Rechtsvergleich mit besonderem Blick auf osteuropäisches Recht. Markovits wurde im September 2018 emeritiert, aber ist der University of Texas immer noch als Research Professor verbunden.

Veröffentlichungen in Deutschland: *Sozialistisches und bürgerliches Zivilrechtsdenken in der DDR* (= Abhandlungen zum Ostrecht; Bd. 7) (Köln 1969); *Die Abwicklung. Ein Tagebuch zum Ende der DDR-Justiz* (München 1993); *Gerechtigkeit in Lüritz. Eine ostdeutsche Rechtsgeschichte* (München 2006)